思想的・睿智的・獨見的

經典名著文庫

策劃　楊榮川

五南圖書出版公司 印行

經典名著文庫

學術評議者簡介（依姓氏筆畫排序）

- 丘為君　美國俄亥俄州立大學歷史研究所博士
- 吳惠林　美國芝加哥大學經濟系訪問研究、臺灣大學經濟系博士
- 宋鎮照　美國佛羅里達大學社會學博士
- 林玉体　美國愛荷華大學哲學博士
- 邱燮友　國立臺灣師範大學國文研究所文學碩士
- 洪漢鼎　德國杜塞爾多夫大學榮譽博士
- 孫效智　德國慕尼黑哲學院哲學博士
- 秦夢群　美國麥迪遜威斯康辛大學博士
- 高明士　日本東京大學歷史學博士
- 高宣揚　巴黎第一大學哲學系博士
- 張光宇　美國加州大學柏克萊校區語言學博士
- 張炳陽　國立臺灣大學哲學研究所博士
- 陳秀蓉　國立臺灣大學理學院心理學研究所臨床心理學組博士
- 陳思賢　美國約翰霍普金斯大學政治學博士
- 陳清秀　美國喬治城大學訪問研究、臺灣大學法學博士
- 陳鼓應　國立臺灣大學哲學研究所
- 曾永義　國家文學博士、中央研究院院士
- 黃光國　美國夏威夷大學社會心理學博士
- 黃光雄　國家教育學博士
- 黃昆輝　美國北科羅拉多州立大學博士
- 黃政傑　美國麥迪遜威斯康辛大學博士
- 楊維哲　美國普林斯頓大學數學博士
- 葉海煙　私立輔仁大學哲學研究所博士
- 葉國良　國立臺灣大學中文所博士
- 廖達琪　美國密西根大學政治學博士
- 劉滄龍　德國柏林洪堡大學哲學博士
- 黎建球　私立輔仁大學哲學研究所博士
- 盧美貴　國立臺灣師範大學教育學博士
- 薛化元　國立臺灣大學歷史學系博士
- 謝宗林　美國聖路易華盛頓大學經濟研究所博士候選人
- 簡成熙　國立高雄師範大學教育研究所博士
- 顏厥安　德國慕尼黑大學法學博士

經典名著文庫086

歷史理性批判文集

伊曼努爾・康德 著
(Immanuel Kant)
何兆武 譯

經典永恆・名著常在

五十週年的獻禮・「經典名著文庫」出版緣起

總策劃 楊榮川

五南，五十年了。半個世紀，人生旅程的一大半，我們走過來了。不敢說有多大成就，至少沒有凋零。

五南忝爲學術出版的一員，在大專教材、學術專著、知識讀本出版已逾壹萬參仟種之後，面對著當今圖書界媚俗的追逐、淺碟化的內容以及碎片化的資訊圖景當中，我們思索著：邁向百年的未來歷程裡，我們能爲知識界、文化學術界做些什麼？在速食文化的生態下，有什麼值得讓人雋永品味的？

歷代經典・當今名著，經過時間的洗禮，千錘百鍊，流傳至今，光芒耀人；不僅使我們能領悟前人的智慧，同時也增深加廣我們思考的深度與視野。十九世紀唯意志論開創者叔本華，在其〈論閱讀和書籍〉文中指出：「對任何時代所謂的暢銷書要持謹慎的態度。」他覺得讀書應該精挑細選，把時間用來閱讀那些「古今中外的偉大人物的著作」，閱讀那些「站在人類之巔的著作及享受不朽聲譽的人們的作品」。閱讀就要「讀原著」，是他的體悟。他甚至認為，閱讀經典原著，勝過於親炙教誨。他說：

「一個人的著作是這個人的思想菁華。所以，儘管一個人具有偉大的思想能力，但閱讀這個人的著作總會比與這個人的交往獲得更多的內容。就最重要的方面而言，閱讀這些著作的確可以取代，甚至遠遠超過與這個人的近身交往。」

為什麼？原因正在於這些著作正是他思想的完整呈現，是他所有的思考、研究和學習的結果；而與這個人的交往卻是片斷的、支離的、隨機的。何況，想與之交談，如今時空，只能徒呼負負，空留神往而已。

三十歲就當芝加哥大學校長、四十六歲榮任名譽校長的赫欽斯（Robert M. Hutchins, 1899-1977），是力倡人文教育的大師。「教育要教眞理」，是其名言，強調「經典就是人文教育最佳的方式」。他認為：

「西方學術思想傳遞下來的永恆學識，即那些不因時代變遷而有所減損其價值的古代經典及現代名著，乃是眞正的文化菁華所在。」

這些經典在一定程度上代表西方文明發展的軌跡，故而他爲大學擬訂了從柏拉圖的《理想國》，以至愛因斯坦的《相對論》，構成著名的「大學百本經典名著課程」。成爲大學通識教育課程的典範。

歷代經典．當今名著，超越了時空，價值永恆。五南跟業界一樣，過去已偶有引進，但都未系統化的完整舖陳。我們決心投入巨資，有計畫的系統梳選，成立「經典名著文庫」，希望收入古今中外思想性的、充滿睿智與獨見的經典、名著，包括：

- 歷經千百年的時間洗禮，依然耀明的著作。遠溯二千三百年前，亞里斯多德的《尼各馬科倫理學》、柏拉圖的《理想國》，還有奧古斯丁的《懺悔錄》。
- 聲震寰宇、澤流遐裔的著作。西方哲學不用說，東方哲學中，我國的孔孟、老莊哲學，古印度毗耶娑（Vyāsa）的《薄伽梵歌》、日本鈴木大拙的《禪與心理分析》，都不缺漏。
- 成就一家之言，獨領風騷之名著。諸如伽森狄（Pierre Gassendi）與笛卡兒論戰的《對笛卡兒沉思錄的詰難》、達爾文（Darwin）的《物種起源》、米塞斯（Mises）的《人的行爲》，以至當今印度獲得諾貝爾經濟學獎阿馬蒂亞．

森（Amartya Sen）的《貧困與饑荒》，及法國當代的哲學家及漢學家余蓮（François Jullien）的《功效論》。

梳選的書目已超過七百種，初期計劃首爲三百種。先從思想性的經典開始，漸次及於專業性的論著。「江山代有才人出，各領風騷數百年」，這是一項理想性的、永續性的巨大出版工程。不在意讀者的眾寡，只考慮它的學術價值，力求完整展現先哲思想的軌跡。雖然不符合商業經營模式的考量，但只要能爲知識界開啓一片智慧之窗，營造一座百花綻放的世界文明公園，任君遨遊、取菁吸蜜、嘉惠學子，於願足矣！

最後，要感謝學界的支持與熱心參與。擔任「學術評議」的專家，義務的提供建言；各書「導讀」的撰寫者，不計代價地導引讀者進入堂奧；而著譯者日以繼夜，伏案疾書，更是辛苦，感謝你們。也期待熱心文化傳承的智者參與耕耘，共同經營這座「世界文明公園」。如能得到廣大讀者的共鳴與滋潤，那麼經典永恆，名著常在。就不是夢想了！

二〇一七年八月一日　於

五南圖書出版公司

導讀

臺灣大學哲學系副教授　彭文本

本書一共收錄八篇康德不同時期有關於歷史哲學的論文，而作爲歐洲啓蒙運動的代表性人物，康德很自然是以「理性」的發展作爲其歷史哲學談論的核心，再加上批判哲學作爲康德哲學的代表路線，因此，本書譯者何兆武先生以「歷史理性批判」作爲本書的標題，甚至以「第四批判」定位這本論文集在康德哲學系統中的位置，並且以它爲三大批判的歸宿。這樣的評價可能需要商榷，首先第三批判是一七九〇年出版，而此書收錄的八篇論文只有後四篇是在一七九〇年之後出版，其他四篇卻在第三批判出版之前就已經出版。其次，這些文章整體內容似乎不具備批判書的系統結構：例如是否包含先驗原理、分析論、辯證論、方法論。

到底康德如何看待自己這些歷史哲學的文章？康德在《純粹理性批判》最後曾經提出以下三個問題涵蓋哲學的範圍：(1)我能知道什麼？(2)我應該做什麼？(3)我能希望什麼？（A805/B833），並且在《邏輯學講義》歸結上面三個問題到第四個最核心問題：(4)什麼是人類？（Was ist der Mensch?），康德說：「形上學回答第一個問題，道德[哲學]回答第二個，宗教[哲學]回答第三個，人類學回答第四個。然而基本上我們可把這些都視爲人類學，因爲前三個問題都指涉到最後一個問題。」（AA9: 25）。這裡康德的確主張人類學可以涵蓋三大批判所回答的所有問題，但是人類學和歷史哲學處理的問題和範圍相同嗎？康德一七九八年出版的《實用人類學》不就是處理「人是什麼」的問題嗎？根據康德在《道德形而上學基礎》一書的導論，實用人類學是屬於經驗的人類學（empirical anthropology, AA4: 388），而批判哲學要處理的應該稱之「先驗的人類學」（transcendental anthropology），經驗人類學目的是把人類到目前爲止所有的精神活動在地球上不同地域的記錄與描述，先驗人類學必須考慮人的理性是否提供一種先驗原理作用於到目前爲止的精神活動，並且也對未來的精神活動的可能性提供一個正確的方向，對所有精神活動內容不只是實然的描述，而且帶有一種應然的價值判斷。

康德的確有想要把「先驗人類學」當作一種歷史哲學整合整個批判哲學的想法，何兆武先生用「歷史理性批判」作爲康德歷史哲學的主要標題似乎順理成章。「歷史理性批判」一詞事實上是出自狄爾泰（Wilhelm Dilthey）的《人文科學導論》（*Introduction to Human Sciences*）一書的哲學計畫，狄爾泰一方面繼承蘭克（Ranke）經驗主義歷史學派，另一方面又吸收黑格爾（Georg Wilhelm Friedrich Hegel）的思辨形上學的歷史觀，高達美在《眞理與方法》（*Truth and Method*）一書中對於狄爾泰的歷史主義提出以下的說明：「他

[狄爾泰]認爲歷史學派的弱點是在思維中缺乏一種邏輯的一致性……因此他設定自己的任務是對於在歷史學派的歷史經驗與觀念論的遺產間建立一個新的以及更能存活下來的知識

論基礎。這便是他以『歷史理性的批判』來補充《純粹理性批判》的企圖之眞正意義。」（Gadamer, 1960: 215）。從批判哲學一般性格看起來，《純粹理性批判》試圖在知識論上調合之前的經驗論與理性論的衝突，同樣地「歷史理性的批判」應該是試圖在歷史學上調和經驗派（Ranke）與理性派（Hegel）之間的衝突。

歷史理性批判作爲康德統和批判哲學最後的計畫，卻在「眞實的歷史」發展中被其他的競爭的歷史哲學路線所掩蓋（李明輝，2002: ix-x）：它們是赫爾德（Johann Gottfried von Herder）反啓蒙的歷史哲學與黑格爾的思辨形上學的歷史哲學。赫爾德的歷史哲學共有兩大部分，首先是在一七七四至一七七六年間前後出版兩大冊《人類最古老的文獻》（*Älteste Urkunde des Menschengeschlechts*），其次是在一七八四至一七九一年間陸續出版的《人類歷史哲學的觀念》（*Ideen zur Philosophie der Geschichte der Menschheit*），一共四大冊二十卷。康德與赫爾德對於歷史哲學的問題曾經幾度交鋒，赫爾德的《人類歷史哲學的觀念》第一部分在一七八四年春季出版，而同一年的十一月康德也出版他的第一篇歷史哲學的論文〈世界公民觀點之下的普遍歷史觀念〉（本書第一篇論文），嘗試與赫爾德的理論抗衡；隨後康德立刻在一七八五年的一月對赫爾德《人類歷史哲學的觀念》第一部分發表書評並給予批判。一七八五年的秋季，赫爾德《人類歷史哲學的觀念》第二部分出版，其中對康德在〈世界公民觀點之下的普遍歷史觀念〉一文的批判予以反擊，因此康德隨即在同一年的十一月撰寫該書的第二部分之書評並且答覆赫爾德的反擊，此篇書評裡康德特別強調該書第十卷的文字赫爾德是根據自己一七七四年已經寫過的《人類最古老的文獻》的內容，重述了他關於《聖經・創世紀》的假說之要點（本書的第三篇），爲了這個問題康德特別又在一七八六年的一月出版另外一篇文章〈人類歷史起源臆測〉（本書第四篇），反對赫爾德《人類最古老的文獻》對《聖經・創世紀》提出的詮釋。

在赫爾德《人類歷史哲學的觀念》所主張的歷史有以下三個特點：第一，反省了人類在整個地球，甚至太陽系統所占的位置，他認爲人類的歷史發展必須考慮人本身在有機體或是遺傳上與地理位置及氣候之間的交互影響，康德稱赫爾德這種人類史採取一種自然主義的形上學（naturalistic metaphysics）的觀點（AA8: 54）；第二，赫爾德認爲人之所以能夠擁有理性是因爲生物學上獨特的物理結構決定的，即人的雙腳站立，頭可仰望於天，以理性或文化爲發展的人類歷史與自然發展的歷史具有一種連續性，兩者不是異質而斷裂的；第三，赫爾德認爲每個民族都有其獨特的生物學上特性，生活上特殊的地理位置以及屬於這個地理位置的氣候，因此即有同樣的理性能力，每個民族都擁有屬於自己的歷史和傳統，牧羊的民族對於自然的認識與打漁或狩獵維生的民族完全不同，他們在各自特殊自然條件下所追求完全不同的幸福和完美，理性對於這樣的價值判斷無法普遍至所有的人類，因此理性產生在各個特殊民族的內在產生其價值，無法產生一個普遍的歷史概念，從外部去決定一個民族文化的優劣，換言之，赫爾德反對普遍的歷史概念。

康德對以上三點的批判如下：第一，關於自然主義的形上學的批判，康德認爲赫爾德假設一種自然世界裡隱形不可見的力量來推動歷史的進程，它必須預設超出可能經驗的知識，這與批判哲學的方法相衝突：「可是關於作用於機體的不可見的力量這一假說，因而是關於我們所不了解的東西要以我們更加不了解的東西來加以解釋的這一設想，我們一般應該怎麼想呢？關於前者，我們至少還可以通過經驗學會認識它的法則，儘管其原因本身確實是仍不得而知；關於後者，我們卻連任何經驗都被摒除了。於是，除卻純屬絕望地要在某種自然知識之中尋找解脫以及決心強行求之於詩意的豐饒土地而外，哲學家在這裡要辨明自己論點又有什麼別的好援引呢？這就仍然是形上學。」（AA8: 53-54）。第二關於人類理性歷史和自然歷史連續性的批判，自然是機械法則決定的世界，爲必然性法則所決定，但是理性卻是應用在人類可有自由的選擇能力下的世界，此爲道德法則決定，因此說人類擁有理性實爲自然的人體直立的特殊性質所決定，這等於說自由是被自然的狀態所決定，這康德不可能接受。因此，康德認爲要談人類歷史，從一開始就必須把人實踐上的自由能力和自然的條件以相異的原則來考慮其發展關係。第三關於普遍歷史的理念或者文化相對主義的問題，康德認爲自然爲機械法則決定，其中並不帶有任何目的性，而實踐理性本身就是一種帶有設定目的的能力。從人類歷史上看來，康德認爲這個目的性不能從一個個別的行爲者的目的的設定來探討理性存在的目的，而是整體地以後設的角度問：「作爲設定目的的能力本身的存在有何目的？」康德從倫理學的研究指出：理性可分爲有條件的目的設定（假言令式）和無條件的目的設定（定言令式），前者實踐的是人類發展上如何使文化多樣性的自由能力得以擴大，後者實踐的是如何保障前者的擴大不受阻礙的自由（道德自由的實踐）。就前者來說，康德會同意赫爾德的文化相對論，但就後者來說，康德認爲這必須把普遍歷史的理念考慮進來，所以康德在〈世界公民觀點之下的普遍歷史觀念〉的命題八說：「人類的歷史大體上可以看作是大自然的一項隱蔽計畫的實現，爲的是要奠定一種對內的，並且爲此目的同時也就是對外的完美的國家憲法，作爲大自然得以在人類的身上充分發展其全部稟賦的唯一狀態。」（AA8: 27），這個實現道德自由的普遍歷史理念的完美憲法便是後來的〈永久和平論——一部哲學的規畫〉。

除了上述赫爾德自然主義形上學觀點下的歷史哲學之外，黑格爾思辨理性形上學觀點下的歷史哲學對後世也有相當大的影響，只是康德並未直接與之交鋒，也無法找到他批判這種觀點的談論。與赫爾德相反，黑格爾和康德在普遍的歷史之理念上是一致的，兩人都認爲整個人類的歷史都是對於自由的實踐。但是康德的普遍歷史是站在以「有限理性」爲集體的人類看人類歷史的發展，黑格爾卻是站在「無限理性」（或絕對精神）的角度看歷史的發展（李明輝，2002: xi）。同樣在普遍歷史理念下，康德的有限理性觀點仍然區分應然與實然，理性與自然；而在黑格爾無限思辨理性的觀點下，這些區分都被消除（李明輝，2002: xxxvi），這是批判的和思辨的歷史哲學之間最重要的分野。

作爲一種理念，「普遍歷史」究竟在康德的整個批判哲學占據何種理論的地位？這是評價這個「歷史理性批判」的計畫之核心議題。「人類普遍歷史」和「最高善」同樣是由純粹實踐理性的整體性引申而來的理念，最高善是不可能在有限的時間進程中實現，因此只能是一種規制性原則（regulative principle）；相反的，康德認爲以自由爲內涵的「普遍歷史」可以在有限的時間內實踐，也是「永久和平」實踐之日，而且它可以用來解釋已出現在地球上所有人類文化活動已實現的自由程度，因此它不像是最高善那樣的規制性原則，但它也不像範疇一樣是一種客觀的建構性原則（objective constitutive principle），毋寧是介於兩者之間一種主觀的建構性原則（subjective constitutive principle）（AA5: 453）。

再版譯序

本年春得到商務印書館編輯何世魯先生的通知，說是康德《歷史理性批判文集》一書即將再版，問我是否需要修訂譯文。由於此書初版距今已十有四年，誠然當時總不免會有未能發現的錯誤或斟酌有欠妥當的地方，遂決定將全書從頭至尾重行校訂一遍，有所改動。各篇所據的原文仍是德國（普魯士）科學院《康德全集》版。科學院版儘管也有錯誤，有些字句學者們也聚訟紛紜，但仍不失爲迄今爲止最爲完備的一個版本。譯文中的牴牾卻仍然不敢自保。倘蒙讀者賜教，不勝感謝。今年恰值康德逝世二百周年，謹以此書作爲對於這位一代哲人的一個小小的紀念。

此次重校的過程之中，每不免隨時有所感觸，所以在校訂過程中也隨手記下再版序言，不敢說是對讀者有所幫助，只不過是自己讀書時的一點膚淺的體會而已，現附錄如下，僅供讀者參考。

今年二月曾去參加一個康德三大批判新譯本的首發式。一種學術思想的價值如何，固然並不有賴於是否有隆重的儀式爲之作秀，然而儀式是在人民大會堂舉行且有領導人出席，仍不失為反映它之為主流社會所認可的程度。歸來途中，不禁聯想到康德哲學百年來在中國的命運。因為自從上個世紀之初梁啓超、王國維這兩位中國近代學術界影響最大的領軍人物最早把康德引進中國以來，至今恰值整整一個世紀。

梁老先生在二十世紀初葉大量介紹了西方近代思想給中國，可以稱為是開啓了中國近代思想的一大功臣。至於輕薄為文者流譏評他是轉手販賣，反倒是表明了自身的幼稚、淺薄和無知。因為那個時代正有如一個初學識字的幼兒，淺薄、無知和可笑都是正常現象。正有如杜詩所謂：「爾曹身與名俱裂，不廢江河萬古流。」梁、王一輩乃當時之體，是無愧於江河的萬古奔流的。王老先生最初讀《純理批判》，讀不懂，再讀，仍不懂；後來讀了叔本華（Arthur Schopenhauer）和尼采（Friedrich Wilhelm Nietzsche），再回頭來讀康德，自己才感到有會於心。上個世紀四〇年代之初，我們一輩青年學生初讀康德也局守當時流行的辦法，都是從《純理》一書入手的。當然，最初也是讀不懂。記得有一次，我向同學友人王浩談到：連王國維大師都讀不懂的，我們大概是沒有希望能讀懂了。他回答道：話不能這麼說，王國維沒有讀過近代科學，所以他讀不懂。我們有了近代科學知識，我們是會讀懂的。這一說法，後來我體會是不錯的。確實，純理批判的出發點歸根究柢不外乎是牛頓（Isaac Newton）經典體系的世界構圖。王國維的著作中沒有他曾學過或掌握過牛頓體系的記載，而那卻是我們青年時都已熟悉了的。從他的文章中，也看不到有任何牛頓體系式的思維方式，像是我們從《天體理論與自然通史》中可以鮮明地感受到的。當然要閱讀康德的古典哲學那種冗長而沉悶的文風，確實是要費一點力氣才能啃得動；不過，裡面的思路卻是清楚明白的，不像某些後現代的著作，往往似乎文字本身倒也簡單明瞭，然而讀罷以後卻令人滿頭霧水，不知究竟說的是些什麼。有些論者卻不顧原文的思路與文風，動輒指責譯文不流暢、不好懂，乃至難以卒讀。然而難道一定要把康德（或黑格爾、馬克思（Karl Marx））這類經典著作都譯成通俗讀物乃至兒童文學才算是好懂嗎？譯文必須忠實於原文、忠實於它的思路和它的風格。這是需要費點功夫去體會的。如果這點勁都不肯費的話，那就還是老老實實去讀兒童文學吧。甚至於王老先生，當他從叔本華和尼采的生命哲學的思路再回過頭來讀康德時，他自以爲這次自己是讀懂了；可是，這條思路距康德那嚴謹的批判精神和思路卻是更其遙遠了。

與會歸來不數日，意外地收到一封陌生者的信。信是用德文寫的，中譯文如下：

非常尊敬的何教授先生：

過去的一個學期中，在由鄙人主持的奧地利維也納大學哲學系歷史理性批判高級討論課上，我們就您的同名文集中有關康德歷史理性批判的文章進行了討論。目前在奧地利兩名知名學者（Wilhelm Dilthey 及 Alois Dempf）對這一領域的學說思想正在展開激烈的討論。尤爲引人注目的是兩者均回溯到康德的歷史哲學，正如我們在討論課上所了解的您的著作中那幾篇文章所研究的範圍一樣。一位來自中國的學生——段宏偉先生——參與了我們的討論，翻譯了您的文章中的部分內容並且做了一個相關報告。

我想在此對您在這個領域裡的研究和貢獻表示眞誠地感謝！當然，還是有很多問題仍有進一步深入討論的必要。比如在康德的學說中並沒有闡釋他那著名的三大哲學問題——我能知道什麼？我應該做什麼？我可以希望什麼？——在哲學上的理由。但也許第四個問題——什麼是人？——才是最重要的。因爲拙意以爲或許這個問題可以解答——您書中所提出的對康德的疑問（即爲什麼康德沒有對我們認識歷史的能力首先進行批判）——歷史知識在人類學的不可度測。更明確地說是可以解釋康德爲什麼會有這種獨斷的、超驗的歷史哲學。

我熱切地冀望您的著作能盡快在歐洲翻譯出版。因爲很遺憾我們仍然非常缺乏與來自不同的地域與文化的學者之間的交流及合作。

順頌祺祥！

維也納大學教授

Dr. Cornelius Zehetner

二〇〇四年二月十九日於維也納

看罷信後，不禁又引發多年來縈繞在自己心頭的一個問題，即我們究竟應該如何來看待和評價繼三大批判之後而來的第四批判？

第三批判於一七九〇年問世，從而完成了人們所謂的三大批判的偉業，這一年康德六十六歲。此後，自一七九〇年至一八〇四年，即他一生最後的階段裡，他的思想理論的工作重心顯然地已轉移到了「人」的問題上：人的歷史和人的歸宿。有關這方面的一系列著作足以表明康德的晚年是怎樣力圖明天人之際，權古今之變，從目的論的高度著眼於建立一套人類歷史的哲學著作爲自己畢生這篇批判哲學大文章的結穴。此所以 Cassirer 才特標它是康德的第四批判，即《康德理性批判》。也許是由於年事已高，康德確實是並沒有完成一部以《歷史理性批判》題名的大作。但是一七九四年〈萬物的終結〉、一七九五年〈永久和平論——一部哲學的規畫〉、一七九七年〈重提這個問題：人類是在不斷朝著改善前進嗎？〉以及此前一七八〇年代的〈世界公民觀點之下的普遍歷史觀念〉、〈答覆這個問題：「什麼是啓蒙運動？」〉、〈人類歷史起源臆測〉等一系列論文，都足以明確無誤地指明這位啓蒙運動的最卓越的哲人晚年定論的所在。

啓蒙運動是人類的文明史（而不是人類的野蠻或愚昧史）上最爲光彩奪目的一頁，而康德則是啓蒙哲學理所當然、當之無愧的最卓越的代言人。我們只需比較一下孔多塞（Condorcet）的歷史哲學和康德的歷史哲學，就可以看出二者檔次高下之不同。孔多塞的《人類精神進步史表綱要》確實是法國啓蒙運動一紙光輝奪目的歷史哲學宣言書，它揭櫫了啓蒙乃是人類歷史前進的唯一動力，但他所謂的理性卻仍然只限於理性範疇之內的知識，從而就把歷史理性開展的過程等同於智性知識進步的歷程。這正是他啓蒙哲學的侷限性之所在。在這裡，康德較之於孔多塞直是高出了一個數量級。理性到了康德這裡，已不再侷限於狹義的智性或悟性，而是在更高一級並在更深的層次上統攝人類全部心靈能力的理性。理解康德而止步於他的三大批判，對於認眞地理解他的目的論似乎是仍有未達一間——如果我們同意哲學也就是人學的話。最初讀康德的歷史哲學時，我原來期待著（如 Zehetner 教授信中所云）他也會像（或者應該像）純理批判那樣，在從事考察歷史本身之前，應該首先是從對人們認識歷史的能力進行一番批判入手，即我們怎麼才可能以及我們是怎樣地認識歷史的？也就是我們對歷史的認識是如何才成其爲可能的。但是他沒有這樣做，他並沒有首先著手探討我們對歷史的認識是如何才成其爲可能的，就徑直著手去揭示歷史的本質，就有如聖妥瑪要徑直去摸觸耶穌被釘在十字架上那雙血手的眞實性，而根本沒有考慮到這樣做（以人智去窺探神智）是不是會褻瀆神明。Zehetner 教授在信中也提到，在三大批判所提出的問題之後，也許第四個問題「什麼是人？」才是最重要的。我同意這個提法。起初，我對於康德並沒有考察我們對歷史的知識是如何成其爲可能的，就徑直拈出人類歷史的起源和歸宿（或鵠的（ziel））的這種思路，覺得似乎頗顯武斷，而有悖於批判哲學的批判精神。及至一再讀過了他的第四批判之後，始恍然於提這個問題是多餘的，是一個根本就不存在的問題。康德本人早已給出了解答。康德本人明確說過他自己的思想來源於兩個人，一個是牛頓，一個是盧梭（Jean Jacque Rousseau）。人們越是讀康德，就越是可以體會到：在對自然（也就是歷史）的認識上，他的思想基本上是脫胎於盧梭的理論。我們對於自然世界的認識有恃於我們先天的或先驗的認識能力。我們對於人文世界的認識，則要靠我們的另一種先天的或先驗的道德力量的驅使，它直接地使我們明心見性而不需要事先進行一番批判的檢驗。閱讀康德時，如果緊密地聯繫到牛頓《自然哲學之數學原理》與盧梭《社會契約論》兩書，許多問題都更易於理解了。

康德的意思不外乎是在這樣說：上帝（Gott）創造世界時，便爲自然世界（也就是爲我們的認識能力）立了法，所以自然世界就必須遵循自然世界的必然法則。上帝又創造了人（或人文）的世界，他也就爲人文世界（也就是我們的自由行爲的能力）立了法，但這個人文世界之法卻是自由而不是必然，因此人就可以爲善，也可以作惡。自然世界是必然的，所以是沒有選擇餘地的；人文世界是自由的，所以是由人做出抉擇的。彷彿是上帝一旦創造了人，就把自由賦給了人，所以人就不可能是必然的而不是自由的。這正是盧梭的基本論點：人是被迫自由的。也就是說人是非自由不可的，不自由是不可能的，所以說：「人是生而自由的」。人既然只可能是自由的，所以人文世界的歷史就是自由人的自由事業，並沒有先天注定了非如此不可的、不以人的意志爲轉移的必然。假如人生於世只可能爲善、不可能作惡，那麼人世間的一切政治法律的規範就都沒有存在的意義了。故而自然世界的歷史是從善開始的，因爲他是上帝的創作，而人類的歷史則從惡開始，因爲它是人的創作。創作了惡就見證了人的自由。康德對此引述了《聖經》（*the Bible*）的故事：人類吃了禁果，懂得了善和惡，所以便從天堂墜落下來了。既然人是自由的，所以惡（自私，康德稱爲「非社會性」〔Ungeselligkeit〕）便是人類歷史中不可或缺的，甚至於是根本性的一環，由此才可能成其爲「非社會的社會性」（ungesellig Geselligkeit）。正有如一片茂密的森林，正是由於有許多樹都在競相爭取陽光和空氣、努力向上的結果。如果只有一棵孤零零的樹，它必然會生長得憔悴而扭曲，得不到茁壯的成長。和康德同時的亞當・斯密（Adam Smith）不也正是這樣設想的嗎？在一個自由競爭的社會裡，每個人都能以最大限度的自由去追求自己最大的利潤，那麼這個社會一定會是盡可能地美好的社會。但是盧梭對此卻是憂心忡忡。他所嚮往的是：返於自然。因爲一切出自自然的事物都是美好的，但一經人手就壞了。（也許可以設想，當代的聖雄甘地（Mohandas Karamchand Gandhi）和哲學家羅素（Bertrand Arthur William Russell）多少也有類似的想法。）所以盧梭一方面煞費苦心地要爲人間制定完美的立法，但同時另一方面卻又有鑒於人性的腐化和墮落而不免憂心忡忡地感嘆：要爲一個國家訂立一套完美的立法，簡直是非得先有一群天使般的人民而後可。但是，康德針對這一點卻反駁道：爲一族人民立法，並不需要有一群天使般的人民而後可，哪怕是一群魔鬼也可以，只要是他們有此智慧。多麼深切而著名的論斷！只要魔鬼有此智慧，他們也會和天使一樣，更何況還不是一群魔鬼，而是一群自由的，即既可以爲善也可以作惡的人民！康德脫胎於盧梭，而又高出了盧梭整整一個數量級。

自由是人文世界歷史的前提，歷史乃是自由人民的自由事業，它絕不是自然世界中那種被給定了的必然。它既然是在自然世界之中進行的，當然也就要受到自然世界的必然性的制約。但同時它又是自由人的自由創造，所以它又是人文的（即自由的）歷史，而不是自然的（即必然的）歷史。這種意義上的自由的歷史，乃是他思想上的最後歸宿。理性一詞在以前往往被混同於「智性」或「悟性」，到了康德的手裡才明確了理性的三個層次，從而分清了理性（Vernunft）和悟性（Verstand）的界限。理性已不再僅僅是悟性，而是統攝全部人類心靈能力的更高一級意義上的理性。它的開展歷程就體現在人類歷史的進程之中。啓蒙哲學家，尤其是十八世紀法國的啓蒙哲學家（philosophe，中國台灣學者譯此詞爲「哲士」，以有別於通常意義上的哲學家）往往把歷史發展的歷程等同於人類智性或悟性認識發展和提高的過程，這正是他們思想的侷限性之所在。康德之所以比他們高明，就在於他以理性自身來論證人類法治社會（或公民社會 civil society）的發展，從而把先驗的原則和自由人的自由事業打成一片，而且它還將以永久和平爲其歸宿。但那歸宿並不是一個大一統的世界帝國，而是各個自由民族的一個聯盟。可以說，自從文藝復興以來，近代思想的總趨勢即是「人」的覺醒；它到了啓蒙時代康德的理論裡達到了它的最高境界。庸俗的歷史法學家咬文爵字，硬是要追索那一紙原始的契約，但卻只能是枉然死在句下。理性所裁可的目的論是不能、也無法實證的，而它又是非有此不可而又非如此不可的，沒有它，你就不可能理解歷史，也不可能賦予歷史以意義。法國啓蒙哲學家們的那類歷史哲學只不過是一廂情願的天眞幻想——（但如果不是天眞的幻想，又怎麼可能會有那麼激昂的熱情呢？Carl Becker 說得好：如果羅蘭夫人（Madame Roland）當時能預見到她的理想落實到現實的層面上，就只不過是，也只可能是法蘭西第三共和，當年她就不會有勇氣昂首闊步走上斷頭台了。）——

要到了康德的第四批判才賦之以更深層的、沉甸甸的先驗哲學的內涵。

天人合一曾被有些學者們認同爲中國哲學的特徵。但古今中外又有哪一家的哲學不是以指向天人合一爲自己的歸宿的呢？甚至於不妨說，凡事不歸本於天人合一的，就不是哲學。所謂哲學，歸根到底必然是歸本於天人合一的。所以天人合一並不屬於某個民族或某個哲學家的特徵。它是一切哲學家的本質和鵠的，問題只在於各有其不同的思想方式和論證，而不在於是不是歸本於天人合一。康德的歷史哲學開宗明義的大經大法就是：大自然絕不做徒勞無功的事（因此之故，人類的理性就必定是要充分地發展出來的）。大自然絕不做徒勞無功的事這一命題完全得自牛頓《原理》一書的原文。這當然是純屬目的論的命題。於是它那必然的結論就只能是：大自然既然賦給了人類以理性，所以理性就必然要在全人類（但不是個體的人）身上充分地發展並表現出來。由此便推論出來他那一系列有關歷史理性的論斷，直到最後要有一個安斐克提昂聯盟式的永久和平。（按，此處牛頓《原理》一書，英譯文原文爲：Nature does nothing in vain. The more is in vain when the less will do. 鄭太朴舊譯把 the more 譯作多數人，the less 譯作少數人，完全誤解了原義。）但牛頓本人並沒有能從他的經典體系中推導出一套理性哲學的體系來。這一工作就留待給康德來完成。若是沒有這一條無懈可擊而又無法證實的目的論，康德也許就不可能建立起他那如此之完美無瑕的先驗哲學的體系。牛頓的體系講的是自然界的必然法則，盧梭的體系講的是人文世界自由的法則。自然界的必然和自由領域的目的這兩者如何才能夠使之兩慮而一致，並行而不悖，亦即怎樣把合規律性（regelmaßigkeit）與合目的性（zweckmaßigkeit）二者相結合，便成爲康德第四批判的中心問題。而康德的答案或許是在當時思想理論所許可的條件之下所可能給出的最佳答案。康德的三大批判和成爲他晚年定論的第四批判，距我們今天已經兩個多世紀了。在這一漫長的期間，自然科學和人文科學也都經歷了極大的發展和變化。但對第四批判主題的發揚卻似乎迄今尚沒有達到它今天所應有的高度。當代歷史哲學的進展主要地似乎侷限於技術的層次上（如語言分析）或藝術的發抒上（如生命哲學）。今天的人們好像已經失去了兩百多年以前的先輩們所抱有的那種熱情洋溢的美好憧憬和好學深思的嚴謹風格。他們那種高尚的境界和情操還能激起我們一代人心靈中的渴望和追求嗎？但願能如此。

哲學終究是繞不過康德這一關的，無論是你同意他，還是不同意他。如果硬是要不理睬他，那就只能不可避免地要自甘愚昧而受到懲罰。在過去一個漫長的世紀裡，這曾使得我們的所謂的科學始終被滯留在實證主義乃至實用主義的牢籠裡。而所謂的知識，也就始終被侷限在感性和悟性的兩個層次上。這些都是明證。學術思想是不可能脫離政治的，然而它也不可簡單地就直接等同於政治的馴服工具。十九世紀的社會民主黨曾提出過「返於康德」的口號，而新康德學派（包括如卡西勒（Ernst Cassirer）、狄爾泰等人）也確乎作出了值得矚目的成績，都不宜簡單地扣一頂帽子便輕易加以砸爛或抹殺。由康德所奠定的那種高瞻遠矚的批判精神，是永遠值得人們珍惜的。而他之以第四批判作爲其三大批判的歸宿，也是永遠值得我們深思的。

二〇〇四年五月於清華園

譯序

本書收康德於一七八四至一七九七年間（六十歲至七十三歲）所寫的論文八篇，包括康德有關歷史哲學和政治哲學的全部主要著作在內。

十八世紀末的德國比起同時期的西方先進國家來，仍然是個分裂、落後的國家；資本主義生產關係雖然已在發展，但仍苦於封建制度的嚴重束縛。這就決定了德國中產階級的特殊軟弱性。當英國已經和法國正在採取革命行動推翻封建制度的時候，德國還只採取理論的形式。因此在論及由康德奠基的德國古典哲學時，經典作家指出：「在法國發生政治革命的同時，德國發生了哲學革命。這個革命是由康德開始的。」①

十八世紀的七〇年代以前，康德從事多方面自然科學的研究，具有唯物主義傾向和辯證法因素；特別是一七五五年的《自然通史和天體理論》（或作《宇宙發展史概論》）一書，運用牛頓的經典力學原理，提出了關於太陽系演化的學說（即星雲說），對長期以來在科學思想上占統治地位的僵化的自然觀「打開第一個缺口」。②這個學說於一七九六年被拉普拉斯（一七四九至一八二七年）重新提出，開始產生廣泛的影響，所以又被稱爲康德－拉普拉斯學說。

十八世紀七〇年代以後，康德轉入所謂批判哲學時期，這個時期他的主要活動是建立他的先驗論哲學體系。自一七八一至一七九八年將近二十年的時期裡，是康德批判哲學的成熟期：《純粹理性批判》出版於一七八一年，此後《未來形而上學導論》於一七八三年、《道德形而上學探本》於一七八五年、《純粹理性批判》第二版（及其序言）於一七八七年、《實踐理性批判》於一七八八年、《判斷力批判》於一七九〇年、《純理性範圍以內的宗教》於一七九三年、《系科之爭》於一七九八年相繼問世。在這同一個時期所寫的有關歷史與政治的理論著作，作爲其批判哲學體系的組成部分，則在通稱的三大批判之外別有其豐富的思想內容，並對後世有著深遠的影響，故而曾有「第四批判」或「歷史理性批判」之稱。這個歷史時代正是美國資產階級革命（一七七六至一七八三年）和法國資產階級革命（一七八九至一七九五年）的高潮。在啓蒙運動和法國革命思潮的強大影響之下所寫成的這幾篇論文，飽含著時代的色彩；它們所表現的要把歷史提高爲哲學理論的努力、它們之以啓蒙運動的批判精神和人類不斷在進步的觀點對於歷史的本質及其運動規律所做的一系列臆測、它們之從純粹理性出發來論證天賦人權及其與幸福的聯繫，實際上是提供了一部法國革命的德國版。康德自十八世紀六〇年代之初即開始讀盧梭，並對歷史和政治的理論感到興趣；從一七六七年起曾經多次講授過「權利理論」。所謂歷史理性批判，其內容實質不外乎是法國革命原則——即，（一）牛頓的自然法則，（二）盧梭的天賦人權，（三）啓蒙時代的理性千年福祉王國學說（Chiliasmus），——在康德先驗哲學體系中的提煉。

構成康德歷史哲學的中心線索的是歷史的雙重性，即歷史的合目的性與歷史的合規律性；亦即人類的歷史在雙重意義上是有道理（理性）可以籀繹的：（一）它是根據一個合理的而又可以爲人理解的計畫而展開的，（二）它同時又是朝著一個爲理性所裁可的目標前進的。就其當然而論，人類歷史就是合目的的；就其實然而論，人類歷史就是合規律的。目的的王國與必然的王國最後被康德統一於普遍的理性。統治這個理性的王國的原則是：正義和眞理、自由和平等、不可剝奪的和不可轉讓的天賦人權。「現在我們知道，這個理性的王國不過是資產階級的理想化的王國；永恆的正義在資產階級的司法中得到實現：平等歸結爲法律面前的資產階級的平等；被宣布爲最主要的人權之一的是資產階級的所有權；而理性的國家、盧梭的社會契約（social contract）在實踐中表現而且也只能表現爲資產階級的民主共和國。十八世紀的偉大思想家們，也和他們的一切先驅者一樣，沒有能夠超出他們自己的時代所給予他們的限制。」③

和一切舊時代的歷史理論一樣，康德的歷史哲學也沒有能避免兩個根本性的缺陷。第一是，他不能正確理解歷史的物質基礎，從而也就不可能揭示歷史發展的客觀規律性及其與物質生產發展的聯繫。第二是，他不能正確認識只有人民群眾的實踐活動才是歷史的創造力；於是他把歷史的發展單純歸結爲理性原則自我實現的過程。披著世界公民的永恆的普遍理性這件外衣的，歸根結底只不過是十八世紀末德國中產階級市民的悟性。這些侷限性是我們「公正地把康德的哲學看成是法國革命的德國理論」④時，所需要加以批判的。

譯文根據普魯士皇家科學院編《康德全集》，柏林一九一二年格·雷麥（Georg Reimer）版，卷八中的原文譯出。有幾處分段則根據的是羅森克朗茨（K. Rosenkranz）與舒伯特（F. Schubert）編《康德全集》，萊比錫一八三九年伏斯（L. Voss）版，卷七中的原文。據我所見，本文曾有狄·昆賽（Th. De Quincey）、阿斯吉（W. Hastie）及貝克（L. W. Beck）三種英譯本，但沒有一種可以稱得上比較忠實；狄·昆賽以名家見稱，他的譯文卻最不可靠。

譯文中有幾個名詞需要說明一下：Idee一般譯作「理念」，我們在譯文中採用「觀念」；Verfassung一般可譯作（政治）體制，我們在譯文中採用「憲法」；Bürger（bürgerlich）通常均譯作「市民」（「市民的」），我們在譯文中採用「公民」（「公民的」），因此通常譯文中的「市民社會」、「市民憲法」我們在譯文中均作「公民社會」、「公民憲法（bürgerliche Verfassung）」。所以採用「觀念」和「公民」，是希望它們更能符合作者的原意；所以採用「憲法」，是希望它更能照顧到本文與其他著作的前後一貫。

由於自己水準的限制，譯文中的錯誤與不妥之處在所難免；希望得到讀者們的指正。

譯者

【注釋】

①《馬克思恩格斯全集》，人民出版社一九五六年版，第一卷，第五八八頁。

②《馬克思恩格斯選集》，人民出版社一九七二年版，第三卷，第五四〇頁。

③《馬克思恩格斯選集》，人民出版社一九七二年版，第三卷，第五十七頁。

④《馬克思恩格斯全集》，人民出版社一九五六年版，第一卷，第一〇〇頁。

目錄

世界公民觀點之下的普遍歷史觀念[1,2]

無論人們根據形而上學的觀點，對於意志自由可以形成怎麼樣的一種概念，然而它那表現，即人類的行爲，卻正如任何別的自然事件一樣，總是爲普遍的自然律所決定的。歷史學是從事於敘述這些表現的；不管它們的原因可能是多麼地隱蔽，但歷史學卻能使人希望：當它考察人類意志自由的作用的整體時，它可以揭示出它們有一種合乎規律的進程，並且就以這種方式而把從個別主體上看來顯得是雜亂無章的東西，在全體的物種上卻能夠認爲是人類原始的稟賦（anlage）之不斷前進的、雖然是漫長的發展。因此，婚姻以及隨之而來的出生和死亡——在這裡人們的自由意志對於它們有著如此巨大的影響——看起來顯得並沒有任何規律可循，使人能夠事先就據之以計算出來它們的數字；然而各大國有關這方面的年度報表卻證明了它們也是按照經常的自然律進行的，正有如變化無常的氣候那樣，我們雖然不能預先就確定氣候的各個事變（ereignis），但總的來說它卻不會不把植物的生長、河水的奔流以及其他各種自然形態保持在一種均衡不斷的進程之中。個別的人，甚至於整個的民族，很少想得到：當每一個人都根據自己的心意並且往往是彼此互相衝突地在追求著自己的目標時，他們卻不知不覺地是朝著他們自己所不認識的自然目標作爲一個引導而在前進著，是爲了推進它而在努力著；而且這個自然的目標即使是爲他們所認識，也對他們會是無足輕重的。

既然人類的努力，總的來說，並不像動物那樣僅僅是出於本能，同時又不像有理性的世界公民（Weltbürger）③那樣是根據一種預定的計畫而行進；因此看起來他們也就不可能有任何（多少是像蜜蜂或者海狸那樣的）有計畫的歷史。當我們看到人類在世界的大舞臺上表現出來的所作所爲，我們就無法抑制自己的某種厭惡之情；而且儘管在個別人的身上隨處都閃爍著智慧，可是我們卻發現，就其全體而論，一切歸根到底都是由愚蠢、幼稚的虛榮、甚至還往往是由幼稚的罪惡和毀滅欲所交織成的；從而我們始終也弄不明白，對於我們這個如此之以優越而自詡的物種，我們自己究竟應該形成什麼樣的一種概念。對於哲學家來說，這裡別無其他答案，除非是：既然他對於人類及其表演的整體，根本就不能假設有任何有理性的*自己的目標*，那麼他就應該探討他是否能在人類事物的這一悖謬的進程之中發現有某種*自然的目標*；根據這種自然的目標被創造出來的人雖然其行程並沒有自己的計畫，但卻可能有一部服從某種確定的自然計畫的歷史。

這就要看，我們是否可以成功地找出一條這樣一部歷史的線索，而留待大自然本身去產生出一位有條件依據它來撰寫這部歷史的人物。大自然就曾產生過一位克卜勒（Johannes Kepler）④，克卜勒以一種出人意表的方式使得行星的偏心軌道服從於確切的定律；大自然又曾產生過一位牛頓⑤，牛頓便以一條普遍的自然原因闡明了這些定律。

命題一

一個被創造物（geschopf）**的全部自然稟賦都註定了終究是要充分地並且合目的地發展出來的。**

對一切動物進行外部的以及內部的或解剖方面的觀察，都證實了這一命題。一種不能加以應用的器官，一種不能完成其目的的配備，——這在目的論的自然論（naturlehre）上乃是一種矛盾。因爲我們如果放棄這條原則的話，那麼我們就不再有一個合法則的大自然，而只能有一個漫無目的的、活動著的大自然罷了；於是令人絕望的偶然性（zufälligkeit）就會取代了理性的線索。

命題二

這些自然稟賦的宗旨就在於使用人的理性，它們將在人——**作為大地之上唯一有理性的被創造物**——**的身上充分地發展出來，但卻只能是在全物種的身上而不是在各個人的身上。**

一個被創造物的身上的理性，乃是一種要把它的全部力量的使用規律和目標都遠遠突出到自然的本能之外的能力，並且它不知道自己的規畫有任何的界限。但它並不是單憑本能而自行活動的，而是需要有探討、有訓練、有教導，才能夠逐步地從一個認識階段前進到另一個階段。因此，每一個人就必須活得無比的長壽，才能學會怎樣可以把自己全部的自然稟賦加以充分地運用；否則，如果大自然僅僅給他規定了一個短暫的生命期限（就正如事實上所發生的那樣），那麼理性就需要有一系列也許是無法估計的世代，每一個世代都得把自己的啓蒙（aufklärung）留傳給後一個世代，才能使它在我們人類身上的萌芽，最後發揮到充分與它的目標相稱的那種發展階段。而這樣的一個時刻，至少在人類的觀念裡，應該成爲他們努力爭取的目標，因爲不然的話，人類自然稟賦的絕大部分就不得不被人看成是徒勞無功而又漫無目的的了；這就勾銷了一切實踐的原則，並且從而就會使大自然——本來在判斷其他一切的安排時，大自然的智慧都必然是要充當基本原則的——犯有唯獨對於人類卻是在進行一場兒戲的嫌疑了。

命題三

大自然要使人類完完全全由其自己本身就創造出來超乎其動物生存的機械安排之上的一切東西，而且除了其自己本身不假手於本能並僅憑自己的理性所獲得的幸福或美滿而外，就不再分享任何其他的幸福或美滿。

這就是說，大自然絕不做勞而無功的事，並且絕不會浪費自己的手段以達到自己的目的[6]。既然她把理性和以理性爲基礎的意志自由[7]賦給了人類，這就已經是對她所布置的目標的最明顯不過的宣示了。這就是說，人類並不是由本能所引導著的，或者是由天生的知識所哺育、所教誨著的；人類倒不如說是要由自己本身來創造一切的。生產出自己的食物、建造自己的蔽護所、自己對外的安全與防禦（在這方面大自然所賦予他的，既沒有公牛的角，又沒有獅子的爪，也沒有惡狗的牙，而僅只有一雙手），一切能使生活感到悅意的歡樂、還有他的見識和睿智乃至他那意志的善良，——這一切完完全全都是他自身的產品。在這裡，大自然彷彿是以其最大的節約在行動著，並且把她對動物的裝備安置得如此之緊縮、如此之精密，剛好夠一個起碼的生存的最大需要而已；就好像是她有意讓人類——當他們從最低的野蠻狀態（rohigkeit）努力上升到最高的成熟狀態（mündigkeit）以及思想方式（denkungsart）的內在完滿性，並且從而上升到（大地之上盡可能的）幸福狀態的時候——能完全獨自享有這份功績並且只需感謝他們自己本身似的；彷彿大自然把這一點委之於人類理性的*自尊*，更有甚於委之於人類的安樂（wohlbefinden）似的。因爲在人類事物的這一進程中，有一長串的艱辛困苦在等待著人類。可是看來大自然卻根本就不曾做任何的事情來使人類生活得安樂，反倒是要使他們努力向前奮鬥，以便由於他們自身的行爲而使他們自己配得上生命與福祉。

這種情形永遠都是令人驚異的：以往的世代彷彿只是爲了後來世代的緣故而在進行著他們那艱辛的事業，以便爲後者準備好這樣的一個階段，使之能夠藉以把大自然所作爲目標的那座建築物造得更高；並且唯有到了最後的一代才能享有住進這所建築裡面去的幸福，雖然他們一系列悠久的祖先們都曾經（確實是無意地）爲它辛勤勞動過，但他們的祖先們卻沒有可能分享自己所早已經準備過了的這種幸福。儘管這一點是如此之神秘，然而同時它又是如此之必然，只要我們一旦肯承認：有一類物種是具有理性的，並且作爲有理性的生命類別，他們[8]統統都要死亡的，然而這個物種卻永不死亡而且終將達到他們的稟賦的充分發展。

命題四

大自然使人類的全部稟賦得以發展所採用的手段就是人類在社會中的對抗性，但僅以這種對抗性終將成為人類合法秩序的原因為限。

這裡的對抗性（antagonismus）一詞，我指的是人類的**非社會的社會性**；也就是指人類進入社會的傾向，而這一傾向又是和一種經常威脅著要分裂社會的貫穿始終的阻力結合在一起的。而這種稟賦顯然就存在於人性之中。人具有一種要使自己**社會化**的傾向；因爲他要在這樣的一種狀態裡才會感到自己不止於是人而已[9]，也就是說才感到他的自然稟賦得到了發展。然而他也具有一種強大的、要求自己**單獨化**（孤立化）的傾向；因爲他同時也發覺自己有著非社會的本性，想要一味按照自己的意思來擺布一切，並且因此之故就會處處都遇到阻力，正如他憑他自己本身就可以了解的那樣，在他那方面他自己也是傾向於成爲對別人的阻力的。可是，正是這種阻力才喚起了人類的全部能力，推動著他去克服自己的懶惰傾向，並且由於虛榮心、權力欲或貪婪心的驅使而要在他的同胞們——他既不能很好地**容忍**他們，可又不能**脫離**他們——中間爲自己爭得一席地位。於是就出現了由野蠻進入**文化**（kultur）的眞正的第一步，而文化本來就是人類的社會價值之所在；於是人類全部的才智就逐漸地發展起來了，趣味就形成了，並且由於繼續不斷的啓蒙就開始奠定了一種思想方式，這種思想方式可以把粗糙的辨別道德的自然稟賦隨著時間的推移而轉化爲確切的實踐原則，從而把那種**病態地**被迫組成了社會的一致性終於轉化爲一個**道德的**整體[10]。沒有這種非社會性的而且其本身確實是並不可愛的性質，——每個人當其私欲橫流時都必然會遇到的那種阻力就是從這裡面產生的，——人類的全部才智就會在一種美滿的和睦、安逸與互親互愛的阿迦底亞式（Arkadisch）[11]的牧歌生活之中，永遠被埋沒在它們的胚胎裡。人類若是也像他們所畜牧的羊群那樣溫馴，就難以爲自己的生存創造出比自己的家畜所具有的更大的價值來了；他們便會填補不起來造化作爲有理性的大自然爲他們的目的而留下的空白。因此，讓我們感謝大自然之有這種不合群性（unvertragsamkeit），有這種競相猜忌的虛榮心，有這種貪得無厭的占有欲和統治欲吧！沒有這些東西，人道（menschheit）之中的全部優越的自然稟賦就會永遠沉睡而得不到發展。人類要求和睦一致，但是大自然卻更懂得是什麼東西才會對他們的物種有好處；大自然在要求紛爭不和。人類要求生活得舒適而滿意；但是大自然卻要求人類能擺脫這種怠惰和無所作爲的心滿意足而投身到勞動和艱辛困苦之中去，以便找到相反的手段好把自己非常明智地再從那裡面牽引出來。這種趨向的自然推動力、這種非社會性的及其貫徹始終的阻力的根源——從這裡面產生出來了那麼多的災難，然而它同時卻又推動人們重新鼓起力量，從而也就推動了自然稟賦更進一步地發展——便很好地顯示了一位睿智的造物主的安排，而並非有某個惡神的手攪亂了他那莊嚴宏偉的布局或者是出於嫉妒而敗壞了它們。

命題五

大自然迫使人類去加以解決的最大問題，就是建立起一個普遍法治的公民社會（bürgerliche Gesellschaft）⑫。

唯有在社會裡，並且唯有在一個具有最高度的自由，因之它的成員之間也就具有徹底的對抗性，但同時這種自由的界限卻又具有最精確的規定和保證，從而這一自由便可以與別人的自由共存共處的社會裡；——唯有在這樣的一個社會裡，大自然的最高目標，亦即她那全部稟賦的發展，才能在人類的身上得到實現。大自然還要求人類自己本身就可以做到這一點，正如大自然所規定的一切目的那樣；因而大自然給予人類的最高任務就必須是**外界法律之下的自由與**不可抗拒的（irresistibel）權力這兩者能以最大可能的限度相結合在一起的一個社會，那也就是一個**完全正義的公民憲法**⑬；因爲唯有通過這一任務的解決和實現，大自然才能夠成就她對我們人類的其他目標。需要迫使得人類進入了這種強制狀態，不然的話，他們就格外要喜愛沒有限制的自由了；並且這確實是一切需要之中的最大需要，也就是那種人類自己相互之間加之於他們自己身上的需要，因爲他們的傾向性使得他們不能長時期地在野蠻的自由狀態中彼此共處。唯有在公民的結合這樣一種場合之下，上述的這種傾向性才能由之開始產生最良好的作用；猶如森林裡的樹木，正是由於每一株都力求攫取別的樹木的空氣和陽光，於是就迫使得彼此雙方都要超越對方去尋求，並獲得美麗挺直的姿態那樣；反之，那些在自由的狀態之中彼此隔離而任意在滋蔓著自己枝葉的樹木，便會生長得殘缺、佝僂而又彎曲。一切爲人道增光的文化和藝術、最美好的社會秩序，就都是這種非社會性的結果。它由於自己本身的迫使而在約束自己，並且通過強制的藝術而使大自然的萌芽得以充分發展。

命題六

這個問題既是最困難的問題，同時又是最後才能被人類解決的問題。

困難之點就由這個問題的觀念本身而呈現到我們的眼前，那就是：人是一種**動物**，當他和他其餘的同類一起生活時，**就需要有一個主人**。因爲他對他的同類必定會濫用自己的自由的⑭；而且儘管作為有理性的生物他也希望有一條法律來規定大家的自由界限，然而他那自私自利的動物傾向性卻在盡可能地誘使他要把自己除外。因此，他就需要有一個**主人**來打破他那自己所固有的意志，並迫使他去服從一種可以使人人都得以自由的普遍有效（allgemeingültig）的意志。然而，他向哪裡去尋找這位主人呢？除了求之於人類之中，就再沒有別的地方了。但是，這位主人也同樣是一個動物，他也需要有一個主人。因此無論他可能想要如何著手，但總歸是看不出他怎麼才能夠找到一位其自身乃是公正的、正直無私的首領來；不管他是求之於一個個別的人也好，還是求之於為此而選出來的由若干人所組成的集體也好。因為其中的每一個人，當其沒有另一個領導者對他自身依法行使權力時，總是要濫用自己的自由的。然而最高首領卻既須**其本身**就是正直的，而又得是一個**人**。所以這個問題就成為一切問題之中最為棘手的一個問題了。要完全解決這個問題確實是不可能的事；像從造就成人類的那麼曲折的材料裡，是鑿不出來什麼徹底筆直的東西的。大自然向我們所提出的，也就只是朝著這一觀念接近而已⑮。它之所以又是最後才能得到解決的問題，則是由於它需要對一部可能的憲法的性質具有**正確的概**念，需要有經歷許多世事而磨煉出來的偉大的**經驗**（erfahrung），並且超乎這一切的則是還需要有準備接受這一問題的**善意**。然而這樣的三件事是很難得見到集於一身的；並且當其出現的時候，那也只能來得非常之晚，而且是經過了許多徒勞無功的嘗試以後的事。

命題七

建立一部完美的公民憲法這個問題，有賴於國家合法的對外關係這個問題，並且缺少了後者前一個問題就不可能得到解決。

制定一部個人與個人之間的合法的公民憲法——也就是說安排一個**共同體**（Gemeinwesen）[16]——又有什麼用處呢？那同一個迫使人們達到這種狀態的非社會性就又成爲使得每一個共同體在對外關係上——也就是說在作爲一個國家對其他國家的關係上——處於不受約束的自由狀態之中的原因；因此每個國家從別的國家那裡就恰好必定要期待著那種壓迫個人並強迫他們進入合法的公民狀態的同樣災難。於是大自然就再度地利用人們的，乃至於大社會以及國家共同體這類被創造物的不合群性作爲手段，以便從他們不可避免的**對抗**之中求得一種平靜與安全的狀態；這就是說，大自然是通過戰爭、通過極度緊張而永遠不鬆弛的備戰活動、通過每個國家因此之故哪怕是在和平時期也終於必定會在其內部深刻感受到的那種匱乏而在進行著起初並不會是完美的種種嘗試，然而在經過了許多次的破壞、傾覆甚至於是其內部澈底的精疲力竭之後，卻終將達到即使是沒有如此之多的慘痛經驗、理性也會告訴給他們的那種東西，那就是：脫離野蠻人的沒有法律的狀態而走向各民族的聯盟。這時候，每一個國家，即使是最小的國家也不必靠自身的力量或自己的法令而只須靠這一偉大的**各民族的聯盟**（foedus amphictionum）⑰，只須靠一種**聯合的力量**以及聯合意志的合法決議，就可以指望著自己的安全和權利了。無論這個觀念會顯得是何等的虛幻，並且作為這樣的一種觀念會被人譏笑為是一位聖彼得方丈（Charles-Irénée Castel, Abbé de Sainte Pierre）⑱或者是一個盧梭⑲的（也許因為他們把這種事情的實現想得太切近了）；然而這卻是人們彼此之間相處的需要所必不可免的結局，這種需要必定要迫使每一個國家——無論這對於他們來得是多麼沉重——達到野蠻人剛好是如此之不情願而被迫達到的同一個結論；那就是：放棄他們那野性的自由而到一部合法的憲法裡面去尋求平靜與安全。

因而所有的戰爭就都是要——儘管這並不是人的目標，但卻是大自然的目標——建立起國家與國家的新關係的反覆嘗試，並且是要通過摧毀或者至少是瓦解一切國家來形成新的共同體；然而這些新的共同體，或者是在其自身之內或者是在他們彼此之間，卻又變得無法維持，於是就必須再度經受新的類似的革命。直到最後，部分的是由於內部有公民憲法的可能最好的安排，部分的是由於外部有共同的約定和立法，人們才會猶如一架**自動機**那樣地建立起來能夠維持其自身的，就像是公民共同體的這樣一種狀態來。

究竟我們是不是可以期待著各種起作用的原因能有一種伊比鳩魯（Epikurus）⑳式（epikurisch）的匯合，從而國家就好像物質的細小質點那樣，是通過它們之間的偶然相互衝撞而在尋找著各式各樣的結構形態，每一種形態又由於新的碰撞而重新被毀滅，直到最後才**由於偶然**而獲得了以某種形式可以維持其自身存在的那樣一種結構形態呢？（這樣一種幸運的偶然委實是太難得出現了！）或者，究竟我們是不是更好能認爲：大自然在這裡是遵循著一條合規律的進程而把我們的物種從獸性的低級階段逐步地——並且確實是通過其所固有的、雖然是對人類施行強迫的辦法——引向人性的最高階段，並且就在這一表面的雜亂無章之下完全合規律地在發展著我們那些原始的稟賦呢？或者，究竟我們是不是最好肯定：從人類全體的這一切作用和反作用之中根本就不會產生出任何東西來，至少也是不會產生出任何明智的東西來；因而未來就將始終是像既往一樣，所以人們也就無法說清，對於我們的物種來得是如此之自然的那種紛爭，是否終於會在一種如此之文明的狀態之中而爲我們準備好一座萬惡的地獄；到那時它也許會又以野蠻的破壞再度消滅這種文明狀態的本身以及全部迄今爲止的文明的進步，——這種命運（bestimmung）是人們在盲目的偶然性的統治之下所無法抵禦的；事實上，假如我們不給大自然提供一條由智慧所秘密織就的線索的話，無法律的自由就和盲目的偶然性只不過是一回事罷了！——這一點[21]大體上就要取決於如下的問題：承認大自然的安排在部分上的**合目的性**、但在整體上的**無目的性**（zwecklosigkeit），究竟是不是合理？

野蠻人的無目的的狀態所做的事情，就是它扼制了我們物種的全部自然稟賦；然而它卻終於通過把人類置諸災難之中而迫使他們脫離這種狀態，並走入一種可以使他們全部的那些萌芽都將得到發展的公民憲法。而這也正是已經創立的各個國家之間的野蠻式的自由所做的事情，那就是：由於相互抗衡的武裝耗盡了共同體[22]的一切力量，由於戰爭所造成的破壞，而尤其是由於經常維持戰備的需要，人類的自然稟賦在其前進過程中的充分發展確實是受到了阻礙；然而另一方面，由此而產生的災難卻也迫使我們這個物種去發掘一條平衡定律來處理各個國家由於它們的自由而產生的（而其本身又是健康的）彼此之間的對抗，並且迫使我們採用一種聯合的力量來加強這條定律，從而導致一種保衛國際公共安全的世界公民狀態。這種世界公民狀態並不是任何**危險**都沒有，從而人道的力量才不至於沉睡不醒；但同時它對於他們相互間的**作用和反作用**卻又不是沒有一條**相等**原則的[23]，從而他們才不至於相互毀滅。在這最後的一步（亦即各個國家的聯合體）出現以前，也就是尚在其形成過程的半途之中，人性就得在表面幸福的欺騙假象之下忍受著種種最無情的災難；因而只要人們尚未達到有待於我們這個物種去攀登的這一最後階段之前，**盧梭**就不無道理地要偏愛野蠻人的狀態了。

我們由於藝術和科學而有了高度的**文化**。在各式各樣的社會禮貌和儀表方面，我們是**文明**的甚至於到了過分的地步。但是要認為我們已經是**道德化**了，則這裡面還缺少很多的東西。因為道德這一觀念也是屬於文化的；但是我們使用這一觀念卻只限於虛榮與外表儀式方面表現得貌似德行的東西，所以它只不過是成其爲文明化而已。但是只要各個國家都把它們全部的力量用在它們那些徒勞而又殘暴的擴張計畫上，從而就在不斷地阻撓著它們的公民們培養其內心思想方式的漫長努力，甚至於還要勾銷在這方面對於他們的一切支持；那就不可能期待這種做法會有任何結果的，因爲任何一個共同體爲此而塑造它的公民時，都需要有一場漫長的內心改造過程。然而，凡不是植根於道德上的善意的任何一種善，都無非是純粹的假象與炫惑人的不幸而已。人類就將一直停留在這種狀態之中，直到他們能以如上所述的方式努力使得他們的國際關係脫離了這種混亂狀態爲止。

命題八

人類的歷史大體上可以看作是大自然的一項隱蔽計畫的實現，為的是要奠定一種對內的，並且為此目的同時也就是對外的完美的國家憲法，作為大自然得以在人類的身上充分發展其全部稟賦的唯一狀態。

這一命題是出自前一命題的系論。我們可以看到：哲學也可以有其自己的**千年福祉王國學說**[24]，然而它卻是這樣的一種，僅憑這一觀念的本身——儘管它還異常之遙遠——就可以促進它的來臨，因而也就絕不是虛幻的。問題就只在於：經驗是不是能揭示有關大自然目標的這樣一種進程的任何東西。我要回答說：很少能有什麼東西；因爲這個公轉歷程看來需要如此之漫長的時間，才能最後做出結論說：我們根據人類在這方面所曾經歷過的那小小的一部分還是那樣地不可靠，還無法推斷它那途徑的形式以及部分對於全體的關係；就正如根據迄今爲止的全部天象觀測還無法推斷我們的太陽及其整個的衛星群在廣闊的恆星系（fixsternensystem）裡所採取的路徑一樣；儘管根據宇宙結構的憲法體系的普遍理由以及根據我們已經觀測到的那微小的一部分，就足以確實可靠地做出有關這樣一種公轉歷程的眞實性的結論來。

同時，人性對於其自身又是這樣的：對於我們這個物種所將要遇到的哪怕是最遙遠的時代，它也絕不會無動於衷，只要那個時代確實無疑是可以指望的。而且既然看起來我們可以由於我們自己的合理安排而加速引到這個對於我們的後代來說乃是如此之歡樂的時辰，所以它在我們的這一代就格外不會出現了。因爲這個緣故，所以哪怕這個時代來臨的最微弱的跡象，對於我們也是非常之重要的。現在各個國家彼此之間已經處於這樣一種人爲的關係，以至於沒有一個國家可以降低其內部的文化水準而又不致喪失它對於別的國家的威權和影響；因此即使是不提大自然的這一目的的進展，但至少大自然的這一目的的保存則是由於國家野心計畫的本身而很好地得到了保障的。此外還有：公民的自由現在也就不可能眞正受到損害而又不會使得一切行業（尤其是商業）遭受損失了，可是由此也就會使得國家對外關係的力量遭到削弱。然而這一自由卻是逐步前進的。當人們禁止公民以其自己所願意的、而又與別人的自由可以共存的各種方式去追求自己的幸福時，人們也就妨礙了一般事業的生命力，從而也就妨礙了整體的力量。因此，對個人行爲的限制就日益爲人所摒棄，普遍的宗教自由就日益爲人所容忍；於是便夾雜著幻念和空想而逐步出現了啓蒙運動這樣一件大好事，它必定會把人類從其統治者的自私自利的擴張計畫之下拯救出來的，只要他們能懂得自己本身的利益。而這種啓蒙運動以及隨之而來的啓蒙了的人們對於自己已經充分理解到的好處所不可避免地要採取的一種衷心的同情，就必定會一步步地上升到王座上來，並且甚至於會對他們的政體原則發生影響的。例如，雖然我們世界的當政者們目前並沒有餘錢用之於公共教育設施以及一般有關人民福利的一切措施，因爲全部的金錢都已經預先支付給未來的戰爭了；然而他們卻至少將在不去阻止他們的人民自己在這方面儘管是微弱的而又是漫長的努力之中，發現他們自身的利益。終於，戰爭本身也將逐漸地不僅成爲一樁如此之人工製造的、而其結局對於雙方又都是如此之難於把握的行業，而且——由於國家不斷增加無法可望清償的國債（這是近代的一大發明）而感到後患無窮——還會成爲一樁如此之可疑的行業。還有，在我們這部分由於它那貿易而如此緊密地聯繫在一起的世界裡，國家每動盪一次都會對所有其餘的國家造成那樣顯著的影響，以至於其餘這些國家儘管自己並不具有合法的權威，但卻由於其本身所受的危險的驅使而自願充當仲裁者；並且它們大家就都這樣在遙遙地準備著一個未來的、爲此前的世界所從未顯示過先例的、偉大的國家共同體（staatskörper）[25]。儘管這一國家共同體目前還只是處在很粗糙的輪廓裡，可是每個成員卻好像都已經受到一種感覺的震動，即他們每一個都依存於整體的保全；這就使人可以希望，在經過許多次改造性的革命之後，大自然以之爲最高目標的東西，——那就是作爲一個基地而使人類物種的全部原始稟賦都將在它那裡面得到發展的一種普遍的世界公民狀態，——終將有朝一日會成爲現實。

命題九

把普遍的世界歷史（allegemeine weltgeschichte）[26]按照一場以人類物種的完美的公民結合（bürgerliche Vereinigung）狀態為其宗旨的大自然計畫來加以處理的這一哲學嘗試，必須看作是可能的，並且甚至還是這一大自然的目標所需要的。

要按照這樣一種觀念[27]——即，當世界的行程可以用某種合理性的目的來加以衡量的時候，它那歷程應該是怎樣的——來編寫一部歷史，這確實是一樁奇怪的而且表面上看來是荒謬的企圖；看來彷彿這樣的一種目標只不過能得出一部**傳奇**罷了。可是如果我們願意承認，大自然即使是在人類自由的演出過程之中，也並不是沒有規劃和目標而在行進著的，那麼這一觀念就可能成爲非常有用的了；哪怕我們是那麼近視而看不透它那布局的秘密構造，但是這一觀念卻仍可以爲我們提供一條指導線索，把一堆否則便只是毫無計畫的人類行動的**匯合體**至少在整體上勾劃出一個**體系**。因而當我們從**希臘**的歷史——都是通過它，其他一切古代的或其同時代的歷史才得以爲我們保留下來，或者至少是才成爲可以徵信的[28]——而起始的時候；當我們追溯它對於併吞了希臘國家的**羅馬民族**的國家共同體之形成與破壞所起的影響以及羅馬對於後來又消滅了羅馬民族的**野蠻人**所起的影響時，下迄我們自己的時代爲止；這裡面還應該加入其他民族的國家史作爲**插曲**（我們有關他們的知識正是通過這些啓蒙了的民族才逐步地獲得的）；那麼我們就會發現，我們這個大陸上的國家憲法是有著一個合規律的進步歷程的（這或許有一天會給其他一切大陸提供法則吧）。同時，如果我們隨時隨地進一步地留意公民的憲法及其法律並留意國家的關係，著眼於這兩者由於它們所包含的好處而提供了一個使各族人民——從而就使他們的藝術和科學也一道——得以提高和繁榮昌盛的時期，然而卻又由於它們所帶有的缺點而重新使得他們傾覆，可是這樣卻總會留下來一個啓蒙的萌芽，這一萌芽通過每一次的革命而愈加發展，並準備好了後來的、更高階段的進步；那麼我相信我們就可以發現有一條線索，這條線索不僅能夠對於如此紛繁混亂的人間事物的演出提供解釋，或者對於未來的種種國家變化提供政治預言的藝術（這種用處是人們早已得之於人類歷史的，儘管人們把它看成好像是一種沒有規律的自由之不相聯屬的作用），而且它還會——不假定有一種大自然的計畫，我們就沒有理由可以希望這一點——展示出一幅令人欣慰的未來的遠景：人類物種從長遠看來，就在其中表現爲他們怎樣努力使自己終於上升到這樣一種狀態，那時候大自然所布置在他們身上的全部萌芽都可以充分地發展出來，而他們的使命也就可以在大地之上得到實現。

對大自然的——或者最好是說對**天意**（vorsehung）的——這樣一番**論證**，對於我們之選擇一種特殊的觀點以進行世界考察來說，絕不是什麼無關緊要的動機。因爲在沒有理性的自然界之中我們讚美造化的光榮與智慧並且把它引入我們的思考，究竟又有什麼用處呢；假如在至高無上的智慧的偉大舞臺上，包含有其全部的目的在內的那一部分——亦即全人類的歷史——竟然始終不外乎是一場不斷地和它相反的抗議的話？這樣一種看法就會迫使我們不得不滿懷委屈地把我們的視線從它的身上轉移開來，並且當我們在其中永遠也找不到一個完全合理的目標而告絕望的時候，就會引導我們去希望它只能是在另外一個世界裡了。

說我是要以這種在一定程度上具有一條**先天**（a priori）[29]線索的世界歷史觀念來代替對於具體的、純粹由**經驗**而構成的歷史的編撰工作，那就誤解我的觀點了。這僅僅是關於一個哲學的煩惱（當然它也還必須是十分熟悉歷史的）從另外一種立足點出發所能夠探討到的東西的一種想法而已。不然的話，人們目前編纂自己當代的歷史時所具備的那種令人可敬的詳盡性，就自然而然地會使每一個人都免不了要疑問：我們的後代將如何著手來掌握再過幾百年之後我們所可能遺留給他們的那一份歷史重擔呢。毫無疑問，他們對最古老的時代——有關那些時代的文獻可能是早就佚失了——將僅僅是從使他們感興趣的那種觀點出發，也就是說是從各個民族和各個政體在世界公民的觀點之下所已經成就的或已經失敗的都是些什麼的那種觀點出發，來進行評價的。讓我們就把視線放到這上面來吧，同時也讓各個國家的首腦以及他們手下人員的榮譽心把他們自己擺到唯一能夠給他們帶來最遙遠的後世的崇敬與懷念的那種辦法上面來吧。此外，這也可能就是要做出這樣一番哲學的歷史（philosophische geschichte）探討工作的一個小小的動機了。

【注釋】

①本文寫於一七八四年（康德六十歲），最初刊載於《柏林月刊》一七八四年第四卷，第三八五至四一一頁。譯文據普魯士皇家科學院編《康德全集》（柏林，格·雷麥版，一九一二年），第八卷，第十五至三十一頁譯出。——譯注

②本年（一七八四年）第十二期《哥達學報》簡訊中有一段話（原文如下：「康德教授先生所愛好的一個觀念是：人類終極的目的乃是要達到最完美的國家制度，並且他希望哲學的歷史家能從達個觀點著手爲我們寫出一部人類史，揭示人類在各個不同的時代裡曾經接近這個終極的目的或者是脫離這個終極的目的各到什麼地步，以及要達到這個終極的目的還應該做些什麼事情。」——譯注）毫無疑問是摘錄我和一位旅行來訪的學者的談話，這就逼得我寫出了這篇論文，不然那段話就不會有任何可理解的意義了。

③世界公民（Weltbürger）一詞爲希臘文 σσμοπολίτη 一詞的轉譯，十七世紀開始流行。——譯注

④克卜勒（Johannes Kepler, 1571-1630），德國天文學家，行星運動定律的發現者。——譯注

⑤牛頓（Isaac Newton, 1642-1727），英國物理學家，近代經典力學體系的創始人。下文「一條普遍的自然原因」指牛頓的萬有引力定律。——譯注

⑥牛頓《自然哲學之數學原理》卷三〈哲學推理規律。規律一〉：「大自然絕不做徒勞無功的事；當少數就夠用的時候，更多就是徒勞無功的了。」（劍橋一九三四年版，第一九八頁）——譯注

⑦關於意志自由，可參看《實踐理性批判》，卷一，第五節；《道德形而上學探本》，第三節。——譯注

⑧ 「他們」指他們每一個個人。——譯注

⑨ 「人」此處指自然人。——譯注

⑩ 「道德的整體」即人類的文明社會。——譯注

⑪ 「阿迦底亞式」（Arkadisch）。阿迦底亞原爲古希臘的風景區，居民以生活淳樸、幸福著稱；此詞引申爲田園式或牧歌式的同義語。——譯注

⑫ 「公民社會」一詞原文爲 bürgerliche Gesellschaft，中文譯文通常作「市民社會」，此詞大致相當於盧梭的 société civile；但德譯本譯 société civile 時多用 Staatsbürgerliche Gesellschaft。鮑桑葵（B. Bosanquet, 1848-1923）譯此詞爲 bourgeois society（見《國家的哲學理論》倫敦，一九二五年版，第二五三頁以下）。——譯注

⑬ 憲法（Verfassung）或公民憲法（bürgerliche Verfassung）即指國家政治制度，亦即人類脫離自然狀態（野蠻狀態）而進入的政治狀態（或公民狀態，或社會狀態，或文明狀態）。——譯注

⑭ 可參看霍布斯《利維坦》第十三章；又，赫爾德《人類歷史哲學的觀念》第九卷，第四章。——譯注

⑮ 因此，人類的地位乃是非常之人爲的。在旁的星球上的居民以及他們的本性是怎樣形成的，我們不清楚；但是當我們好好地履行了大自然的這一任務時，我們卻很可以自詡，在我們全宇宙所有的鄰居之中我們占有著一個並不是微不足道的地位。也許在旁的星球上，每一個個體可以在他自己的一生之中充分地完成自己的天職。我們的情形卻是另一樣；唯有整個的物種才有希望做到這一點。

⑯ 共同體（Gemeinwesen）即國家。——譯注

⑰ foedus amphictionum〔拉丁文：安斐克提昂聯盟〕泛指任何國際上的聯盟。安斐克提昂聯盟原爲古希臘保衛德爾斐的阿波羅神殿十二個部族的聯盟，至西元前七至六世紀時演變爲以德撒裡爲首的希臘中部各城邦的政治聯盟。——譯注

⑱ 聖彼得方丈即 Charles-Irénée Castel, Abbé de Sainte Pierre，一六五八至一七四三年，以他的作品《歐洲列強間的永久和平擬議》（*Projet de paix perpétuelle entre les potentats de l'Europe*，烏特勒支版，一七一三年）一書聞名於世，康德的〈永久和平論——一部哲學的規畫〉即係受這部書的啓發。——譯注

⑲ 指盧梭（Jean Jacque Rousseau, 1712-1718）的《聖彼得方丈的永久和平擬議摘要》，一七六〇年。——譯者

⑳ 伊比鳩魯（Epikurus，約當西元前三四一至前二七〇年），古希臘哲學家，主張世界一切事物均由原子的衝撞所產生。——譯注

㉑ 「這一點」指以上對問題的三種提法。——譯注

㉒ 「共同體」指國家共同體。——譯注

㉓ 牛頓《自然哲學之數學原理》「公理，或運動定律。定律三」：「每一種作用總有一種相等的作用與之相反；或者說，兩個物體彼此間相互的作用總是相等的，而方向是相反的。」（同注⑥，頁十三）——譯注

㉔ 按，千年福祉王國學說（Chiliasmus 一詞源出希臘文 Χιλιασμος，拉丁文爲 millenium）爲中世紀基督教的傳說，謂基督將再臨世界建立王國統治一千年。此詞引申爲任何理想的未來世界。可參看《新約．啓示錄》第二十章，第一至五節。——譯注

㉕ 「國家共同體」（staatskörper）指各民族聯盟的國際政府。——譯注

㉖「普遍的世界歷史」一詞原文爲 allegemeine weltgeschichte，相當於英文的 universal history 或法文的 histoire universelle，字面上通常可譯作「通史」或「世界通史」；但作者使用此詞並不是指通常意義的通史或世界通史，而是企圖把全人類的歷史當作一個整體來進行哲學的考察，故此處作「普遍的世界歷史」以與具體的或特殊的歷史相區別。——譯注

㉗觀念（Idee），參看譯序；又可參看《純粹理性批判》中〈先驗辯證篇〉附錄。——譯注

㉘唯有從其一開始就延續不斷直迄於我們今天的那個**有知識的公眾**，才能徵信古代的歷史。超出此外，一切便都是 terra incognita（拉丁文，未知的領域——譯者）了；凡是生活在此之外的各個民族，其歷史便只能從他們加入到這裡面來的那個時代開始算起。在**猶太**民族，這一點是由托勒密王朝（西元前四世紀至西元前一世紀統治埃及的希臘王朝——譯者）時代的希臘文聖經翻譯本而告開始的；若是沒有它，我們對於他們那**孤立的**敘事就難以置信了。從這裡出發（當這一開端首先已經恰當地被確定了之後），我們才可以向上追溯他們的故事。所有其他的民族也都是如此。修昔底德書中的第一頁，（據休謨說）乃是全部信史的唯一開端（此處康德原文微有錯誤。休謨原文爲「修昔底德書中的第一頁乃是……眞正歷史的開端」。見休謨《道德、政治與文學論文集》，倫敦一八九八年版，第三卷，第四一四頁。——譯注）。

㉙「先天」（a priori），可參看《純粹理性批判》第二版序言及引論，《未來形而上學導言》第九節，第二十節。——譯注

答覆這個問題：「什麼是啓蒙運動？」①

啓蒙運動就是人類脫離**自己所加之於自己的不成熟狀態**（unmündigkeit）。**不成熟狀態**就是不經別人的引導，就對運用自己的理智無能爲力。當其原因不在於缺乏理智，而在於不經別人的引導就缺乏勇氣與決心去加以運用時，那麼這種不成熟狀態就是**自己所加之於自己的**了。Sapere aude！②要有勇氣運用**你自己**的理智！這就是啓蒙運動③的口號。

懶惰和怯懦乃是何以有如此大量的人，當大自然早已把他們從外界的引導之下釋放出來以後（naturaliter maiorennes④），卻仍然願意終身處於不成熟狀態之中，以及別人何以那麼輕而易舉地就儼然以他們的保護人自居的原因所在。處於不成熟狀態是那麼安逸。如果我有一部書能替我有理解，有一位牧師能替我有良心，有一位醫生能替我規定食譜，等等；那麼我自己就用不著操心了。只要能對我划算，我就無須去思想；自有別人會替我去做這類傷腦筋的事。

絕大部分的人（其中包括全部的女性）都把步入成熟狀態認爲除了是非常之艱辛之外並且還是非常之危險的；這一點老早就被每一個一片好心在從事監護他們的保護人關注到了。保護人首先是使他們的牲口愚蠢，並且小心提防著這些溫馴的畜牲不要竟敢冒險從鎖著他們的搖車裡面邁出一步；然後就向他們指出他們企圖單獨行走時會威脅他們的那種危險。可是這種危險實際上並不那麼大，因爲他們跌過幾跤之後就終於能學會走路的；然而只要有過一次這類事例，就會使人心驚膽戰並且往往嚇得完全不敢再去嘗試了。

任何一個個人要從幾乎已經成爲自己天性的那種不成熟狀態之中奮鬥出來，都是很艱難的。他甚至於已經愛好它了，並且確實暫時還不能運用他自己的理智，因爲人們從來都不允許他去做這種嘗試。條例和公式這類他那天分的合理運用，或者不如說誤用的機械產物，就是對終古長存的不成熟狀態的一副腳梏。誰要是拋開它，也就不過是在極狹窄的溝渠上做了一次不可靠的跳躍而已，因爲他並不習慣於這類自由的運動。因此就只有很少數的人才能通過自己精神的奮鬥而擺脫不成熟的狀態，並且從而邁出切實的步伐來。

然而公眾要啓蒙自己，卻是很可能的；只要允許他們自由，這還確實幾乎是無可避免的。因爲哪怕是在爲廣大人群所設立的保護者們中間，也總會發現一些有獨立思想的人；他們自己在拋卻了不成熟狀態的羈絆之後，就會傳播合理地估計自己的價值以及每個人的本分就在於思想其自身的那種精神。這裡面特別值得注意的是：公眾本來是被他們套上了這種羈絆的，但當他們的保護者（其本身是不可能有任何啓蒙的）中竟有一些人鼓動他們的時候，此後卻強迫保護者們自身也處於其中了；種下偏見是那麼有害，因爲他們終於報復了本來是他們的教唆者或者是他們教唆者的先行者的那些人。因而公眾只能是很緩慢地獲得啓蒙。通過一場革命或許很可以實現推翻個人專制以及貪婪心和權勢欲的壓迫，但卻絕不能實現思想方式的眞正改革；而新的偏見也正如舊的一樣，將會成爲駕馭缺少思想的廣大人群的圈套。

然而，這一啓蒙運動除了自由之外並不需要任何別的東西，而且還確實是一切可以稱之爲自由的東西之中最無害的東西，那就是在一切事情上都有公開運用自己理性的自由。⑤可是我卻聽到從四面八方都發出這樣的叫喊：不許爭辯！軍官說：不許爭辯，只許操練！稅吏說：不許爭辯，只許納稅。神父（Father）說：不許爭辯，只許信仰。（舉世只有一位君主⑥說：可以爭辯，隨便爭多少，隨便爭什麼，但是要聽話！）到處都有對自由的限制。

然而，哪些限制是有礙啓蒙的，哪些不是，反而是足以促進它的呢？——我回答說：必須永遠有公開運用自己理性的自由，並且唯有它才能帶來人類的啓蒙。私下運用自己的理性往往會被限制得很狹隘，雖然不致因此而特別妨礙啓蒙運動的進步。而我所理解的對自己理性的公開運用，則是指任何人作爲學者在全部聽眾面前所能做的那種運用。一個人在其所受任的一定公職崗位或者職務上所能運用的自己的理性，我就稱之爲私下的運用。

就涉及共同體利益的許多事物而言，則我們必須有一定的機器，共同體的一些成員必須靠它來保持純粹的消極態度，以便他們由於一種人爲的一致性而由政府引向公共的目的，或者至少也是防止破壞這一目的。在這上面確實是不容許有爭辯的；而是人們必須服從。但是就該機器的這一部分同時也作爲整個共同體的，乃至於作爲世界公民社會的成員而論，從而也就是以一個學者的資格通過寫作面向嚴格意義上的公眾時，則他是絕對可以爭辯的，而不致因此就有損於他作爲一個消極的成員所從事的那種事業。因此，一個服役的軍官在接受他的上級交下某項命令（gebot）時，竟抗聲爭辯這項命令的合目的性或者有用性，那就會非常壞事；他必須服從。但是他作爲學者而對軍事業務上的錯誤進行評論並把它提交給公眾來作判斷時，就不能公開地加以禁止了。公民不能拒絕繳納規定於他的稅額；對所加給他的這類賦稅惹是生非地擅行責難，甚至可以當作誹謗（這可能引起普遍的反抗）而加以懲處。然而這同一個人作爲一個學者公開發表自己的見解，抗議這種課稅的不適宜與不正當不一樣，他的行動並沒有違背公民的義務。同樣地，一個牧師也有義務按照他所服務的那個教會的教義向他的教義問答班上的學生們和他的會眾們作報告，因爲他是根據這一條件才被批准的。但是作爲一個學者，他卻有充分自由，甚至於有責任把他經過深思熟慮有關那種教義的缺點的全部善意的意見以及關於更好地組織宗教團體和教會團體的建議傳達給公眾。這裡面並沒有任何可以給他的良心增添負擔的東西。因爲他把作爲一個教會工作者由於自己職務的關係而講授的東西，當作是某種他自己並沒有自由的權力可以按照自己的心意進行講授的東西；他是受命根據別人的指示並以別人的名義進行講述的。他將要說：我們的教會教導這些或那些；這裡就是他們所引用的論據。於是，他就從他自己不會以完全的信服而贊同，雖然他很可以使自己負責進行宣講的那些條文中——因爲並非是完全不可能其中也隱藏著眞理，而且無論如何至少其中不會發現有任何與內心宗教相違背的東西，——爲他的聽眾引繹出全部的實用價值來。因爲如果他相信其中可以發現任何與內心宗教相違背的東西，那麼他就不能根據良心而盡自己的職務了，他就必須辭職。一個就任的宣教師之向他的會眾運用自己的理性，純粹是一種**私下的**運用；因爲那往往只是一種家庭式的聚會，不管是多大的聚會；而在這方面他作爲一個牧師是並不自由的，而且也不能是自由的，因爲他是在傳達別人的委託。反之，作爲一個學者通過自己的著作而向眞正的公眾亦即向全世界講話時，則牧師在**公開**運用他的理性上便享有無限的自由可以使用他自己的理性，並以他自己本人的名義發言。因爲人民（在精神事務上）的保護者而其本身居然也不成熟，那便可以歸結爲一種荒謬性，一種永世長存的荒謬性了。

然而一種牧師團體、一種教會會議或者一種可敬的教門法院（就像他們在荷蘭人中間所自稱的那樣），是不是有權宣誓他們自己之間對某種不變的教義負有義務，以便對其每一個成員並且由此也就是對全體人民進行永不中輟的監護，甚至於使之永恆化呢？我要說：這是完全不可能的。這樣一項向人類永遠封鎖住了任何進一步啓蒙的契約乃是絕對無效的，哪怕它被最高權力、被國會和最莊嚴的和平條約（pactum pacis）所確認。一個時代絕不能使自己負有義務並從而發誓，要把後來的時代置於一種絕沒有可能擴大自己的（尤其是十分迫切的）認識、清除錯誤以及一般地在啓蒙中繼續進步的狀態之中。這會是一種違反人性的犯罪行爲，人性本來的天職（bestimmung）恰好就在於這種進步；因此後世就完全有權拒絕這種以毫無根據而且是犯罪的方式所採取的規定。

凡是一個民族可以總結為法律的任何東西，其試金石都在於這樣一個問題：一個民族是不是可以把這樣一種法律加之於其自身？它可能在一個有限的短時期之內就好像是在期待著另一種更好的似的，為的是好實行一種制度，使得每一個公民而尤其是牧師都能有自由以學者的身分公開地，也就是通過著作，對現行組織的缺點發表自己的言論。這種新實行的制度將要一直延續下去，直到對這類事情性質的洞見已經是那麼公開地到來並且得到了證實，以至於通過他們聯合（即使是並不一致）的呼聲而可以向王位提出建議，以便對這一依據他們更好的洞見的概念而結合成另一種已經改變了的宗教組織加以保護，而又不至於妨礙那些仍願保留在舊組織之中的人們。但是統一成一個固定不變的、沒有人能夠（哪怕在一個人的整個一生中）公開加以懷疑的宗教體制，從而也就猶如消滅了人類朝著改善前進的整整一個時代那樣，並由此給後代造成損害，使得他們毫無收穫，——這卻是絕對不能容許的。一個人確實可以為了他本人並且也只是在一段時間之內，推遲對自己有義務加以認識的事物的啓蒙；然而徑行放棄它，那就無論是對他本人，而更其是對於後代，都可以說是違反而且踐踏人類的神聖權利⑦了。

而人民對於他們本身都不能規定的事，一個君主就更加不可以對他的人民規定了；因為他的立法威望全靠他把全體人民的意志結合為他自己的意志。只要他注意使一切眞正的或號稱的改善都與公民秩序結合在一起，那麼此外他就可以把他的臣民發覺對自己靈魂得救所必須做的事情留給他們自己去做；這與他無關，雖然他必須防範任何人以強力妨礙別人根據自己的全部才能去做出這種決定並促進這種得救。如果他干預這種事，要以政府的監督來評判他的臣民藉以亮明他們自己的見識的那些作品；以及如果他憑自己的最高觀點來這樣做，而使自己受到"Caesar non est supra grammaticos"[8]的這種責難；那就會有損於他的威嚴。如果他把自己的最高權力降低到竟至去支持自己國內的一些暴君對他其餘的臣民實行精神專制主義的時候，那就更加每況愈下了。

如果現在有人問：「我們目前是不是生活在一個**啓蒙了**的時代？」那麼回答就是：「並不是，但確實是在一個啓蒙運動的時代」[9]。目前的情形是，要說人類總的來說已經處於，或者是僅僅說已經被置於，一種不需別人引導就能夠在宗教的事情上確切地而又很好地使用自己的理智的狀態了，則那裡面還缺乏許多東西。可是現在領域已經對他們開放了，他們可以自由地在這上面工作了，而且對普遍啓蒙的，或者說對擺脫自己所加給自己的不成熟狀態的障礙也逐漸地減少了；關於這些我們都有著明確的信號。就這方面考慮，這個時代乃是啓蒙的時代，或者說乃是腓特烈[10]的世紀。

一個不以如下說法爲與自己不相稱的國君：他認爲自己的**義務**就是要在宗教事務方面絕不對人們加以任何規定，而是讓他們有充分的自由，但他又甚至謝絕**寬容**這個高傲的名稱；這位國君本人就是啓蒙了的[11]，並且配得上被天下後世滿懷感激之忱尊之爲率先使得人類，至少從政權方面而言，脫離了不成熟狀態，並使每個人在任何有關良心的事務上都能自由地運用自身所固有的理性。在他的治理下，可敬的牧師們可以以學者的身分自由地並且公開地把自己在這裡或那裡偏離了既定教義的各種判斷和見解都提供給全世界來檢驗，而又無損於自己的職責；至於另外那些不受任何職責約束的人，那就更加是如此了。這種自由精神也要向外擴展，甚至於擴展到必然會和誤解了其自身的那種政權這一外部阻礙發生衝突的地步。因爲它對這種政權樹立了一個範例，即自由並不是一點也不關懷公共的安寧和共同體的團結一致的。只有當人們不再有意地想方設法要把人類保持在野蠻狀態的時候，人類才會由於自己的努力而使自己從其中慢慢地走出來。

我把啓蒙運動的重點，亦即人類擺脫他們所加之於其自身的不成熟狀態，主要是放在宗教事務方面，因爲我們的統治者在藝術和科學方面並沒有向他們的臣民盡監護之責的興趣；何況這一不成熟狀態既是一切之中最有害的而又是最可恥的一種。但是，一個庇護藝術與科學的國家首領，他的思想方式就要更進一步了，他洞察到：即使是在他的立法方面，容許他的臣民公開運用他們自身的理性，公開向世上提出他們對於更好地編纂法律，甚至於是直言無諱地批評現行法律的各種見解，那也不會有危險的。在這方面，我們有著一個光輝的典範，我們所尊敬的這位君主[12]就是沒有別的君主能夠超越的。

但是只有那位其本身是啓蒙了的、不怕幽靈的而同時手中又掌握著訓練精良的大量軍隊可以保障公共安寧的君主，才能夠說出一個自由國家所不敢說的這種話：可以爭辯，隨便爭多少，隨便爭什麼；但是必須聽話。這就標誌著人間事務的一種可驚異的、不能意料的進程；正猶如當我們對它從整體上加以觀察時，其中就幾乎一切都是悖論（paradox）那樣。程度更大的公民自由彷彿是有利於人民精神的自由似的，然而它卻設下了不可逾越的限度；反之，程度較小的公民自由卻爲每個人發揮自己的才能開闢了餘地。因爲當大自然在這種堅硬的外殼之下打開了爲她所極爲精心照料著的幼芽時，也就是要求思想自由的傾向與任務時，它也就要逐步地反作用於人民的心靈面貌（從而他們慢慢地就能掌握自由）；並且終於還會反作用於政權原則，使之發現按照人的尊嚴（würde）——人並不僅僅是機器而已⑬——去看待人，也是有利於政權本身的⑭。

一七八四年九月三十日，於普魯士柯尼斯堡。

【注釋】

① 本文寫於一七八四年（康德六十歲），最初刊載於《柏林月刊》一七八四年，第四卷，第四八一至四九四頁。譯文據普魯士皇家科學院編《康德全集》（柏林，格·雷麥版，一九一二年），第八卷，第三十三至四十二頁譯出。——譯注

② 〔要敢於認識！〕語出羅馬詩人賀拉士（Horace，即Q. Horatius Flaccus，西元前六十五至八年）《詩論》，I，2，40；德國啓蒙運動的重要組織之一「眞理之友社」於一七三六年採用這句話作爲該社的口號。——譯注

③ 按啓蒙運動（Aufklärung）亦稱「啓蒙時代」或「理性時代」；這篇爲當時的啓蒙運動進行辯護的文章，發表在當時德國啓蒙運動的主要刊物《柏林月刊》上。——譯者

④ 〔由於自然方式而成熟〕。——譯注

⑤ 此處「公開運用自己理性的自由」即指言論自由；康德在這個問題上曾和當時普魯士官方的檢查制度發生衝突。可參看本書〈論一個常見的說法：這在理論上可能是正確的，但在實踐上是行不通的〉。——譯注

⑥ 指普魯士腓特烈大王（Frederick II,der Grosse, 1740-1786）。——譯注

⑦ 按「權利」一詞原文爲 Recht；此詞相當於法文的 droit，英文的 right，中文的「權利」、「權」、「法律」、「法」或「正義」。一般或譯作「法」，下同。——譯注

⑧ 〔凱撒並不高於文法學家〕按，此處這句話可能是針對傳說中普魯士的腓特烈大王回答伏爾泰（Voltaire,

1718-1778）的一句話：「凱撒高於文法學家。」又，傳說神聖羅馬帝國皇帝西吉斯蒙（Sigismund, 1411-1437）在一四一四年的康斯坦司會議上說過：「我是羅馬皇帝並且高於文法學家。」——譯注

⑨ 康德《純粹理性批判》第一版序言：「我們的時代特別是一個批判的時代，一切事物都必須接受批判。」——譯注

⑩ 指普魯士腓特烈大王。——譯注

⑪ 「啓蒙了的」即「開明的」。——譯注

⑫ 指普魯士腓特烈大王。——譯注

⑬ 「人並不僅僅是機器而已」這一命題爲針對拉梅特利（Julien Offray de La Mettrie, 1709-1751）《人是機器》（一七四八年）的反題。——譯注

⑭ 今天我在九月十三日的《布興每週通訊》（布興，Anton Friedrich Büsching，一七二四至一七九三年，地理學家，哥廷根大學教授，當時主編《地圖、地理、統計與歷史新書每週通訊》。——譯注）上讀到本月三十日《柏林月刊》的預告，其中介紹了孟德爾頌先生（Moses Mendelssohn，一七二九至一七八六年，德國啓蒙運動哲學家〈論「什麼是啓蒙運動」這一問題〉一文刊載於《柏林月刊》一七八四年第四卷第九期，康德本文刊載於該刊同年同卷第十二期。康德撰寫本文時尚未讀到孟德爾頌的文章，所以只在本文末尾附加了這條注釋。——譯注）對於本問題的答覆。我手頭尚未收到該刊，否則就會扣發本文了；現在本文就只在於檢驗一下偶然性究竟在多大程度上能帶來兩個人的思想一致。

評赫爾德《人類歷史哲學的觀念》（第一、二部）①

一

赫爾德（Johann Gottfried von Herder）《人類歷史哲學的觀念》

*Quem te Deus esse iussit et humana qua parte locatus es in re disc.*②

第一部　三一八頁　四開本　里加與萊比錫，哈特克諾克版，一七八四年。

在這部著作裡，我們這位機智而雄辯的作家顯示了他那爲人所熟知的特色。因此這部著作就像他那滔滔不絕的筆下的許多其他作品一樣，是難以用通常的尺度來評判的。彷彿他那天才並非僅僅是從科學和藝術的廣闊領域裡蒐集觀念，以便能把它們擴充到其他的觀念上去而已；而是彷彿他以他特殊的思想方法中那種爲他所固有的方式而把它們（借用他的話來說）按照一定的**同化**法則加以轉化，從而它們就顯著地有別於別的靈魂所藉以滋養和成長的那些觀念（頁二九二），而互相溝通就更加不可能了。因此，他所稱之爲人類歷史哲學的東西，就很可能是與人們通常所理解的那種名稱全然不同的某種東西；它並不是某種概念規定上的邏輯準確性或者是對原理的綿密分辨和驗證，而是一種轉瞬即逝的、包羅萬象的觀點，一種在類比的發掘方面的豐富智慧；在這方面的運用上，大膽的想像力與巧妙性的結合就通過感覺和感受而在支配著他那經常被保持在朦朧深處的對象；它究竟更其是思維的宏偉內容的一種作用呢，還是冷靜地判斷在其中很可能發現的一種含義微妙的示意呢，那就要很費猜測了。既然一個有成就的頭腦所運用的思想自由（那在這裡是會大量遇到的）總會給思想提供材料，所以我們就試圖從這裡面——如果一切對我們都順利成功的話——提出一些最重要的而又是對他最具有特色的觀念來，並以他本人的詞句來表述；最後再對全文補充幾句話。

我們的作者由擴大視野而入手，為的是好向人類指出他們在我們太陽系的其他星球居民之中的地位。根據人類所居住的這個天體的中央的而又便利的地位，他就結論說：「人類在這裡所必須依持的『就只不過是』一種中等程度的塵世理智以及一種更為可疑的人間道德。我們的思維和能力顯然只是得自我們這個大地機體，但它們卻力圖改變自己並轉化自己，直到他們能達到我們的造化所能提供給我們的那種純粹性和美好性為止；如果類比可以成為我們的指導的話，它在別的星球上也就不會是另一樣。而這就可以使我們猜測人類和別的星球上的居民都有著同一個鵠的，從而最後就不僅僅是踏到許多星球上去旅行而已，而且或許還會達成和如此繁多而又各不相同的姊妹世界上一切已經達到成熟的生命互相交往。」他的考察由此便轉入創造人類之前所經歷的種種變革。「在我們的空氣、我們的水、我們的大地得以出現之前，各式各樣的原質之彼此互相分解、互相衝擊乃是必要的。有過多少種類的大地、礦石、結晶體乃至貝殼的、植物的、動物的，最後是人類的機體，它們一種之分解與變革爲另一種，又有多少是不曾預先設想到的③？人類作爲一切元素和實體的兒子、他們的最精彩的內容並且好似大地上創造物之花一樣，除了是大自然最晚出世的幼子之外，絕不能是什麼別的；對於人類的形成和接待必定是預先要經歷過多少次的發展和變革。」

地球的圓形，他發現也是在一切可想像的多樣性（mannigfaltigkeit）之中所展示出來的統一性的一種令人驚異的對象。「一旦思索到這種形象，有誰還會去皈依哲學上的和宗教上的正統信仰，或者是以一種空洞而神聖的熱忱爲了它去殺人呢？」甚至於黃道的傾斜，也向他提供了考察人類命運的機會：「在我們的傾斜運行的太陽之下，人類的一切行動都是以年爲週期的。」④對大氣層的深入認識，甚至於天體對它的影響，當進一步加以理解時，在他看來都會對人類的歷史帶來巨大的影響。在論陸地和海洋的分布那一節裡，大地構造被提出來是作爲闡明各民族歷史之不同的理由的。「亞洲在道德上與習俗上是那麼地聯繫在一起，因爲它在地形上是延伸爲一片的；反之，小小的紅海卻道德分歧，小小的波斯灣則更甚。然而美洲的許多湖泊、山脈與河流及其大陸在溫帶伸張得那麼廣闊，卻不是沒有道理的；從人類最早的棲息之所著眼，舊大陸的構造是被大自然有意地安排得與新世界⑤不同的。」

本書第二卷探討大地的組成，並且是從花崗岩入手的；光、熱、罡風和水都在那上面起作用，而且或許促成了石英轉化爲石灰質，其中就形成了最初的海洋生物，即甲殼動物。繼而植物就開始出現。——比較了人類的形成與植物的形成，以及人類的兩性愛與植物的開花，把植物界引用於人類。動物界：動物和人類隨氣候而變化。他們在遠古世界都是不完善的。「物種離開人類越遠，就越能增殖；越近就越減少。——一切生物都有同一種主要形式，同一種相似的骨骼結構。——從這種過渡看來，似乎水生生物、植物甚而或許所謂**絕種**的生命都不是不可能由同一種機體稟賦在統治著的，只不過是更加無限地粗糙與混亂而已。永恆的存在者是把一切都看作聯繫在一起的，從他的眼光來看，或許冰塊所被創造的形狀和其中所形成的雪花還與母體內胎兒的形成有著一種相類比的關係呢。人類在動物界中乃是一種中間性生物，這就是說乃是最廣泛的形式，在他身上以最精緻的概括形象彙集了**各個物種的全部特徵**。——從空中和水中，從高山到深谷，我們好像是看見了各種動物都在趨向於人，並且一步步地接近於人的形態。」本卷結尾說：「人啊，欣慶你自己的地位吧；高貴的中間性生物啊，好好地從你身上所生存著的一切去研究你自己吧！」

本書第三卷以植物的和動物的構造與人類的機體做了比較。既然他對他的目標採用了博物學家的觀察方式，所以我們就無法在這裡追隨他了；現僅舉幾個結論如下：「通過這樣那樣的器官，生命就從死亡的植物體中產生出來了生活的刺激，並且從這一切的總和之中經由它那精練的導管而產生出來了感受的媒介。刺激的結果便成爲**生機**，感受的結果便成爲**思想**，這是**安置在每種活生物的身上**的有機生物體的一種永恆的進程。」著者對於植物和動物都同樣不是考慮萌芽而是考慮有機的力量。他說：「正如植物本身是有機的生命，水螅也是有機的生命。因此就有著許多種有機的力量，有生長方面的、有肌肉刺激方面的、有感受方面的，等等。神經越多、越細緻，腦子就越大，物種也就變得越明智。**動物的靈魂**就是一個機體中全部作用力量的總和」；本能並不是一種特殊的自然力量而是大自然通過它的溫度而對全部的那些力量所賦予的方向。一種大自然的有機原則——我們時而稱之爲**構造性**的（在礦石方面），時而稱之爲**生機性**的（在植物方面），時而稱之爲**感受性**的，時而稱之爲**人工建設性**的；但在根本上則只是同一種有機力量——越是分爲更多的器官和不同的肢體，也就越會在它們之中形成一個獨特的世界；於是本能也就越會消失，而更加自由地運用自己的心靈和肢體（大致就像人類那樣）也就告開始。著者最後論及人類天賦上的本質不同。「直立行走唯獨對人類是天賦的，它確實是適合於人類物種的全部天職及其具有與眾不同的特性的機體的。」

並不是因爲他註定了要有理性，所以他才按照理性爲了運用肢體而被規定了直立姿態的；而是他由於直立的姿態，作爲僅只是爲了使他能直立行走所必須的那種措施本身的自然作用，才獲得了理性的。「讓我們以感激的眼光，滿懷驚異地在這種神聖的藝術傑作、在這種恩賜的面前停留一小會兒吧，我們這個品種都是由於它才成爲了人類；因爲我們看到在人類的直立姿勢之中開始出現了怎樣的新力量機體，以及人怎樣由於它才變成爲人的！」

著者先生在第四卷中更進一步地發揮了這一論點：「與人相似的生物（猴子）缺少了什麼東西，以致它並沒有變成人呢？——而人又是從何而來的呢？就是從頭顱的造型之適應於**直立的形態**而來的，是從內外機體之適應於垂直的重心而來的。猴子具有人所具有的全部頭腦，但它卻是按照它那處於一種壓抑狀況的頭蓋骨而具有它們的；而它之所以如此，則是因爲它的頭顱被構造成爲另一種角度而不是被塑造得適應於直立行走的。」於是全部的有機力量也就以另一種方式在起作用了。——「人啊，朝天仰望吧，在戰慄之中慶幸你那無可估量的優異性吧，世界的創造者只把它聯繫到一條如此之簡單的原則上，即你那直立的形態。——昂立在大地和雜草之上，於是就不再是嗅覺在統治而是眼睛在統治著了。——隨著直立行走，人類就變成了一件藝術創作品，他就獲得了自由的、創造性的雙手，——只是隨著直立行走，才出現了眞正人類的語言。——在理論上和實踐上，理性都不是別的，只不過是某種**獲得物**罷了，是人類按照自身的機體與生存方式而被塑造出來的那些觀念與力量所學會的比例和方向。」再就談到自由。「人類是一切創造物中第一個被解放者，他是直立的。」羞恥心：「那必定是隨著直立的形態馬上就發展出來的。」他的本性是不會屈從於任何特殊的變異性的。「何以是這樣？就由於他的直立形態，而不是由於任何別的緣故。——他是爲了人道而被塑造出來的：愛好和平、兩性的愛情、同情心、母愛，這些都是他那直立結構的人道的萌芽。——正義（gerechtigkeit）和眞理的規律也是建立在人類這一直立形態的基礎之上的，它把人塑造得品行良好；宗教則是最高的人道。匍匐的動物只有模糊的感覺；上帝豎立起來人類，使得人類雖然自身並不明白或有意，卻能深察事物的原因並能發現你，你這種萬物的偉大聯繫。但是宗教則帶來了對於不朽的希望和信仰。」本書第五卷談論的就是這些。「從礦石到結晶體，從結晶體到金屬，從金屬到植物，從植物到動物，最後到人類，我們看到機體的形式在上升，同時被創造物的力量和生機也隨之變得多樣化，並且最後全部都匯合爲人類的形態，只要人類的形態可以容納它們。——」

「通過這一系列的生命，我們就看出不斷在接近於人類形態的主要形式之間有著一種類似性，——正猶如我們也看到力量與生機在接近於人。——每一種生物還都按照大自然所要求於它們的目的而被規定了自己的生命期限。——一種生物的機體越是有組織，則它那結構就越是由更多的低級領域組合而成。人類就是整個世界的一個撮要：石灰、土、鹽、酸、油和水、生長力、衝動、感覺等等，都被有機地結合在他身上。——我們由此便被驅向接受一個不可見的力量領域，這一領域恰好處於同樣的普遍聯繫（zusammenhang）和過渡狀態，而且是處於不可見的力量的一種上升序列，正如同在被創造物的可見領域之中是一樣的。——這就爲靈魂不朽說明了一切問題，並且不僅僅是這一點而已，而且還有世界創造的全部作用著的活力的延續問題。力量是不會消逝的，儘管器官很可以遭到破壞。凡是被全能的生命鼓舞者召來了生命的，都會生存下去；凡是起作用的，都會永遠在它那永恆的普遍聯繫之中永遠起作用。」這些原則並沒有加以分析，「因爲這裡還不是進行分析的地方。」然而，「我們在物質中看到有那麼多精神般的力量，以至於這兩種確實十分不同的實質，即精神與物質之間的完全對立與矛盾看來即使不是自相矛盾，至少也還沒有完全得到證實。」——「沒有誰的眼睛看見過預先成形的萌芽。如果有人談到萌芽漸次生成論，他也只是比喻式地在說彷彿肢體是從**外部**生長出來似的。但那是生成（genesis），是**內部力量**的作用；大自然已經預先配備好了得以**生成**它們的質材，而它們在其中便使得自己成爲可見的。造成我們的軀體的，並不是我們理性的靈魂，而是神明的手指頭，即有機的力量。」於是，這就是說：「1.力量與器官確實是極其密切地聯繫在一起的，但並不就是同一回事。2.每種力量都與它的器官相調諧而起作用，因爲它造就器官只是爲了顯示自己的本質並同化自己。3.表皮脫落時，力量仍然常在；它是早在這一表皮之前就已經預先存在的，儘管是處於一種低級的狀態，但仍然是有機的狀態。」於是著者就向唯物主義者（materialist）宣稱：「假如我們的靈魂與物質、衝動、運動、生命的全部力量本來就都是同一回事，只是在更高一級，以構造得更精緻的機體在起作用而已；那麼究竟可曾有人見過運動與衝動的力量在衰退的？而且這類低級的力量和它們的器官是否就是同一回事？」它們之間的聯繫就意味著，那只能是向前進步。「我們可以把人類看成是各種低等有機力量的巨大匯合，這些力量必須就在其中發育以便培養出人道。」

人類機體之出現在精神力量的王國裡，可以這樣證明：「1.[6]思想是與感官所帶給它的東西全然不同的另一種東西；我們有關它那起源的全部經驗，都是確實有一個有機的但卻自主的，按照精神聯合法則而起作用的實體在產生效應的證件。2.正如軀體增長要靠食物，精神則要靠觀念；我們確實在它那裡甚至看到了同化、生長和生育的法則。總之，我們身上形成了一個內在的、精神的人，他有其自己的特性並且僅僅作爲是一種工具而在運用自己的身體的。——這種更光明的意識、人類靈魂的這種偉大的優異性，其本身最初是以一種精神的方式由人道而形成的，等等。」總之一句話，如果我們能正確理解它，那麼靈魂首先就是由精神上逐步在出現的力量變來的。——「我們的人道只是預演，只是未來花朵的幼蕾。大自然一步一步拋棄低劣的東西，培植與之相反的精神事物，把美好的東西引導得更加美好；並且我們從她那藝匠的手裡可以希望著，我們人道的幼蕾在那種未來的存在之中也將呈現爲它那固有的、眞正的、神聖的人類形態。」

本節做出的結論如下：「人類目前的狀態或許是連接著兩個世界的中間階段。——當人類結束了自己作爲它的最高、最後階段的那條地上機體的鏈鎖時，他也就恰好從此開始了自己作爲它的最低階段的那條更高級的物種的鏈鎖；因此他或許就是互相連接著的兩種創造物體系之間的中間環節。——它一舉而向我們表明了兩個世界，而這就形成了它的實質的外表雙重性。生命就是一場戰鬥，純粹不朽的人道之花乃是一頂得來不易的勝利冠冕。——因此我們更高級的兄弟們之熱愛我們，確實是更甚於我們能夠追求並熱愛他們；因爲他們對我們的狀態看得更清楚，——而且也許他們要教育我們成爲他們那種幸福的分享者呢。——這也許不大好想像：未來的狀態對於目前的狀態，並不像人身之中的動物所非常願意相信的那樣，將是那麼地完全無從交通，——所以沒有更高級的指導，語言和最初的科學看來就是無法解釋的。——即使是在後來的時代裡，大地上最巨大的作用也是通過無法解釋的境況而呈現的，——甚至於疾病也往往會成爲這方面的工具，如果器官變得不能適用於日常範圍的地上生活的話；於是內在的不息的力量也許會感受到一個毫無障礙的機體所不可能感受到的印象；這看來乃是十分自然的。——然而人類卻不可窺探自己未來的狀態，而只能深入地信仰它。」（可是，他一旦相信自己可以向其中窺探時，我們又怎麼能禁止他去追求不時地要使用這種能力呢？）——「這一點是十分肯定的，即他的每一項能力都存在著一種無限性（unendlichkeit）；全宇宙的力量就彷彿埋藏在他的靈魂裡，並且只需要有一個機體或者一系列的機體就可以使它有活動和用武之地了。正好像花朵聳起並以**直立的**姿態而結束了地下還沒有生命的創造物的王國，——同樣地，人類也就**直立著**而凌駕於一切地上的匍匐者（動物）之上。他站立在這裡揚著手高瞻遠眺，就像是一家之子在等待著父親的召喚。」

補充

本書第一部（說第一部，是因爲看來還會有許多卷著作問世）的觀念和目的如下。它避免一切形而上學的探討，它對人類靈魂的精神性質，它那持久性以及步入完美之境，都是從與物質的自然構造，尤其是與它們的機體進行類比而得到證明的。因此之故它就認定有精神力量，即某種不可見的創造物的王國，而物質則只不過形成它的結構而已；其中就包括那種構造出一切機體來的活力，並且那還使得這種機體的完美性的模型就成其爲人；一切地上的生物從最低級的階段起就都在趨近於他，直到最後通過不是什麼別的而只是這一完美化了的機體本身（它那條件主要地就是動物的直立行走）而變成爲人。人的死亡也從未能終止之前在一切品類的創造物中早已詳盡顯示出來的那種機體的進步與提高；倒不如說它可以使人期待著自然界會過渡到更精緻的操作過程，以便使他從而可以需要並提高到未來的更高階段的生命，並繼續下去以至於無窮。

評論者⑦必須承認：即使他願意接受自然界的創造物那種連續不斷的階段及其趨向於人類的那條規律，他也還是看不出從自然界的類比中就能得出這種推論來。因爲現在就有**各種不同**的生命，他們分別處於不斷完善著的機體的各式各樣的階段。因此，根據這樣一種類比就只能得出結論說：在另外的**什麼地方**，大概是在另一個星球上吧，可能另有被創造物可以宣稱是超乎人類之上的下一個更高的機體階段；然而那絕不是**同一個個體**所能達到的。從蛆或蛹所發展出來的飛蟲，有一種完全特殊的、不同於自然界的通常歷程的布置；但是就在這裡，變態也不是隨著**死亡**而來而是隨著**蛹期**而來。相反地，這裡必須加以證明的倒是：動物即使是在它們腐朽或焚化以後，大自然也要使之從它們的灰燼之中上升爲特別完美的機體，然後我們才能夠根據類比也對已經在這裡化爲灰燼的人進行這種推論。

因此，同一個人朝著另一生之中更完美的機體的階段提高，與我們可能想像的大自然國度裡全然不同的各類品種和個體的階段之梯，這兩者之間是沒有任何最微小的相似之處的。在這裡大自然讓我們看到的只不外乎是，她任憑個體完全毀滅而僅只保留了品種；但是在這裡我們卻要求知道，人類的個體在大地上是不是也能在自己毀滅之後存活下來。這個問題或許可以從道德的或者（假如我們願意的話）從形而上學的理由加以推論，但卻絕不能根據任何一種可以看得見的生殖進行類比。而且無論那種積極而自足的力量之不可見的國度究竟涉及些什麼，我們仍然看不出何以著者在他已相信從有機的生殖中能夠確切推論出它們的存在之後，卻不是寧願由此直接過渡到作爲純粹精神性質的人類思維原則，而無須再從混沌之中通過機體的構造把它們提煉出來。因爲那就必定是他把這些精神的力量當作是與人類靈魂全然不同的其他某些東西，並且把靈魂看成並不是特殊的實質而僅僅是對於物質在起作用並激發其生命的一種不可見的普遍大自然的效果而已。要把這種見解加之於他，我們仍然懷著公正的遲疑態度。可是關於作用於機體的不可見的力量這一假說，因而是關於我們所不了解的東西要以我們所更加不了解的東西來加以解釋的這一設想，我們一般應該怎麼想呢？關於前者，我們至少還可以通過經驗學會認識它的法則，儘管其原因本身確實是仍然不得而知；關於後者，我們卻連任何經驗都被摒除了。於是，除卻純屬絕望地要在某種自然知識之中尋找解說以及決心強行求之於詩意的豐饒土地之外，哲學家在這裡要辯明自己的論點又有什麼別的好援引的呢？這就仍然是形而上學，甚至於還是非常教條的，雖說由於時尚所要求的那樣，我們的著者拒絕了它。

然而有關機體的階段之梯問題，那麼如果它並沒有能達到他那遠遠超出這個世界之外的目標的話，我們也不必對他多所責難；因爲它就在大地上應用到自然王國這方面時，也是同樣地毫無收穫。如果我們按照物種的相似性來逐一地檢點物種，那麼差別的細微性在如此大量的繁多性的面前，也就正是這種繁多性的必然後果。它們之間只有一種親屬關係，即要麼一個物種是從另一個物種之中，並且大家都是從一個唯一的原始物種之中產生出來的，要麼就或許都是從一個唯一正在生育著的母體之內產生出來的；但是這就會導致那麼可怕的觀念，以至於理性就要望而卻步了。然而這些是我們不能歸之於我們的著者而不會不公道的。至於它們通過全部的動物物種下迄植物界而對比較解剖學所做的貢獻，則凡是研究博物學的人都可以自行判斷在這裡進行了新考察的這一說明，可能加以利用到什麼程度以及它究竟有沒有什麼理由。然而有機力量的統一性（一四一頁）在一切有機被創造物的繁多性方面是自我形成的，隨後又按照歧異性而以各種不同方式作用於這些器官而造成了它們各式各樣的物種和品類的全部區別；則這一觀念卻是完全超出了被觀察到的自然知識的領域之外而屬於純粹的思辨哲學了。哪怕就在思辨哲學這裡，如果它行得通的話，也會在人們已接受的概念之中引起巨大的災難的。單是想要確定頭顱的機體化就外部而言與其形狀的以及就內部而言與其頭腦的關係，都是和直立行走這一布局必然地聯繫在一起的，而且還有：一個純然以這一目的爲方向的機體又怎麼會包括理性能力的基礎在內，從而就連動物也都有份；這個問題就顯然是越出了全部人類的理性之外的。理性現在可能是在生理學的扶梯上摸索，或者還想要在形而上學的扶梯上飛翔呢。

以上的想法並不能勾銷這樣一部深思熟慮的著作的全部貢獻。其中的一個優點就是（這裡且不提那麼多足以啓人高尚的和眞正的深思遐想的優美論述）：本書著者在純粹的理性嘗試方面自覺地有勇氣去克服往往會使所有的哲學家都受其束縛的那種疑難地位，即理性自身究竟能夠獲得多大成功的問題。在這方面我們期待他能有很多的追隨者。此外，大自然本身對它那些機體的事務以及它那些被創造物的分類裏上了一層非常神秘的晦澀性，這也要對這部哲學的人類歷史的第一部分所附帶的晦澀性和不明確性負一部分責任。第一部分的用意是要盡可能地把最遙遠的兩端，即人類歷史所由以出發的那一點和它跨過世界歷史之外而消失在無窮之中的那一點，互相結合在一起。

這項嘗試確實是大膽的，但對於我們理性的探索欲又是自然而然的，而且即使做得並不完全成功，卻並不是不光榮的。而我們更應該期待的則是，我們這位才華橫溢的著者在繼續他的著作時，將發現在自己的面前有一片堅實的土地並約束自己的奔放的天才；哲學所關切的更在於修剪過於茂密的枝蔓而不只在於促發它們，我們期待著哲學不是靠示意而是靠確切的概念，不是靠臆想的而是靠觀察到的法則，不是憑一種無論是由於形而上學還是由感情而來的高飛遠舉的想像力而是要憑一種在綱領上是廣泛鋪開的而在運用上卻是小心翼翼的理性，從而能夠引導他的事業得以完成。

二

赫爾德《人類歷史哲學的觀念》一書的評論者（《文學通志》第四期及補編）對《條頓信使報》二月號反駁本評論的一篇文章的答覆。

在《條·信》二月號第一四八頁上，有一位本書的辯護人赫爾德先生以一個牧師的筆名，出面反駁所謂我們《文學通志》上的攻擊。把一位受人尊敬的作家的名字捲進評論者和反評論者之間的爭論裡去，這是很不恰當的；因此我們在這裡只想辯明我們在論述和評判這部著作時的工作作風是符合該雜誌本身所採用的準繩，即嚴謹、公正和節制這些準則的。這位牧師在他的文章裡針對他心目中的一位形而上學家大肆爭論；他把這位形而上學家描寫成對一切通過經驗途徑而得來的教誨，或者如果這樣還嫌不夠的話，描寫成對根據自然界的類比而得出來的推論已經全然昏瞀了，並且要把一切都塞進自己那經院的、空洞的抽象模型裡面去。評論者本人很可以略過這一爭論不談，因爲在這上面他和牧師的意見完全一致；評論本身就是它最好的證明。可是評論者既然相信自己很懂得一些人類學的材料以及一些它們的運用方法，可以就整個人類的天職探討人類的歷史；所以他就確信這絕不能求之於形而上學，也絕不能求之於以人類的骨骼與其他物種的骨骼進行比較的自然博物館；而且最不可能的則是後一種辦法居然可以引出人類對於另一個世界的天職，那是只能在他由之以顯示自己的品質的行爲之中才能發現的。

評論者又被說服，赫爾德先生從來也不曾有過這樣的目標，即要在他的著作的第一部中（這部分只在於把人類表現爲處於普遍的自然體系之中的動物，因而也就是未來觀念的一種前兆）爲人類歷史提供實際的材料；它只是提供一種能夠引起生理學家注意的想法，把生理學家常常是只著眼於動物結構的機械目的的那種研究，盡可能地一直擴充到這種被創造物之能運用理性的合目的的機體上面來，雖說他在這上面所加的分量要大於與它所相稱的。而且一個屬於這後一種意見的人，也並不必須（像這位牧師在第一六一頁上所要求的那樣）證明：人類的機體即使在另一種形式之下也還是可能的；因爲這一點就正如說它唯有在目前的形式之下才有可能，是一樣地不會被人認識出來的。對經驗的理性運用，也有它的限度。經驗確實可以教給我們，某種事物是這樣或那樣得出來的，但卻從不會教給我們，它絕不能是另外的樣子；而且任何類比也塡不滿偶然和必然二者之間這條無法揣測的鴻溝。我們在評論中說過：「如果我們按照物種的相似性來逐一地檢點物種，那麼差別的細微性在如此大量的繁多性的面前，也就正是這種繁多性的必然後果。它們之間只有一種親屬關係，即要麼一個物種是從另一個物種之中或者[8]大家都是從一個唯一的原始物種之中產生出來的，要麼就或許都是從一個唯一正在生育著的母體之內產生出來的；但是這就會導致那麼可怕的觀念，以至於理性就要望而卻步了。這些是我們不能歸之於我們的著者而不會不公道的。」

這段話誤使這位牧師相信，在我們對這部著作的評論中彷彿可以看出有形而上學的正統，因而也就是不寬容。於是他就提出：「健全的理性任其自由，就對任何觀念也不會望而卻步。」但是在他所幻想的一切之中，並沒有任何東西是可怕的。可怕的僅僅是普遍人類理性的 horror vacui〔害怕眞空〕，亦即當人們碰到根本無法去思維任何東西的那種觀念時，才會望而卻步。而在這種觀點之下，本體論的條文就很可以用來當作神學上的而且恰恰是宗教寬容方面的教規了。這位牧師還發現，把思想自由這一功績歸功於本書，對於這麼著名的一位作家來說未免太平凡了。毫無疑問他的意思是說，那談的只是**外在**的自由，外在的自由由於要以地點和時間爲轉移，所以事實上根本就不是什麼功績。可是書評卻是眼中有著**內在的**自由的，亦即擺脫了習慣的並被輿論所強化了的概念和思想方式的束縛的那種自由；這是**那麼極**不平凡的一種自由，就連純以哲學家自命的人也很少能努力上升到那種地步。他責備這篇評論說：「**它所徵引的都是些表述結果的章節，而沒有同時徵引爲這些結果作準備的章節**。」這對於所有的作家來說都可能是一種無可避免的壞事；但無論如何那總比僅僅一般地引這一節或那一節來加以稱讚或譴責要更可原諒得多。這樣，我們就仍然是以對著者的**榮名**而更其是對著者**未來的榮名**懷著恰如其分的尊敬乃至於同情，在評論上述這部著作的；因之這就和這位牧師在第一六一頁中（並不很負責任地）塞進來的什麼**本書並未能完成它的題名所允諾的東西**之類的話，說起來是完全不同的。因爲本書的題名根本就沒有允諾什麼，本書第一卷中只是包括普通生理學的預習，藉以完成可以期待於隨後幾卷（就我們所能判斷的而言，其中將包括確切的人類學）的內容。提醒一下這一點並不是多餘的：本卷中對自由加以節縮，就可以有助於下一卷中對自由加以優容。此外，現在就只有待於著者本人來完成本書的題名所允諾的那種東西了；這是我們有理由可以寄望於他的才能和他的博學的。

里加與萊比錫，哈特克諾克版。

約翰・戈特弗里德・赫爾德著《人類歷史哲學的觀念》第二部，第三四四頁，一七八五年。

三

本書第二部寫至第十卷爲止。首先在第六卷以六節篇幅描述了北極附近以及地球上的亞洲山系一帶各個民族的、已經開化的各個民族和非洲各國地區的、熱帶地區的海島居民和美洲人[9]的組織。著者結束這一描述時，表示希望能對於尼布爾（Carsten Niebuhr）、巴金遜（James Parkinson）、柯克（James Cook）、霍斯特（Höst）、喬爾琪（Ivan Gottlieb Giorgi）[10]等人已經提供開端的有關這些國家的新描繪作出一個總結。「如果有誰能把有關我們人類到處散布著的分歧性的各種真實畫像彙集起來，並從而奠定一種明確的**有關人類的自然學說和人相學**，那會是多麼好的一樁禮品啊！[11]藝術恐怕難得加以更哲學式的應用了吧。一張人類學的地圖，要像齊默爾曼（Eberhard August Wilhelm von Zimmermann）[12]所追求的一張動物學的地圖那樣，除了人類的分歧性的面貌之外就絕不再表示任何別的東西，但是它卻要表示出其全部的現象和各個方面；這樣一張地圖就會成爲博愛主義

（philanthropism）著作的冠冕。」

第七卷首先考察了這一命題，即人類雖有如此之不同的形式，卻到處都只是一個物種，並且這一物種在大地之上到處都已經風土相宜了。隨後就闡明氣候對於人類身體與靈魂形成的作用。著者尖銳地提出，在我們要能對人類全部的思維能力與感受能力達到一種生理-病理學，還不用說氣候學之前，現在還缺少許多準備工作；各種原因和後果的混淆，它們和其他情況一道造成地區的高低、各地區的特點及其物產、飲食、生活方式、勞動、衣著乃至習俗態度、娛樂和藝術，要把這些安排到使每一件事物、每一個個別部位都能各得其宜而又沒有過與不及的一個世界裡，那是不可能的事。因此，他就以一種可讚美的謙虛宣稱（第九十二頁），就連第九十九頁以下的一般解說也僅只是作爲問題提出來的。它們包括以下的主要命題：1.由於各式各樣的原因，在大地之上就促成了一種使有生之物得以生存的氣候上的共同性。2.我們大地之上可居住的土地都集中在大多數的生命體能以最使自己得到滿足的形式而起作用的地區；大陸的這種位置對它的各種氣候都有影響。3.由於大地構造成爲山地，所以不僅僅是氣候本身對於大多數有生之物有著無數的變化，而且人類的蔓延只要能夠加以防止，也就得到了防止。

著者在本卷第四節中聲稱，創生能力乃是大地上的一切構成之母，氣候則只是對它起友好的或敵對的作用而已；並以有關創生（Genesis）與氣候之間的衝突的一些評論作爲結束。除了談到其他之外，他還**希望能有一部我們人類按照氣候與時代而發生和轉化的物理地理學史**。

在**第八卷**中，赫先生探索了人類心靈的運用、人類的想像力、他的實踐理解、他的欲望和幸福，並且還以各個不同國家的事例來說明傳統、意見、訓練和習慣的影響。

第九卷討論了人類發展自己的能力時對於別人的依賴性，討論了語言之作爲人類教育的媒介，討論了由於模仿、理性和語言而發明了藝術和科學，討論了絕大部分政府作爲人類繼承傳統的一種確立的制度；並以對於宗教和最古老的傳統[13]的意見作爲結束。

第十卷大部分包括著者在別處，已經發揮過的思想的結果；其中除了考察人類最初的居住地和亞洲關於創造大地和人類的傳說之外，還依據聖書，即**人類最古老的文獻**，複述了有關摩西（Moses）《創世紀》這一假說的要點。

這裡關於本書第二部分的枯燥報導，只是傳達本書的內容而不是敘述本書的精神；它邀請人去閱讀這部書而不是代替對本書的閱讀或者使之成爲不必要。

第六卷和第七卷幾乎絕大部分只是包括民族志的摘錄；那的確是選擇精當、編纂出色，並且處處貫徹著他所特有的那種機智的判斷；但是正由於這個緣故就更不可能詳盡摘錄了。我們這裡的目的也不是要摘出或者分析那麼多文風充滿著詩意的美妙的段落，這一點是每個有感受力的讀者自己都會讚賞的。我們這裡只是要略微探討一下：是不是這種使他的表達充滿生氣的詩意的精神有時候也闖到著者的哲學裡去，是不是同義字在這裡或那裡被當成了解釋而比喻被當成了眞理，是不是它並非從哲學的區域時或走入相鄰的詩歌語言的範圍裡去而是把兩者的界限和領土完全攪亂了，以及是不是在許多地方大膽的隱喻、詩歌的形象、神話的示意倒毋寧是用來好像在一條大裙子（Vertugade）⑭下面那樣遮掩了思想的實體，而沒有讓它好像在一層透明的幕幔下面那樣閃耀出悅目的光彩來。例如，我們留待給哲學風範美好的批評家或者是著者本人的最後手筆去探討，是不是說「不僅是日夜和季節的更迭改變了氣候」要比第九十九頁的說法「不僅是日夜和季節交替的序列舞改變了氣候」更好一些；是不是第一〇〇頁適宜於用如下這種無疑是形象美妙的希臘酒神頌歌來對這類改變加以自然歷史的描述：「它的（地球的）時辰在環繞著木星的王座跳著序列舞，而它們腳下所形成的東西確實不外乎是一種不完美的完美性，因爲一切都建立在不同種類事物的聚會的基礎之上，但是通過彼此之間內在的愛情和婚姻就到處都誕生了大自然的兒女，即可感覺的合規律性和美」；或者是不是從第八卷所開始的如下這一轉變，即由一個遊記撰寫者關於不同民族的組成以及關於氣候的論述過渡到彙集從其中抽繹出來的共同命題，史詩化得太過分了：「就像一個人在大海波濤裡要到空中來進行航行似的，我現在就在論人類的形成與自然力之後要來談他的精神，並且斗膽依據陌生的、殘缺的而又部分是靠不住的材料來研究它在我們廣闊的地球之上的那種變動不居的特性。」我們也不想追究是不是他那滔滔不絕的雄辯在這裡或那裡把他捲入了矛盾；例如第二四八頁提出，發明家往往必須更多地把自己發明創造的好處留給後世，而不是爲了自己本人，是不是這就爲如下的命題提供了新的例證，即有關運用自己理性的人類自然稟賦將只是在全物種的身上，而不是在個體的身上才能得到充分發展⑮；著者已經傾向於這一命題以及由此所推導出來的一些命題了，儘管還未能正確地加以把握，第二〇六頁幾乎還在責備侵犯了大自然的尊嚴呢（另有人則以散文而稱之爲褻瀆神明）。鑒於本文所處地位的限制，這一切我們在這裡都只好不去涉及。

有一件事是評論者既希望於我們的著者，也同樣希望於任何其他從事研究人類普遍的自然歷史的哲學家的；那就是，一個歷史的-批判的頭腦要做好準備，從不可勝數的大量民族志和遊記以及它們全部有關人性的臆測報導之中，主要地是能摘出那些互相矛盾的東西，並且（按每一個敘述者的可信程度而附以評論）把它們彼此一一排列出來。這樣一來，就不會有任何人那麼魯莽地立足於片面的報導之上，而不預先去確切衡量一下別人的報告了。然而現在只要我們願意，我們卻可以從大量的風土記述之中證明美洲人、西藏人和其他值得注意的蒙古民族都是沒有鬍鬚的；可是誰要是高興，也可以證明他們全都是有鬍鬚的，都是他們自己把鬍鬚拔掉了。又可以證明，美洲人和黑人在精神稟賦上乃是低於其他人類成員的種族；可是另一方面恰好根據表面上同樣的報告，也可以證明他們在他們的自然稟賦上可以被評價爲與任何的其他世界居民都是相等的。因而就有待於哲學家去選擇，究竟是承認天然的不同性呢，還是根據 tout comme chez nous〔一切都和我們一樣〕這條原則來評判一切呢；於是他那全部建立在如此之搖擺不定的基礎之上的體系，也就必定帶有一種支離破碎的假說的外貌了。

人類分成爲各個種族這件事沒有能博得我們著者的歡心，而尤其是那種基於遺傳膚色的分類；想來是因爲種族這個概念對他還不很明確吧。在第七卷第三節中，他把人世氣候不同的原因稱爲一種遺傳的力量。評論者本人是以這些詞句在著者自己心目中的那種意義在表達這些概念的。一方面他摒斥進化論的體系，但是另一方面又摒斥外部原因的純機械的影響，認爲並不適用於解說原則。於是他就採用了一種內在的，按照外界環境之不同而能相應地自行調節的生命原則作爲它們的原因，評論人在這一點上對他完全贊同，但只有一項保留：即，如果這種由內部起組織作用的原因由於其本性，也許在被創造物的形成過程中僅只限於一定數量上與程度上的差異（按這種辦法，它就不能在已經改變了的環境之下，有進一步再形成另一種類型的自由）；那麼我們仍然很可以把這一發育性的自然規定稱之爲種子或原始稟賦，而不必因此（就像在進化論體系中那樣）把前者看成是自始儲存著的並且僅僅是偶或彼此包蘊著的機制和蓓蕾，反倒應該看成是純屬一種尚未能進一步得到解釋的自我發育的能量的侷限，而這後者我們恰好不大能解釋或者是使之爲人理解。

從第八卷便開始了一條新的思想線索，它一直持續到本書第二部分的結尾，並且包括人類（作爲一種理性的和道德的被創造物）教育的起源，因而也就是一切文化的開端。按照著者的意思，這不應該求之於人類所固有的能量，而應該完全在此之外求之於別種天性的教誨和指示。由此而來的一切文化上的進步都不是什麼別的，只不外乎是一個原始傳統的繼續傳播和偶然滋蔓而已；人類應該把自己趨向智慧歸功於這一點，而不應該歸功於自己本身。既然評論人，當他涉足於自然界與理性認識途徑以外的時候，很明白自己是無能爲力的，既然他根本不曾涉獵過學術性的語言研究與古文獻的知識或考訂；所以他一點也不懂得從哲學上去使用其中所述及的並且經過檢驗的事實。因此他就滿足於自己在這方面不能做出任何判斷。同時著者的博學多聞和把零碎材料用一個觀點貫穿起來的那種特殊才幹，很可能預先就使人料想到，至少關於人類事務的行程我們將會讀到許多美妙的東西，從而能夠有助於使人更深一步學會認識物種的特性，甚而可能的話還有某些經典上有關它們的區別；這即使是對那些對於全部人類文化的最初開端持有另一種意見的人們，也是會有教益的。著者（在第三三八至三三九頁及附錄中）簡短地表明了自己的立場如下：「這一（摩西的）教誨就說明了：最初被創造的人是與指教一切的耶和華（Elohim）⑯相通的，他們在他的指導之下通過動物的認識而獲得了自己的語言和占統治地位的理性；並且既然人願意以一種遭到禁止的方式也像它們一樣地認識惡⑰，他就非常惋惜地得到了它，並且從那時候起他就占有了另一種地位，開始了一種新的人爲的生活方式。假如當時神明願意使人類運用理性和先見的話，那麼他們就一定會接受理性和先見了。——可是，**耶和華**是怎樣在接受他們的呢，也就是說是怎樣在教誨、警告和通知他們的呢？假如問這個問題不是正像回答這個問題一樣地大膽，那麼傳說本身就會在另一個地方給我們以對這個問題的啓示。」

在一片沒有人經歷過的荒野上，一個思想家必定也像一個旅行家一樣可以自由地隨意選擇自己的路徑。我們只好等著看他是怎樣走通的；而且是否在他達到自己的目標之後又能安然無恙地及時回到家裡來，即回到理性的位置上來，以及他是否能期待著自己有追隨者。因此之故，評論人對於著者本人所採取的那條思想路徑並沒有什麼話要說；只不過評論人相信自己也有理由從事保衛在這條道路上遭到著者攻擊的某些命題，因爲他也應該享有爲自己描出自己的路徑的那種自由。第二六〇頁就這樣說：「這對於人類歷史哲學的確是一條**輕鬆**的但又是**邪惡**的原則：即人類是一種需要有一個主人並把自己最終天職的幸運寄託在這位主人或主人聯合體的身上的動物。」[18]這條原則可能總是輕鬆的，因爲各個時代和各個民族的經驗全都在證實它；但爲什麼是邪惡的呢？第二〇五頁上說道：「天意考慮得很仁慈，它偏愛個別的人的輕鬆的幸福，更有甚於大社會的人爲的終極目的（endzweck），並且暫時要盡其最大的可能來節約那種代價高昂的國家機器。」完全正確，但首先是一個動物的幸福，然後是一個孩子的幸福，一個青年的幸福，最後是一個成人的幸福。在人類的各個時代裡，正如在同一個時代的各種地位裡，我們都發現幸福恰好是與被創造物在自己所由以出生和成長的那種環境之下的概念和習慣相適應的。就這一點而論，則幸福程度的比較以及人類的一個階級或一個世代對於另一個的優越性，從來都是不可能規定的。難道天意所固有的目的不就是並非每一個人爲自己所勾繪出來的這種幸福的輪廓，反而是由此而登上舞臺的那種不斷在前進著和生長著的活動和文化，而其最大的可能程度就只能是依據人權（menschrecht）概念所安排的一個國家體制的產物，因而也就是人類自身的作品嗎？按第二〇六頁說，也就是：「每一個個人在自身之中都有自己幸福的尺度」，而在享受這種幸福時並沒有什麼東西是要屈居於另一個後輩成員之下的。然而就價值而論——不是指他們的狀況（當其存在時）的價值，而是指他們存在本身的價值，亦即他們何以本來就存在，——則這裡就唯有在整體之中才能顯示出一種智慧的目標來。著者先生的意思很可能是：如果從沒有被文明國家所訪問過的塔希提島（Otaheite）[19]上的幸福的居民，註定了要在他們那種寧靜的懶散之中生活上幾千個世紀，我們就可以對如下的問題做出令人滿意的答覆了：到底他們爲什麼居然存在？以及這個島嶼如果是被幸福的牛羊而不是被處於單純享樂之中的幸福的人們所盤踞，難道就不會同樣地好嗎？因此那條原則就並不如著者先生所設想的那麼**邪惡**。——也可能說這種話的，就是一個**邪惡的**人吧。[20]

再一條要加以保衛的命題就是如下這一條。第二一二頁上說道：「如果有人說，並不是個別的人而只有整個人類才能受到教育，那麼在我看來他說的就是不可理解的話，因爲種和類除了是存在於個體之中之外，就只不外乎是一般的概念罷了。——就像當我們談到一般的動物性、礦石性、金屬性，並且以種種最美好的，但在一個個體之中卻是彼此相矛盾的屬性來裝點它們那樣！阿威羅伊（Ibn Rushid Averroës）的哲學㉑是絕不能以這種方式來改變我們的歷史哲學的。」當然，誰要是說，沒有一匹馬是生角的，但是馬這個物種卻是生角的；他就顯然是在胡說八道。因爲物種並不是指別的，只不過恰恰是每個個體彼此之間所必須符合一致的特徵。但是如果人類就是指一系列朝著無窮（無限）前進的世世代代的總合（正如這種意義乃是十分常見的），並且我們假定這條線索是在不斷地趨近於和它並肩而行的它那天職；那麼要是說它在其各個方面都在漸近於這一天職，並且在整體上也是與之相符合的，這種說法就並沒有任何矛盾。換句話說，人類的世世代代之中並不是哪一個環節而只有整個的物種才能充分完成它的天職。㉒數學家就可以對這個問題做出闡釋。哲學家則是說：人類的天職在整體上就是永不中止的進步，而它的完成則在於一項純粹的但在各個方面又是非常之有用的有關最終鵠的的觀念，我們在這上面必須依照天意的觀點來指導我們的努力。

然而上述有爭論的章節中的這類誤解，都只不過是細節。更重要的還是它的結論：「（它說）阿威羅伊的哲學是絕不能以這種方式來改變我們的歷史哲學的。」由此可以推論，我們的著者既是那樣一再地表示厭惡人們迄今爲止作爲哲學所提出的一切東西，所以他現在就不會以一種毫無內容的章句訓詁而是要通過事蹟和例證，在這部詳盡的著作裡面貢獻給世界一份可敬的哲學思維方式的典範。

【注釋】

①本文寫於一七八四至一七八五年（康德六十至六十一歲），最初刊載於《〔耶拿〕文學通志》，一七八五年，第四號，第二七一號。——譯文據普魯士皇家科學院編《康德全集》（柏林，格·雷麥版，一九一二年），第八卷，第四十三至六十六頁譯出。赫爾德（Johann Gottfried von Herder, 1744-1803）曾於一七六二至一七六四年在柯尼斯堡大學聆聽康德授課，後來是德國「狂飆運動」的領導人之一。赫爾德反對康德〈世界公民觀點之下的普遍歷史觀念〉一文中的思想，康德除了寫這一書評之外，又於次年寫〈人類歷史起源臆測〉一文作爲答覆。——譯注

②〔在行動中學會上帝所規定給你的東西以及他在世界上給你指定的地位〕語出羅馬詩人柏修斯（Persius Flaccus, 34-62）《諷刺集》，III，11，12；赫爾德書卷首引用。——譯注

③以上引文及敘述與赫爾德原文有出入；可參看《赫爾德全集》（柏林，一八八七年），第十三卷，第二十三、一一四、二五七頁。——譯注

④按，這句話不見於赫爾德的原文。可參看赫爾德，前引書，第十卷，第十一、二十一頁。——譯注

⑤「新世界」指新大陸，即美洲。——譯注

⑥此處普魯士科學院版原文遺漏「1」字。——譯注

⑦「評論者」係康德自稱。——譯注

⑧此處「或者」上節原文中作「並且」。——譯注

⑨「美洲人」此處指印第安人。——譯注

⑩尼布爾（Carsten Niebuhr, 1733-1815），德國旅行家，巴金遜（James Parkinson, 1730?-1813），英國博物學家，柯克（James Cook, 1728-1779），英國航海家，霍斯特（Höst，生卒年不詳），德國旅行家，喬爾琪（Ivan Gottlieb Giorgi, 1729-1802），俄國博物學家。——譯注

⑪此處引文與原文略有出入。——譯注

⑫指德國地理學家齊默爾曼（Eberhard August Wilhelm von Zimmermann, 1743-1815）《人類地理史》（一七七八年）一書。——譯注

⑬按赫爾德書中第九卷原文為「宗教是大地上最古老和最神聖的傳統」，並非如此處把宗教與最古老的傳統分為二事。——譯注

⑭「大裙子」（Vertugade）指十六世紀開始流行的西歐貴族婦女彈弓式的大裙子，可以遮掩身體的畸形。——譯注

⑮見〈世界公民觀點之下的普遍歷史觀念〉命題二。——譯注

⑯此處「耶和華」原文係用希伯來古拼法 Elohim。——譯注

⑰事見《舊約・創世紀》第三章。——譯注

⑱可參看〈世界公民觀點之下的普遍歷史觀念〉命題六。——譯注

⑲塔希提（Otaheite，即 Tahiti）島為南太平洋社會群島中的一個島嶼，島上居民被認為尚未接觸過文明社會。——譯注

⑳ 按最後這一句話是康德本人的自嘲；可參看〈世界公民觀點之下的普遍歷史觀念〉命題五。——譯注

㉑ 阿威羅伊（Ibn Rushid Averroës, 1126-1198）爲中世紀西班牙阿拉伯哲學家，此處指阿威羅伊關於靈魂不朽的論點，即不朽的並不是個體而是普遍的精神。——譯注

㉒ 參看〈世界公民觀點之下的普遍歷史觀念〉命題二。——譯注

人類歷史起源臆測①

在歷史敘述的**過程**之中，爲了彌補文獻的不足而插入各種**臆測**，這是完全可以允許的；因爲作爲遠因的前奏與作爲影響的後果，對我們之發掘中間的環節可以提供一條相當可靠的線索，使歷史的過渡得以爲人理解。但是單單要憑臆測而整個建立起一部歷史來，那看來就比撰寫一部傳奇好不了多少了。它可以說不能叫作一部**臆測的歷史**，而只能叫作一部單純的**虛構**。可是，凡屬敘述人類行爲的歷史時所無法加以嘗試的東西，我們卻很可以通過臆測來探索它那——就其是**大自然**的產物而論——**最初的起源**。因爲這件事並不需要虛構，而是可以根據經驗來加以推論的；只要我們假定人類的行爲在其最初起源時就正如我們目前所發現的一樣，既不更好些也不更壞些，——這個假設是符合自然界的類比的，並且不會帶來任何冒險的成分。因此，一部出自人性中原始稟賦的自由的最初發展史，就與一部自由的前進過程的歷史（後者只能以文獻爲根據）是全然不同的另外一回事了。

然而臆測卻不能過高地要求人們同意，而是至多也就只能宣稱它自己無非是想像力在理性的指導之下進行著一場可以允許的心靈休憩與保健的活動罷了，而絕不是一件什麼嚴肅的事情。所以它也就不能和那種把同樣的這一事件作爲是眞實的消息來報導，並且爲人們所相信的歷史——其證明有賴於與單純的自然哲學全然不同的其他根據——相提並論，正是因此，並且也因爲我在這裡純乎是在試圖做一次漫遊；所以我就很可以期待著人們將會惠允我在這裡使用一部聖書作爲導遊圖，同時惠允我想像彷彿我憑藉著想像力的飛翼——儘管並不是沒有一條理性與經驗相結合的線索——所進行的這個遊程，恰好是邂逅了那部聖書所早已歷史性地指出了的途徑。讀者們可以翻閱該書（摩西第一經②，第二章至第六章）的有關各頁，並且可以一步一步地檢查哲學依據概念所採取的道路，與歷史學所揭示的道路是不是相符合。

假如我們不想臆測過分，那麼我們就必須以人類理性根據之前的自然原因所無法推論的東西作爲開端，也就是說以人類的存在作爲開端；而且又須以人類業已成熟作爲開始。因爲他們必須已無須母親的扶持；他們還得有配偶，從而才可以延續自己的品種；並且還只能是單一的配偶，從而當人們互相接近而又彼此陌生的時候，才不至於立即發生戰爭，而且大自然也才不至於被指責爲對於人類天職的最偉大的目的——亦即大自然要通過出生方面的多樣性而使他們以最適當的布局走向社會性——犯了錯誤；毫無疑問，所有的人都將由之而出生的那個家庭的統一性，乃是達到這一目的的最好的安排。我要把這對配偶安置在一個既不受猛獸的侵襲，又具備一切使大自然可以豐富地提供食物的手段的地點，同時還有著像一座花園似的四時美好的季節。並且更有甚者，我僅只是在這對配偶已經在使用自己力量的技術性這方面做出了重大的進步之後再來考察他們，而不是從他們天性的全部粗糙性而開始；因爲假如我要從事彌補這段可以想見是包含著極悠久的時期的空白的話，那就很可能對讀者來說未免臆測太多，而概然性（wahrscheinlichkeit）卻又太少了。因此之故，最初的人就是可以直立和行走的；他能說話（摩西第一經，第二章，第二十節③）④，甚至還能談論，也就是說能按照聯貫的概念來說話（第二十三節⑤），因而就能思想。這些眞正的技術性全部都必須他親自去獲得，因爲假如它們是生來就有的話，那麼它們也就會遺傳下去了，但這是與經驗相違反的。可是我現在假定他已經具備了這些技術性，以便僅只對他的行爲舉止——它們必須以這些技術性爲前提——的道德發展進行考察。

起初必定是只有本能這個一切動物都須聽從的上帝的聲音，在引導著這個新學徒。這個本能就允許他以某些東西，而又禁止他以另外的某些東西作爲食物（第三章，第二至三節⑥）。但是並沒有必要由於這個緣故便假定有一種特殊的本能是現在已經喪失了的；它可能只不過是嗅覺官能及其與味覺感官之間的親密聯繫，後者與消化器官之間的那種人所熟知的共同感覺，以及（正如我們現在還可以察覺到的）對於享用某種食品適宜或不適宜的預感能力而已。我們甚至可以假定，最初這對配偶身上的這種官能並不比它在今天來得更敏銳；因爲一味關懷著自己感官享受的人與同時也關懷著自己的思想因而擺脫了自己感官享受的人，兩者在感受能力上可以有著怎樣的差別，這已是人所共知的事。

只要沒有經驗的人聽從大自然的這種召喚，他就會發現自己過得很不錯。可是理性卻馬上就來促動他，並且通過以口腹之欲來和並不與本能相結合在一起的其他某種官能相比較——例如某種視覺官能可以提供與之前的口腹之欲並不相似的事物——而力圖把他的飲食知識擴大到本能的限度之外（第三章，第六節⑦）。這種嘗試，儘管沒有本能加以勸告，但只要不違反本能，就可能以偶然的方式而得到很好的結果。但是理性卻具有一種特性，那就是它可以靠想像力的幫助便創造出種種願望來，這些願望不僅不具備任何有此傾向的天賦衝動而且還與之相反。它們起初就叫作情欲，然而它們卻由此一步一步地炮製出一大堆多餘的，甚至於是違反自然的傾向來，可以稱之為驕奢淫逸。成其為背叛天賦衝動的緣由的，很可能只是一些小事；可是這一最初嘗試的後果——那就是，意識到自己的理性乃是一種可以使自己超出於一切動物都被定著的那種範圍之外的能力，——卻是非常之重要的，並且決定了未來的生活方式。因此，它或許只不過是一個果子而已，這個果子的形象由於其酷似別的已經被人品嘗過的可口的果子而引動了人；此外它還有著某種動物的先例，那種動物的天性是適宜這樣一種享受的，正如對於人類那卻恰好相反乃是有害的一樣⑧。因而其結果便成為天賦本能的自相衝突。於是，這就已經能給予理性以最初的機緣來反叛大自然的聲音（第三章，第一節⑨），並且使之不顧大自然的抵抗而做出了自由抉擇的最初嘗試；這一嘗試作為最初的一次，很可能並沒有按照預期而得到滿足。這一損失可能就像是人們所願望的那樣微不足道，然而它卻從此開啟了人類的眼界（第七節⑩）。他發現自己有一種為自己抉擇生活方式的能力，而不是像別的動物那樣要被束縛於唯一的一種生活方式。這一顯著的優越性所可能喚醒他的那種一瞬間的歡慰，卻又必定立刻就繼之以憂慮和焦灼：他還不能就事物隱蔽的本性和長遠的效果來認識任何的事物，又怎麼能運用自己這一新發現的能力呢？他彷彿是站在一座深淵的邊緣；因爲迄今爲止都是本能在向他指點著他所欲望的唯一對象，但是現在這裡面卻向他展示了無窮的對象，而他自己還一點都不懂得怎樣去加以選擇；然而現在從這種一朝已經被嘗到了的自由狀態，他卻又不可能再返回到奴役（受本能統治的）狀態。

大自然所用以保全每一個個體的，乃是飲食的本能；其次最爲重要的，便是男女的本能，大自然就靠它來顧全每一個種族。理性一旦活躍起來了之後，便毫不遲疑地也要在這方面驗證自己的作用力。人類很快地就發現：性的吸引力在動物的身上僅僅是靠一種轉瞬即逝的，大部分是週期性的衝動，但它對於人類卻有本領通過想像力而加以延長，甚至於增加；對象離開感官越遠，想像力就確實越是以更大的節制，然而同時卻又更爲持久地和一貫地在發揮它那作用，因此便防止了單純的動物欲望的滿足所帶來的那種厭倦之感。所以比起理性初期發展階段的表現來，無花果的葉子（第七節⑪）便是理性更進一步的重要表現的產物。因爲人能使自己的對象脫離開感官，從而使之更加內心化和更加持久化的這一傾向，就已經標誌著理性之駕馭衝動的某種意識了，而不是像在第一步那樣，單純是在或大或小的範圍之內爲衝動服務的一種能力而已。求愛見拒乃是一種藝術傑作，爲的是好從單純感官的吸引力過渡到理想的吸引力，從單純的動物欲望逐步過渡到愛情，並且隨之而從單純歡悅的感覺過渡到起初僅只是對於人物，但後來也是對於大自然之美的品評。此外，謙虛——亦即以良好的風度（即隱蔽起來那些可能惹人輕視的東西）而引起別人對我們尊敬的那種傾向——作爲一切眞正社會性的固有基礎，就爲人類之形成爲一種道德性（moralitat）的生物做出了最初的示意。這一微小的開端就由於它賦予思想方式以一種嶄新的方向而開闢了一個新紀元；它要比繼之而來的整個一系列數不清的文化擴展還要更加重要得多。

當其已經涉足於這些最初直接爲人所感到的需要之後，理性的第三步便是深思熟慮地期待著未來。不是單純享受目前一瞬間的生活而是要使自己面向將來的，往往是異常之遙遠的時代的這種能力，乃是人類的優越性之最有決定性的標誌，它使人類根據自己的天職在準備著遙遠的目的；——然而它同時也是無從確定的未來所引起的憂慮和愁苦的無窮無盡的根源，而那卻是一切動物都可以免除的（第十三至十九節[12]）。男人必須養活他自身和妻子以及未來的孩子，他預見到自己的勞動在不斷增重的艱難困苦；女人預見到大自然使女性所屈從的擔負，以及比她更強而有力的男子所加之於她的額外的擔負。兩人又都在生活艱苦的背後，在這幅畫面的背景之上，滿懷恐懼地預見到一切動物所確實不可避免會遭遇到的，但卻不會使它們憂愁的那種東西——那就是死亡。對這個給他們造成了這一切災難的理性加以使用，看起來簡直是該受譴責的，是犯罪的，也許他們所樹立的唯一可以自慰的前景，就是他們的後代或許生活得會好一些，或者是這些家庭成員可以減輕一些他們的重擔（第十六至二十節[13]）。

理性使人類得以完全超出於動物社會的第四步和最後一步就是：他理解到（不管是多麼模糊地）他才眞正是大自然的目的，大地之上所生存著的沒有任何一種東西在這方面可以和他相匹敵。當他第一次向羊說：你蒙的皮大自然把它賜給你，並不是爲了你而是爲了我，並且把它揭下來穿在自己的身上（第二十一節[14]）；這時候，他就具備了使他的本性可以超出於一切動物之上的一種特權，他不再把它們看作是和自己同類的被創造物，而只把它們看作是由他任意支配以達到自己所喜愛的目標的手段和工具。這一觀念就包含了（不管是多麼模糊地）如下的對立命題的思想：他不可以對任何人這樣地說話[15]，而是應該把別人也看成是對大自然的恩賜的平等的分享者[16]，這就是理性在未來將要著眼於他的同胞而對他的意志加以限制的一項長遠的準備了，這對於社會的建立而言[17]要遠比感情和愛情更爲必要。

這樣，人類便處於所有有理性的生物一律平等，而不問他們的品級如何（第三章，第二十二節[18]）；也就是說，就其本身就是目的的這一要求而言，他就應該作爲這樣的一個人而爲每一個別人所尊重，而絕不能作爲單純是達到其他目的的手段而被任何別人加以使用[19]。人類即使是對更高級的生物也是絕對平等的，其原因就在於此，而不在於把理性單純看作是滿足各式各樣傾向的一種工具；儘管更高級的生物在天賦上可以是無比地超過於他們，然而卻沒有任何生物因此便有權可以完全恣情任意地去支配他們並統治他們。因此，最後的這一步同時就是與理性之從大自然的母體之內解脫出來相結合在一起的：這是一場十分可敬的，但同時又是非常危險的變化；因爲大自然把他趕出了那種兒童受保育的安全無恙的狀態，有如把他趕出了一座無須他自己操勞就得到供養的樂園那樣（第二十三節⑳），並且把他趕到了廣闊的世界上來，那裡有如此之多的憂患、艱辛和未知的災難都在等待著他。未來生活的艱難困苦往往引誘他去希望一個天堂，——這是他自己想像力的創造物，——在那裡面他可以把自己的生存寄夢想於、或者是就消磨在寧靜的無爲和永遠的和平之中。但是在他和那座想像的福地之間，卻橫踞著永不安息的而又不可抗拒地在驅使他身上的能量獲得發展的理性；它不允許人再返回到把他已經從其中吸引了出來的那種野蠻與單純的狀態裡面去（第二十四節㉑）。它要驅使他非常之有耐心地去把自己所憎惡的那種艱辛加之於自身，去追求他自己所不屑的種種廉價的裝飾品，並且關懷著他目前更其害怕喪失掉的那一切身外瑣物而忘卻他所恐懼的死亡本身。

解說

從以上對於人類最初歷史的敘述裡，就可以得出結論說：人類之脫離這座被理性所描繪成是他那物種的最初居留的天堂，並非是什麼別的，只不過是從單純動物的野蠻狀態過渡到人道狀態，從本能的搖籃過渡到理性的指導而已；——總之一句話，就是從大自然的保護制過渡到自由狀態。究竟人類在這場變化中是得是失，可以說是不再成爲一個問題，只要我們肯看一下他們整個物種的命運：那就不外乎是一場走向完美狀態的進步而已——儘管爲了貫徹這個目標，它的成員在最初的，甚至於是一系列漫長的前仆後繼的嘗試之中，可能犯下那麼多的錯誤。

這一歷程對於整個物種來說，乃是一場由壞到好的進步；可是對於個人來說，卻並非也同樣是如此。在理性覺醒以前，還不存在什麼戒律或者禁令，因而也就不存在任何一種違法犯禁。但是當理性開始它的作用的時候，並且——儘管它是那麼地軟弱——與動物性及其全部的頑強性發生了衝突的時候；於是就必定會產生爲無知狀態、因而也就是爲無辜狀態所完全陌生的災難以及（更其令人困惑的是）隨著理性的開化而來的罪行。因此，脫離這種狀態[22]的第一步，就是道德方面的一場墮落；而在物理方面，則這一墮落的後果便是一大堆之前所從不知道的生活災難，故而也就是一場懲罰。因此，大自然的歷史是由善而開始的，因爲它是上帝的創作；自由的歷史則是由惡而開始的，因爲它是人的創作[23]。對個人來說，由於他運用自己的自由僅僅是著眼於自己本身，這樣的一場變化就是損失；對大自然來說，由於它對人類的目的是針對著全物種，這樣的一場變化就是收穫。因此之故，每一個人就有理由把自己所遭受的一切災難和自己所犯下的一切罪惡，都歸咎於自己本身的過錯；然而同時作爲整體（作爲整個物種）的一個成員，則應該驚嘆和讚美這種安排的智慧性與合目的性。

我們還可以通過這種方式，使大名鼎鼎**盧梭**的那些常常爲人所誤解而表面上又像是自相矛盾的見解，既在它們本身之間又在它們對理性的關係上得到統一。在他的著作〈論科學的影響〉（"Über den Einfluß der Wissenschaften"）[24]和〈人類不平等論〉（"Über die Ungleichheit der Menschen"）[25]裡，他完全正確地指出了文化與人類天性（作爲一個**生理上**的物種，其中的每一個個體都應該全部地完成自己的天職）之不可避免的衝突；但是在他的《愛彌兒》（*Émile ou De l›éducation*）、在他的《社會契約論》（*Du contrat social ou Principes du droit politique*）以及其他的作品裡，他又力求解決下面這個更爲困難的問題：文化必須怎樣地前進，才可以使人類的稟賦（作爲一個**道德性**的物種，這屬於他們的天職）得到發展，從而使它不再與作爲一個自然物種的人類相衝突。既然以造就人以及公民的眞正**教育**原則爲基礎的文化，也許迄今還沒有正式開始，更不用說完成；所以從這場衝突裡面就產生了壓迫人生的全部道道地地的災難以及玷汙人生的全部罪行。[26]可是，使人們因之而犯罪的那種衝動的本身卻是好的，並且作爲自然稟賦而言乃是合目的的；但這種稟賦卻表現爲單純的自然狀態，所以就受到不斷前進著的文化所摧殘並且反過來也摧殘著文化，直到完美的藝術重新成爲天性[27]爲止。而這就是人類道德天職的最終目標。

歷史的歸宿

下一個時期的開端，便是人類從安逸與和平的時期過渡到作爲社會結合的序曲的**勞動與擾攘**的時期。這裡我們又必須再做一次大跳躍，把人類突然間就置諸擁有家畜並由於播種和耕作而能大量增加其食用的農作物的地位（第四章，第二節[28]）；雖說從野蠻的狩獵生活過渡到前一種狀態[29]以及從偶然無定的挖掘塊莖和採擷果實過渡到後一種狀態[30]，可能要進行得極其悠久。這時候，在迄今爲止一直都是彼此和平共存的人們中間就必然已經開始了紛爭，紛爭的後果便是他們分裂爲不同的生活方式並分散到整個的大地之上。**牧人的生活**不僅是安逸的，而且是最安全的謀生之計，因爲在一片廣闊無人的土地上是不會缺乏飼料的。反之，**農業**或耕種則是非常之艱苦的，它有賴於變化無常的氣候，因而是沒有把握的；而且還需要有居室、土地所有權和充分能保衛他們的力量。然而牧人卻憎恨這種限制了他們放牧自由的所有權。至於農人，則看來他可能要嫉妒牧人的得天獨厚（第四節[31]）；然而事實上，只要牧人繼續是他的鄰居，就會使他感到非常厭惡，因爲放牧的牲畜是不會顧惜他的莊稼的。而牧人在造成了損害之後，卻輕而易舉地就帶著自己的牧群遠颺，並且逃避了自己的一切賠償責任，因爲他並沒有留下來任何東西是他不能隨處都照樣可以再找到的。因此，很可能是農人首先使用武力來對付這種被牧人認爲並非是不可容忍的侵犯。既然造成這種事情的緣由永遠也不會完全中止，所以當農人不願意自己長年勤勞的果實遭受損失時，他就終於必須盡自己的可能遠離那些以游牧爲生的人（第十六節[32]）。這一分離便形成了第三個時代。

當謀生之道有賴於對一塊土地進行耕作和種植（尤其是樹木）的時候，這塊土地就需要有人定後；保衛這塊土地不受一切侵犯就需要有一個彼此相助的人群。於是人們在這種生活方式之下，就不能再採取家庭的方式分散開來，而是必須聚集到一起並建立鄉村（或者很不確切地稱之爲城市），以便抵抗野蠻的獵人以及飄忽而至的游牧部落，保護自己的財產。由於不同的生活方式而要求人們置備的最初的生活必需品，這時就可能進行互相交易了（第二十節[33]）。由此就必定會產生文化以及藝術、娛樂和工藝的起源（第二十一至二十二節[34]）；然而最主要的則是奠定了某種公民憲法和公共正義，——最初這確實只是著眼於最重大的暴行，對這些暴行的報復已不再像在野蠻狀態中那樣留待給個人，而是留待給一種能把全體都團結在一起的合法力量，也就是說一種政權機構，而對於這一力量的本身則不可能再行使任何其他的權力（第二十三至二十四節[35]）。

從這種最初的、粗野的稟賦之中，人類全部的藝術——而其中最有裨益的就是社會性與公民安全的藝術——就可以漸漸地、逐步地發展起來，人類就可以繁殖，並且可以通過向各個地方派遣已經成熟的殖民者而像從蜜蜂窩裡那樣地從一個中心散布到各個地方。隨著這個時代也就開始了人類的不平等，它是那麼多的壞事的，但同時卻又是一切好事的豐富泉源，並且還日益得到增長。

只要是游牧民族（他們只認上帝爲他們的主）與城市居民和農業人口（他們奉一個人——即統治權威——爲主）（第六章，第四節[36]）[37]群集在一起，並且作爲對全部土地所有權的不共戴天的敵人而彼此相互敵對和仇視，雙方之間便總是連綿不斷的戰爭，至低限度也是永不休止的戰爭危險；然而雙方民族卻因此至少可以在內部享受到自由的無價之寶。（因爲即使到今天，戰爭的危險也還是唯一能夠約制專制主義（despotism）的東西。這是由於現在一個國家若要成爲強國，就需要有財富，但沒有**自由**就不會出現任何可能創造財富的活動。一個貧窮的民族要在這方面大舉從事，就必須得到共同體的支持，而這又唯有當人們在其中感到自由的時候才有可能。）可是隨著時間的推移，城市居民那種不斷增長的奢侈，而尤其是城市婦女使得低級的鄉野姑娘相形之下黯然失色的那種討人歡心的本領，就必定會對每一個牧人都成爲一種強而有力的誘餌（第二節[38]），使他們和城市居民發生了聯繫，並使他們自己被吸引到城市的那種觸目驚心的貧困裡面來。這時由於之前互相敵對的這兩種民族融合在一起，便結束了一切戰爭的危險，但同時它也是一切自由的結束；於是一方面，強而有力的暴君專制制度——由於文化幾乎還剛剛在開始，而毫無靈魂的縱情享樂又處於最墮落的奴役形態——便和野蠻狀態中的全部罪惡交織在一起；另一方面，人類便無可抗拒地脫離了大自然所預示給他們的那條培養自己的稟賦向善的進程。因此之故，人類便使得自己的生存不配作爲一個註定是要統治大地，而不是要像禽獸般地大吃大喝，並像奴隸般地服役的物種了（第十七節㊴）。

結論

有思想的人都感到一種憂傷，這種憂傷很有可能變成爲道德的淪喪，而它又是不肯思想的人所全然不理解的：那就是對統治著世界行程的整體的天意心懷不滿，——當他考慮到災難是如此沉重地壓迫著人類，而又（看來好像是）毫無好轉的希望的時候。然而，最重要之點卻在於：**我們應該滿足於天意**（儘管天意已經就我們地上的世界爲我們規劃好了一條如此之艱辛的道路）；部分爲的是要在艱難困苦之中不斷地鼓舞勇氣，部分爲的是當我們把它歸咎於命運而不歸咎於我們自身的時候，——我們自身也許是這一切災難的唯一原因，——使我們能著眼於自己本身，而不放過自我改進以求克服它們。

我們必須承認：文明民族所承擔的最大災難就是被捲入**戰爭**，並且的確與其說是由於現實的或已有的戰爭，倒不如說是由於對未來戰爭的永不鬆懈，甚而是不斷增長著的**準備**。國家的全部力量，它那文化的全部成果，本來是可以用之於促進一個更高的文化，卻都被轉移到這上面去了；自由在那麼多的地方都遭到了重大的損害，國家對於每一個成員那種慈母般的關懷，竟變成了殘酷暴虐的誅求，而這種誅求卻由於有外來危險的威脅，竟被認爲是正當的。然而，假如不是這種經常恐懼著的戰爭其本身就脅迫著國家首長不得不**尊重人道**的話；那麼究竟會不會出現這種文化，會不會出現這種共同體中各行各界爲了他們福利的互相需要而形成的緊密聯繫，會不會出現這種人民，乃至於出現儘管在異常束縛人的法律之下，卻仍然殘留著的那種程度的自由呢？我們只須看一看**中國**；中國由於它的位置大概是只須害怕某種無從預見的突襲，而無須害怕什麼強大的敵人，因此在它那裡自由就連一點影子都看不見了㊵。

因而，在人類目前所處的文化階段裡，戰爭乃是帶動文化繼續前進的一種不可或缺的手段。唯有到達一個完美化了的文化之後——上帝知道是在什麼時候——永恆的和平才對我們是有益的，並且也唯有通過它永恆的和平才是可能的。就這一點而論，則我們曾爲之發出過那麼多悲嘆的種種災難，都是要由我們自己來負責的。所以聖書是完全正確的，它指出了：各民族之融合爲一個社會，並且當他們的文化幾乎剛剛開始之際，就完全擺脫了外來的危險，這對於一切文化的繼續進步都是一種障礙並且會陷入無可救藥的腐化的。

人類對於自然秩序的**第二點**不滿，就在於**生命的短促**。的確，一個人對於生命的評價必定會理解得很差，假如這個人還要希望生命可以比它實際上所持續的再延長一些的話；因爲這就只不過是延長一場純粹是永遠在與艱難困苦相角逐的遊戲罷了。但我們卻絕不可責難這是判斷力的幼稚：他們既怕死而又不愛生，他們要能差強人意地度過自己每一天的生活都是非常爲難的事，可是他們卻永遠都嫌重複著這種苦惱的日子過得還不夠。然而只要我們肯想一想，爲了有辦法度過如此之短暫的一生，我們忍受了多少煩憂；而在希望著未來的、儘管是如此之不持久的享樂時，我們又曾做出了多少不義；那麼我們就必然很有理由地要相信：假使人類可以期待著有八百歲或者更長的壽命的話[41]，那麼父親對兒子、弟兄對弟兄以及朋友對朋友就都會很難再感到自己生命的安全了。人類活得那麼悠久，其罪行就必定會上升到一種高度，以至於除了一場普遍的洪水把他們從大地之上消滅乾淨之外，他們就再也不配享有更好的命運（第十二至十三節[42]）。

第三個希望，或者不如說是空洞的渴望，——因爲我們自己就意識到，那種被希望的東西是我們永遠也不可能有份的，——便是詩人們所那麼讚頌著的黃金時代的景象：那時候就將擺脫驕奢淫逸所加之於我們的那一切想入非非的需要，就將只是純粹天然需要的滿足、人類徹底的平等、人類之間永恆的和平；總而言之，是一種無憂無慮地只在閒情逸致之中優遊或是在天眞無邪的嬉戲裡面卒歲的純粹的享樂。這種渴望雖被魯濱遜（Robinson）[43]和南洋群島的各種旅行記說得那麼美妙動人，但一般來說——當一個有思想的人單單在享受之中追求人生的價值，並且當理性多少也在提醒他要通過行動來賦予生命以價值而他所考慮的卻只是閒逸這一反作用力的時候，——這卻證明了他對於文明生活所感到的厭倦。如果我們從上述有關人類原始狀態的概念裡得到啓發的話，那麼想返回到那種純樸無辜的時代這一希望的虛幻無益就足以表明：正是由於人類不滿足於原始狀態，所以他們就不會使自己停留在這種狀態，更不會傾向於再返回到這種狀態；從而他們就得把目前的這種艱難困苦的狀態終究要歸之於他們自身以及他們自己的選擇。

人類歷史的這樣一番闡述，對於他們的學習和改善是有益的而且是有用的。這就向他們指明了：他們絕不可以把壓在自己身上的災難歸咎於天意；他們也沒有理由把自己的邪惡諉過於他們祖先的原罪[44]，從而把後代子孫某種犯類似過錯的傾向，說成是由繼承而來的（因爲自願的行爲絕不會形成任何遺傳）。並且當他們自己能很好地意識到，他們在同樣的情況之下也會恰好是那樣地行動，並且在第一次使用理性時就要（儘管是違反大自然的指示）誤用理性；他們就完全有理由要把以往所發生的這些事情認爲就是他們自己親身所做的事情，並且把由於誤用自己的理性而產生的災難全部都歸咎於他們自身。當以上這種有關道德方面的觀點得到糾正之後，於是眞正肉體上的災難在功過簿上就很難算作是對我們有利的一種盈餘了。

哲學所探討的一部人類最古老的歷史的結論便是這樣：應該滿足於天意，應該滿足於人間事務全體的總進程，這個進程並不是由善開始而走向惡，而是從壞逐步地發展到好；對於這一進步，每一個人都受到大自然本身的召喚來盡自己最大的努力做出自己的一份貢獻。

【注釋】

① 本文寫於一七八五年（康德六十一歲），最初刊載於《柏林月刊》一七八六年第七卷，第一至二十七頁。譯文據普魯士皇家科學院編《康德全集》（柏林，格・雷麥版，一九一二年），第八卷，第一〇七至一二三頁譯出。——譯注

② 摩西第一經即《舊約・創世紀》。——譯注

③ 《創世紀》第二章，第二十節：「那人便給一切牲畜和空中飛鳥、野地走獸都起了名。」——譯注

④ 人們還在孤獨的時候，就要向自己以外的其他生物**表達自己**，——特別是向那些能發聲的動物，他們模仿那些聲音，隨後那些聲音就用來作爲名稱了——**這一衝動**就促動人們首先要宣告自己的存在。我們至今還可以在兒童和不用思想的人們中間看到類似這種衝動的作用，他們用呼聲、喊叫、嘶噓、高唱以及其他種種喧囂作樂（往往還有類似的禱告）來擾亂共同體中肯思想的那部分人。除了他們想要廣爲宣告自己的存在之外，我看不出這裡面還有什麼別的動機。

⑤ 《創世紀》第二章，第二十三節：「那人說，這是我骨中的骨、肉中的肉，可以稱她爲女人，因爲她是從男人身上取出來的。」——譯注

⑥ 《創世紀》第二章，第二至三節：「園中樹上的果子我們可以吃，唯有園當中那棵樹上的果子，上帝曾說你們不可吃也不可摸。」——譯注

⑦ 《創世紀》第三章，第六節：「於是女人見那棵樹的果子好做食物，也悅人的眼目，且是可喜愛的，能使人

有智慧，就摘下果子來吃了。」——譯注

⑧ 按此處係指蛇在樂園中引誘夏娃吃禁果的故事，見《創世紀》第三章。——譯注

⑨《創世紀》第三章，第一節：「蛇對女人說，上帝豈是眞說不許你們吃園中所有樹上的果子嗎？」——譯注

⑩《創世紀》第三章，第七節：「他們二人的眼睛就明亮了。」——譯注

⑪《創世紀》第三章，第七節：「……才知道自己是赤身露體，便拿無花果樹的葉子爲自己編作裙子。」——譯注

⑫《創世紀》第三章，第十三至十五節：「耶和華上帝對女人說，你做的是什麼事呢？女人說，那蛇引誘我，我就吃了。耶和華上帝對蛇說，你既做了這事，就必受咒詛，比一切的牲畜野獸更甚；你必用肚子行走，終身吃土。我又叫你和女人彼此爲仇，你的後裔和女人的後裔也彼此爲仇；女人的後裔要傷你的頭，你要傷他的腳跟。」其餘見下面的一條注。——譯注

⑬《創世紀》第三章，第十六至二十節：「（上帝）又對女人說，我必多多增加你懷胎的苦楚，你生產兒女必多受苦楚。你必戀慕你丈夫，你丈夫必管轄你。又對亞當說，……你必終身勞苦才能從地裡得吃的，地必給你長出荊棘和蒺藜來，你也要吃田間的菜蔬；你必汗流滿面才得糊口，直到你歸了土，因爲你是從土而生的，你本是塵土，仍要歸於塵土。亞當給他妻子起名叫夏娃，因爲他是眾生之母。」按，可參看洛克《政府論》上卷，第六十七節。——譯注

⑭《創世紀》第三章，第二十一節：「耶和華上帝爲亞當和他的妻子用皮子做衣服給他們穿。」——譯注

⑮ 指像對動物那樣地說話。——譯注

⑯ 參見《道德形而上學探本》第二節，又《實踐理性批判》第一部，第一卷，第二章，第五節。——譯注

⑰「社會」指公民社會，亦即國家。——譯注

⑱《創世紀》第三章，第二十二節：「耶和華上帝說，那人已經與我們相似，能知道善惡。」——譯注

⑲ 見注⑯。——譯注

⑳《創世紀》第三章，第二十三至二十四節：「耶和華上帝便打發他出伊甸園去，耕種他所自出之土；於是就把他趕出去了。」——譯注

㉑《創世紀》第三章，第二十四節：「又在伊甸園的東邊安設基路伯，……要把守生命樹的道路。」——譯注

㉒「這種狀態」指自然狀態，亦即無知而又無辜的狀態。——譯注

㉓ 按，可參看盧梭《愛彌兒》第一卷。——譯注

㉔〈論科學的影響〉（"Über den Einfluß der Wissenschaften"）即盧梭一七四九年的第戎論文〈論科學與藝術的復興是否有助於淳風化俗？〉，通稱〈論科學與藝術〉。——譯注

㉕〈人類不平等論〉（"Über die Ungleichheit der Menschen"）即盧梭一七五五年的第二篇第戎論文〈論人類不平等的起源與基礎〉。——譯注

㉖ 關於一方面是人道在努力追求其道德的天職，另一方面則是它始終不變地在遵循其天性中，所具備的野蠻與獸性狀態的法則，這兩者之間的衝突，以下我僅只舉幾個例。

大自然規定年齡到了大約十六七歲就是人們的成熟期，也就是說有了再生殖自己的品種那種要求和能力了。在野蠻的自然狀態中，一個少年到了這個年齡就名副其實是一個成人了，因爲這時候他就具有維持其自身、

再生殖自己的品種以及同時養活自己妻子的能力。他的需要之簡單，使得這一切都輕而易舉。反之，在文明狀態中，則這裡面卻還要包括許多的謀生手段，既有技術，也有外在的順利環境；所以這個公民時期平均至少也要再推遲十年之久。然而，大自然卻並沒有隨著社會前進的步伐而同時也改變人們成熟的時限，反而頑強地遵守她所規定的維持人類作爲一個物種的那些定律。由此便產生了一場道德的自然目的與物種的自然目的二者之間不可避免的決裂。因爲自然人到了一定的年齡就已經是成人了，而這時候的公民人（他同時並不中止其爲自然人）〔「公民人」（bürgerliche Menschen）指政治狀態或社會狀態中的人。——譯注〕卻只是少年，甚至於還只是兒童；我們很可以這樣稱呼他，因爲他的年紀（在公民狀態中）還根本不能養活其自身，更不能養活他的同類，儘管他已經有了進行再生殖的要求和能力，因而也就是有了大自然對他的號召。因爲大自然確實是並不曾在生物體內安置下，使他們可以抗拒並壓制這些東西的本能和能力，所以這裡的這種稟賦就完全不是爲了開化的狀態，而僅只是爲了保存作爲物種的人類而布置的；於是文明狀態便和它發生了不可避免的衝突。唯有一個完美的公民憲法（這是文化的終極標的）才能掃除這種衝突，可是現在的這一中間階段（「中間階段」指人類由野蠻的自然狀態過渡到完美的公民憲法狀態之間的全部歷史時期。——譯注）卻要經常地充滿著罪行以及人間各式各樣不幸的後果。

又有一個例子，可以證明如下命題的眞理：大自然在我們身上爲兩種不同的目的而奠定了兩種稟賦，亦即作爲動物品種的人性以及作爲道德品種的人性；它們就是希波克拉底〔希波克拉底（Hippokrates，西元前四六○？—前三七七？）古希臘醫學家與著作家。——譯注〕的 Ars longa, vita brevis（〔拉丁文：人生朝露，藝術千秋。〕語出希波克拉底《箴言集》第一卷，第一章。——譯注）。一個天生適宜於科學和藝術的頭腦，當其由於長期的訓練與求知，而一旦達到了正確成熟判斷的時候，就可以把科學和藝術遠遠帶到超出各個世代前後相續的全體學者們所能成就的地步；只要他具備上述這種精神的青春力量，並且壽命超過了這些世代所享有的時間總和。可是大自然對於人類的生命期限，卻顯然根據的是科學進步觀點之外的另一種觀點而做出她的決定。因為當最幸運的頭腦正處在由於自己的技術性和經驗性，而有可能希望獲得最偉大的發現的邊緣之際，老境卻臨頭了；他變得遲鈍了，於是就不得不留待第二代去邁出文化進步的下一步。而這第二代又得從頭開始，並且必須再一次地跋涉那已經為人所經歷過了的全部旅程。因此，人類完成其全部天職的歷程，看來就是不停地中斷，並且始終是處在再淪於古老的野蠻狀態的危險中。所以希臘哲學家並不是毫無道理地悲嘆道：**人在剛剛開始懂得自己應該是怎樣恰當地生活的時候就不得不死亡，這真是太可悲了**。

第三個例子可以說是**人間的**不平等，但並非天分方面或幸運方面的不平等，而是普遍**人權**方面的不平等；為盧梭所異常真確地悲嘆過的這種不平等（可參看盧梭〈論人類不平等的起源與基礎〉本論及第一部分。——譯注）又是和文化分不開的，只要文化彷彿是在毫無計畫地前進著（而這一點卻又長時期是不可避免的）。大自然確實並不曾為人類規定過這種不平等，因為大自然賦給了人類以自由和理性，理性則恰好不外乎是通過為其本身所固有的普遍的而又外在的合法則性——那就叫作**公民權利**——來限制這一自由。人類自身將會使自己突破他們自然稟賦的野蠻性，但在超越它的時候人類卻須小心翼翼不要違背它。這種技巧，人類唯有在遲遲地經過了許多次失敗的嘗試以後才能夠獲得；而在這個期間，人道卻須在她自己由於沒有經驗而加之於其自身的種種災難之下哀嘆呻吟。

㉗「天性」和「自然」在原文中是同一個字。——譯注

㉘《創世紀》第四章，第二節：「亞伯是牧羊的，該隱是種地的。」——譯注

㉙「前一種狀態」指人類馴養家畜。——譯注

㉚「後一種狀態」指人類進行農業生產。——譯注

㉛《創世紀》第四章，第三至五節：「該隱拿地裡的出產爲供物獻給耶和華，亞伯也將他羊群中頭生的羊和羊的脂油獻上。耶和華看中了亞伯和他的供物，只是看不中該隱和他的供物。」——譯注

㉜《創世紀》第四章，第十六節：「於是該隱離開耶和華的面，去住在伊甸東邊挪得之地。」——譯注

㉝《創世紀》第四章，第二十節：「雅八就是住帳棚牧養牲畜之人的祖師。」——譯注

㉞《創世紀》第四章，第二十一至二十二節：「雅八的兄弟名叫猶八，他是一切彈琴吹簫之人的祖師。洗拉又生了土八該隱，他是打造各種銅鐵利器的。」——譯注

㉟《創世紀》第四章，第二十三至二十四節：「壯年人傷我，我把他殺了；少年人損我，我把他害了。若殺該隱，遭報七倍；殺拉麥，必遭報七十七倍。」——譯注

㊱《創世紀》第六章，第四節：「那時候有偉人在地上；後來上帝的兒子們和人的女子們交合生子，那就是上古英武有名的人。」——譯注

㊲阿拉伯的**貝多因人**（Beduinen一詞源出阿拉伯文的 badawi，指阿拉伯的游牧部落。——譯注）至今還自稱是他們已往的部族創始人（例如**貝尼·阿列德**〔Beni Haled 爲傳說中阿拉伯游牧部落的領袖。——譯注〕之類的）**曬克**（Schech爲阿拉伯人族長的通稱。——譯注）的子孫。但曬克根本就不是君臨他們的**主**，並且也不能隨心所欲地對他們行使權力。因爲在一個游牧民族裡，既然沒有任何人有不得不遺留下來的地產，所以每

個家庭對它不滿時就都可以輕而易舉地脫離自己的部族去參加另一個部族。

㊳《創世紀》第六章，第二節：「上帝的兒子們看見人的女子美貌，就隨意挑選娶來為妻。」——譯注

㊴《創世紀》第六章，第十七節：「看哪，我要使洪水氾濫在地上，毀滅天下；凡地上有血肉、有氣息的活物無一不死。」——譯注

㊵參見康德〈永久和平論——一部哲學的規畫〉（一七九五年），盧梭〈論科學與藝術〉第一部分和黑格爾《歷史哲學》第一部，第一篇。——譯注

㊶按關於人類在洪水之前壽命常達八百歲以上的記載，可參看《創世紀》第五章。——譯注

㊷《創世紀》第六章，第十二至十三節：「上帝觀看世界，見是敗壞了。凡有血氣的人在地上都敗壞了行為。上帝就對挪亞說：凡有血氣的人，他的盡頭已來到我面前，因為地上滿了他的強暴，我要把他們和地一併毀滅。」按關於洪水的傳說，可參看《創世紀》第六至八章。——譯注

㊸魯濱遜（Robinson）為英國小說家笛福（Defoe, 1660-1731）所著小說《魯濱遜漂流記》（一七一九至一七二〇年）中的主人。魯濱遜船破之後，一個人飄流到荒島上，獨自生活。——譯注

㊹中世紀基督教神學認為，人天生來就繼承有人類始祖的罪惡。——譯注

萬物的終結①

下面是特別在虔誠的談話中流行的一種提法，即讓一個臨死的人說，他是要**從時間進入永恆**了。

如果這裡的**永恆**一詞被理解爲一種朝著無窮在前進的時間，那麼這個提法事實上並沒有說出任何東西；因爲人確實是永遠不會從時間裡走出來的，而只能是永遠地從一個時間前進到另一個時間。因此，**一切時間的終結**在這裡就必須是指人類永不中斷地向前綿延，但這一綿延（把它的存在作爲數量來考慮）又必須是指我們對確實無法形成任何（除了是純消極的）概念並與時間完全無法加以比較的一種數量（duratio noumenon〔綿延的本體〕）。這種想法有著某種令人恐懼的東西，因爲它彷彿是把人帶到一座深淵的邊緣，而沉沒到那裡面去的人是沒有可能再從其中回來的。（哈勒爾（Albrecht von Haller）：「他被扣留在最嚴峻的地方，緊緊地落到永恆的強而有力的懷抱裡，再也沒有讓任何東西回來。」②）可是又有某種引人入勝的東西，因爲我們遏止不住地總要把自己畏縮的眼光再投到那上面去（neque unt expleri corda tuendo③）。它是可怖的**崇高**；部分的是由於它那幽晦性使得想像力在其中總要比在光天化日之下更加有力地在起作用。最後，它還必定要以一種可驚異的方式而與普遍的人類理性交織在一起；因爲我們在一切能運用理性的民族中，在一切時代裡，都會遇到它裝扮成這一種或另一種方式的。——現在當我們追尋這一從時間到永恆的過渡，（在理論上，這種觀念被當作是知識的擴大時，既可以具有也可以不具有客觀的現實性，）就像理性本身在道德方面也要做出這一過渡那樣，我們便會碰到作爲時間實體，並作爲可能經驗的對象的那場萬物的終結；然而這一結局在目的的道德次序上，同時也就是這種作爲**超感的**，從而就並不是在時間條件之下成立的實體的綿延的開始。因此它和它那狀況就不可能是什麼別的，只不外乎是它那品質的道德天職罷了。

日子正有如時間的孩子，因爲每一個後一天以及其中所包括的一切都是前一天的產兒。正如父母最後的孩子就叫作最末的孩子，所以我們的語言也喜歡把最後的日子（即所有的時間都告結束的那個時間點）稱之爲**最末的日子**。因此這個最末的日子就仍然屬於時間之內；因爲其中還有某種事情在**進行著**，（時間的持續既然還會存在，所以就不屬於永恆，在永恆之中是任何事情都不再進行的，）而那種事情便是有關人類在其全部生命時間中的行爲的清算。那就是**審判的日子**[4]；因此，世界審判者之降福的或懲罰的判決才是萬物在時間中眞正的終結，同時也是（福或禍的）永恆狀態的開始，在那種狀態中已經降臨於每個人的命運就停留在宣判（定案）時刻所分派給他的那種樣子。因此最末的日子也就同時包括著**最末的審判**。——如果現在把**最後的事物**認爲就是世界目前所呈現的那種形態的終結，也就是說星辰從天穹之上墜落下來，諸天本身倒塌（或者說它們的消逝有如一部書卷被卷起來[5]），這二者都被焚毀，創造出一個新天和新地作爲有福者的住所，以及一個地獄作爲有罪者的住所；那麼這個審判的日子就確實並不是最末的日子，而是還會有其他各種不同的日子繼之而來。可是既然萬物的終結這一觀念並非源出於對世上事物的**物理**過程，而是源出於對它的道德過程的推論，並且僅僅是由此而產生的；而後者，還有永恆性這一觀念也是一樣，又僅只能適用超感的事物（這是唯有在道德上才可以理解的）；所以這類將在最末的日子**之後**而來的最後的事物，其提法便只能看作是對於末日及其道德的，但爲我們在理論上所不可思議的後果的感受。

然而應該注意到，自從最古的時代以來關於未來的永恆性就有兩種體系：一種是**單一論者**（unitarier）的體系，它把永恆的福祉獎給一切（經過或多或少是漫長的悔罪而得到淨化的）人；另一種是**二元論者**的體系⑥，它把福祉獎給**某些**選民，而其餘一切人則受永恆的懲罰。然而那種據說一切人都要註定**受懲罰**的體系，卻很可能是沒有地位的，因爲否則的話就沒有理由可以自解，爲什麼竟然要把他們創造出來了；而且**消滅**一切人也就表明了智慧有缺點，它既不滿足於自己的作品，又不懂得有什麼別的辦法可以彌補其中的缺陷，就只好是把它毀滅。——不過這同一個難點也總是出現在二元論者的道路上，它禁止我們設想對於所有的人都加以一種永恆的懲罰；因爲我們可以問，爲什麼要創造出這些少數人來，爲什麼哪怕是創造出一個人來，假如他的存在就僅僅是爲了要永恆受罰的話，那就比根本不存在還要更壞了。

的確，就我們所能看出的而言，就我們本身所能探討的而言，二元論的體系（然而只是在有一個至善的原始實體（urwesen）之下）在實踐的觀點上具有這樣一種占優勢的理由，即每一個人都須指導自己本身（儘管他無權指導別人）；因爲就他所能認識的來論，理性並沒有留給他其他任何對永恆性的展望，除了他自己的良心根據他迄今所度過的生活經歷，而在他生命終結時所顯示給他的那種展望之外。然而要由此就構造出信條來，因而是一種其自身是（客觀）有效的理論命題來，那麼它作爲單純的理性判斷卻還是遠遠不夠的。因爲有哪一個人認識自己本身，又有誰認識別人是如此之徹裡徹外，乃至可以斷定：如果他把一切人們所稱之爲幸運的功績的東西，諸如他天生性格和藹，他那天賦能力較高的更大力量（理智上的和理性上的，足以克制自己的衝動），此外還有幸運地偶然使得他倖免於別人所遭遇到的那許多種誘惑的機遇等等，都和他那自命是行爲良好的生命歷程的原因分開來；如果他把這一切都和他的眞實性格分開來（正如爲了恰當地評價這些，他就必須把它們排除在外那樣，因爲他不能把它們作爲幸運的禮品而歸功於自己本身的成績）；那麼我就要說，有誰可以斷定在一位世界審判者的洞察一切的眼前，一個人是否能憑自己內在的道德就處處都比別人優勝一籌呢？在自己本身的道德價值（及其應分的命運）方面這種偏袒自己的、浮面的自我認識，難道不會同樣或許只是一種荒謬的自我蒙蔽，就正像對別人做出某種判斷是一樣的嗎？因而單一論者的體系和二元論者的體系，這兩者作爲信條來考慮，似乎都是完全越出人類理性的思辨能量之外的；並且一切似乎都使我們歸結到要把這種理性觀念絕對地僅僅限制在實踐運用的條件之下。因爲我們在我們的前面還看不到有任何東西現在就能夠教給我們，以有關我們在未來世界中的命運，除了我們自身良心的判斷之外；這就是我們目前的道德狀況，就我們所認識到的來論，以合乎理性的方式所能容許我們加以判斷的東西。那就是說，我們所發現直迄我們生命歷程的終結一直都在統治著我們的那種我們生命歷程的原則（無論它們是善是惡），到了死後也還會繼續是那樣；而我們並沒有最微小的理由可以認爲它在那種未來裡面會有什麼改變。因而我們就只好等待著在永恆性的善或惡的原則統治之下，與那種功績或者這種罪過相稱的後果；因而從這個角度著眼，我們的行爲要做得就像另一個生命，以及我們結束目前生命，並跨入另一個生命時所具備的那種道德狀態及其後果乃是不可更改的那樣，也就是明智的了。因此從實踐的觀點來說，我們所採取的體系就必須是二元論的，卻無須確定這兩種之中哪一種才配有理論上的和純思辨上的優勢，尤其因爲單一論的體系似乎是過分地沉溺於漫不經心的安全感之中。

但是究竟人類爲什麼要期待著世界有一個終結呢？而且即使他們認可了這一點，又爲什麼恰好是一場（對人類的絕大部分來說）充滿了恐懼的終結呢？……前一個問題的根據似乎就在於：因爲理性告訴他們說，世界的綿延只是當其中的理性生命能符合他們存在的終極目的時才有價值；然而如果這一點不能達到時，創化本身就似乎對他們是毫無目的的了，就像是一齣戲根本沒有結尾，也使人認不出有任何合理的目標那樣。後一個問題則建立在人類本性的腐化這一見解之上[7]，它簡直是大到了絕望的程度；一定要對人類造成一場終結而且還確實是一場恐怖的終結，才是（據人類絕大部分看來）與最高智慧和正義相稱的唯一手段。——因此**末日的預兆**（因爲哪有由偉大的希望所鼓舞的想像力是會缺乏徵兆和奇蹟的呢？）也就全都是屬於恐怖那類的了。有的人就從不正義的蔓延，窮人由於富人的驕奢淫逸而備受壓迫以及撒謊和背信的普遍流行，或者是從大地上各個角落裡到處燃燒著的流血戰爭等等之中，總而言之，就從道德敗壞和各式各樣的邪惡迅速增加以及與之相伴隨的，在他們的想像裡是以前的時代所從未見過的種種罪行之中，看到了它們。相形之下，另有的人則是從不平凡的自然災異、在地震風暴和洪水或是彗星和氣候的徵兆之中，看到了它們。

事實上，人類並不是無緣無故就感到自己生存得累贅的，儘管那緣故就在於他們自身。這一點的原因，在我看來似乎在於如下所述。——在人類的進步過程中，才能、技巧和趣味（及其後果，逸樂）的培育，自然而然地要跑在道德發展的前面；而這種狀況對於道德以及同樣對於物質福利恰好是負擔最大而又最爲危險的事，因爲需求的增長要比可以滿足他們的手段更強烈得多。但是人類的道德稟賦（就像賀拉士（Horace，即Q. Horatius Flaccus）所說的 **poena pede claudo**〔報復姍姍來遲〕[8]儘管常常是蹴踏在這些東西的後面，卻總有一天（正如我們在一個明智的世界統治者之下很可以希望的那樣）會趕過這些在其急促的進程之中是會自己絆住自己並且往往會跌跤的東西。根據我們時代的道德與以往一切時代相形之下的優異性這一經驗上的證明，我們自己就很可以培養一種希望，即最末的日子毋寧是以一種以利亞（Elijah）的旅程[9]卻不是以一種類似可拉的黨徒的地獄旅程[10]而到來，並且帶來大地上的萬物的終結。可是這種對德行的英勇信仰，在主觀上對於心靈的感化，卻似乎不如被人認爲是在最後的事物之前來臨的、伴隨著恐怖而出場的那種影響來得那麼普遍有力。

* * *

附注

我們在這裡僅只是處理（或者說調弄）理性自身所創造的觀念[11]，而其對象（如果有的話）則是全然遠處於我們的視野之外；同時雖然它們對於思辨的認識乃是莫可究極的，卻不能認爲在各個方面都是空洞的，反而是由立法的理性本身在實踐的觀點上所賦予我們手中的；那並不是什麼要對於它們的對象，即它們就其本身以及按它們的本性來說究竟是什麼，加以探索，反倒要像是我們應該依照以一切事物的終極目的爲方向的道德原則那樣地來進行思考（通過這種方式它們就獲得了客觀實踐的現實性，否則它們就會是完全空洞的了）。——這樣在我們的面前就有了一片**空曠**的原野，可以按它們對於我們認識能力所具有的關係來區別我們自身理性的這一產物，即關於萬物的終結這一普遍的概念，並對由此而出現的東西進行分類。

根據這一點，全體就可以劃分並表現爲三部分：(1)根據神聖智慧的道德目的的秩序而產生一切事物的**自然的**[12]終結，這是我們（在實踐的意義上）**很可以理解的**；(2)按作用原因的秩序而產生一切事物的**神秘的**（超自然的）終結，這是我們**毫不理解的**；(3)一切事物的**違反自然的**（被顛倒了的）終結，這是由於我們**錯誤理解**了終極目的而被我們自身所造成的。這三種之中的第一種上面已經討論過了，以下是其餘的兩種。

* * *

《**啓示錄**》（第一章，第五至六節）中說：「有一位天使舉手朝天，並且以創造了上天的永遠永遠的有生命者宣誓，等等；**以後再也不會有時間存在了**。」[13]

如果我們不假定這位天使「以他七個雷鳴的聲音」[14]（卷三）是想呼喊一些毫無意義的話，那麼他這些話就必定意味著以後將不會再有任何**變化**。因爲假如世界上仍有變化，那麼也就會有時間，因爲變化是只能在時間之內發生的；而沒有時間這一假設，變化就是完全不可思議的。

現在這裡是把萬物的終結都表現爲感官的對象，但在這一點上我們卻根本不能形成任何概念；因爲如果我們想要從感性世界向智性世界哪怕邁出一步，我們就會不可避免地使自己陷入矛盾。之所以發生這樣的事，是由於構成其爲感性世界的終結的那一瞬間也就將是智性世界的開始，因而智性世界就被帶入了和感性世界一道的同一個時間序列裡，而這是自相矛盾的。

但是我們也說，我們把綿延設想爲**無限的**（設想爲永恆性）；這並不是由於我們對它的數量有什麼明確的概念，——因爲那是不可能的，既然它完全不具備時間作爲其自身的尺度；——而是由於那種概念僅只是對永恆綿延的一種消極概念，因爲在沒有時間的地方，也就**不會有終**結。從而我們就在自己的知識方面並沒有邁進一步，而只是想說，理性在（實踐的）意義上是永遠不會在不斷變化的道路上做得足以達到終極目的的。並且如果理性企圖以世界存在狀況的靜止與不變性的原則而達到那裡，那麼它在它的**理論**運用方面也會做得同樣地不夠，而且還更會陷於完全沒有思想的狀態。於是留給理性的就沒有別的辦法，只好是設想在不斷向終極目的的進步中有一種朝著（時間上的）無限在前進的變化，它的心意（那並不像某種現象一樣，而是某種超感的東西，因而是不在時間之中變化的）就停留在這上面，並且其本身是持續不變的。因此，理性按這種觀念而加以實踐運用的規律，就只不外乎是在說：我們必須這樣地採用我們的準則，就像是從好走向更好，朝著無限在前進的全部變化之中，我們的道德狀況就其心意而言（即 homo noumenon〔本體界的人〕）[15]「他們的變化是在天上」）是根本不服從任何時間的變化。

但是有一個時間點將會一朝到來，那時候一切變化（以及時間本身也和它們一道）都告中止；這卻是足以衝擊想像力的一種提法了。到了那時候整個的自然界也就會僵硬化並彷彿是岩石化；最後的思想、最後的感情到了那時候就會在思維的主體之中停頓下來，並且會是永遠如此而毫無變化。對於一個只能是在時間中意識到自己存在及其（作爲綿延的）數量的生物，這樣一種生命如其還可以稱爲生命的話，看來也會像是消滅了一樣；因爲爲了要把自己設想爲處於這樣一種狀況，它畢竟也還必須思想些什麼，可是**思想**就包括一種其本身只能是在時間之中進行的思索過程。——因此之故，其他世界上的居民就被表現爲按照他們（在天上或在地獄）的居住地點之不同，要麼總是在唱著同一支歌，唱著他們的哈利路亞（Hallelujah）[16]，要麼是永恆地在唱著同一支悲嘆調（第十九章，第一至六節；第二十章，第十五節[17]）；從而就表明了他們的狀況是完全沒有任何變化的。

然而這一觀念不管是多麼地超出我們的領會力之外，卻在實踐方面是與理性密切相關聯著的。即使我們以最好的標準來接受人類在這裡的生命的道德-物理狀況，亦即持久的進步並趨近於（向他們所楬櫫的鵠的的）至善；他們（哪怕意識到自己心意的不可變更性）也還是不能把**稱心滿意**和自己（德行上的以及物理上的）狀況之永恆延續著的變化這一遠景結合在一起。因為他們現在所處的狀況和他們準備著進入的那種更好的狀況相形之下，始終總是一種災禍；並且朝向終極目的的無限前進這種提法，同時也是對於無限系列的災禍的一種展望，那即使確實是被更大的善所壓倒，但仍然不會使得稱心滿意出現。稱心滿意是他們唯有通過**終極目的**有朝一日之終將達到才能設想的。

於是深思的人現在就陷入了**神秘派**（因為理性不會輕易滿足於自己內在的亦即自己實踐的運用，而是喜歡到某些先驗的（transcendent）東西裡面去探險，所以也就有著它自己的秘密）；在這裡他的理性並不理解它自己本身以及自己所要求的東西，但卻流連忘返，而不願像與一個感性世界裡的智性居民所相稱的那樣，把自己限制在這個感性世界的限度之內。由此便產生了**至善**就在於**無**這一**老君**（Lao-Kiun）[18]體系的怪誕，亦即就在於**感覺到**自己通過與神性相融合並通過自己人格的消滅而泯沒在神性的深淵之中的這樣一種意識。為了獲得對這種狀態的預感，中國的哲學家們就在暗室裡閉起眼睛竭力去思想和感受他們的這種虛無。由此產生的（西藏的和其他東方民族的）**泛神論**以及後來由泛神論的形而上學的昇華中而產生的**斯賓諾莎**（Baruch de Spinoza）**主義**，這兩種都和遠古的一切人類靈魂都出自神性（以及它們終於要被吸收到那種神性裡去）的**發射論**（emanationssystem）體系是親密的姊妹。這一切全在於使人類終將會有一種**永恆的**安寧可以欣幸，它就構成人類意念中的一切事物的賜福的終結；而它本來也就是人類悟性同時隨之而消失並且一切思想本身也隨之而告終結的一種概念。

* * *

萬物一經過人手，即使是目的良好，其終結也都是**愚蠢**；這就是說，對於它們的目的所使用的恰好是與之相反的手段。**智慧**，也就是充分符合適應於萬物的終極目的，即至善的措施的實踐理性，是唯有上帝那裡才會有的。僅只是做到不要明顯地反對這種觀念，大約就是我們可以稱之爲人智的東西了。但是人類唯有通過探索和經常改變自己的計畫才能希望達到這種防止愚蠢的確切保障，此外它還是「一顆明珠，即使最好的人要想**能夠掌握**它，也只能是去追求它。」在這一點上他絕不可使自己受到自私的勸誘所侵襲，尤其是不能對待它就好像是自己**已經**掌握了它似的。——由此便產生了那些時時在變更的，往往是矛盾百出的隨機應變的規畫，以便使宗教在整個民族中間得以**純潔而又有力**；所以我們就很可以大聲疾呼：可憐的塵世之人啊，你們除了無恆之外竟沒有任何有恆的東西！⑲

可是假如這種嘗試居然終於得到了那麼大的成就，以至於共同體能夠並且願意傾聽不僅僅是傳統的虔誠說教，並且還有被它們所啓明的實踐理性（正如這對於宗教乃是絕對必要的）；假如智慧者（以人世的方式）在人民中不是靠他們之間所採取的協定（像一個修士團那樣），而是作爲同胞公民們那樣來制訂規畫並對其中的大部分一致同意，它以一種不容置疑的方式證明了他們是在爲眞理而工作的；並且就連全民族也會在整體上（雖然還不是在最微小的細節上）由於普遍感覺到有必須培育自己道德稟賦的需要，但不是根據權威而有此需要，對它感到興趣；那麼既然在有關他們所追求的**觀念**方面，他們已經一度做出了長足的進步，所以看來最爲可取的就莫過於讓智慧者們去制訂並推行他們的路線。但是至於爲最好的終極目的而選擇的手段，則其後果根據大自然的過程終將如何卻始終是無從確定的，所以就只好留給**天意**了。因爲無論我們是怎樣地不肯輕於信仰，但是當絕不可能確鑿無疑地預見到根據全部的人類智慧（如果它配得上這個名稱的話，就必須只能是朝著道德前進）而採取的某些手段的後果時，我們卻必須以實踐的方式信仰神智與大自然過程的匯合一致，假如我們不願意完全放棄自己的終極目的的話。肯定會有人反對說：早就經常聽說過目前的這個計畫乃是最好的；一定要和它一道從現在一直持續到永遠，它就是永恆的狀態。「（按這種概念）誰是善良的，就永遠善良；（與之相反）誰是邪惡的，就永遠邪惡」（《啓示錄》第二十二章第十一節[20]），就好像是現在已經可以跨入永恆以及和它在一起的萬物的終結了。——但是正如自從那時以來總是有新的計畫提出來，其中最新的卻往往只不過是老計畫的恢復，所以今後也少不了有**更多地、最後地**規劃。

我深刻意識到自己在進行新的成功的探索這方面無能爲力，以致我由於確實並沒有偉大的發明創造力而寧願勸告人們：就讓事情處於像是它們最後所處的那樣，像是經過幾乎一個世代之後已經證明了它們的後果還過得去那樣。但是這一點卻很可能並不是具有偉大精神或至少是具有進取精神的人們的意見；那麼就請允許我謙卑地提出來倒不是他們應該做什麼，而是他們應該提防自己可能冒犯什麼，因爲否則的話他們的行爲就會違背自己本來的目標了（哪怕那是最好的目標）。

基督教除了它那律法的神聖性不可抗拒地激起了最大的尊敬之外，其中也還有某種**可愛的**東西。（我這裡並不是指它以巨大的犧牲而爲我們博得的人的可愛性，而是指事情本身的可愛性，也就是上帝所創立的道德體制；因爲前者只能是隨著後者得來的。）尊敬毫無疑問是首要的事，因爲沒有尊敬就不會產生眞正的愛；儘管一個人可以沒有愛而仍對另一個人懷有很大的尊敬。然而如果它不僅僅在於提出義務而且還在於遵守義務；如果我們追問行爲的**主觀**理由，而首先要從其中期待的，如其我們可以這樣假定它的話，便是人們**將要做**什麼，而不是僅僅追問其客觀理由，即人們**應該做什麼**；那麼愛，作爲自由地吸取別人的意見到自己的準則裡來，也就是對人性不完美的一種不可缺少的補充物了（即必須是被迫去做理性通過法則所規定的東西）。因爲凡是一個人所不高興做的事，他就會做得非常之不夠，甚至還要以詭辯推卸義務的指令，以至於我們不大能指望著以義務作爲動機而沒有愛的參與。

如果現在我們爲了把它弄得很好，便給基督教再添上一種什麼權威（哪怕是神聖的權威），那麼即使它自身的目標依然可以是那麼意圖良好，而且其目的也依然確實可以是那麼善良，但是它的可愛性卻消失了；因爲要求某個人不僅僅是去做某件事，而且還得**高興**去做那種事，這本身就是一個矛盾。

基督教作爲目標的是：要爲普遍遵守自己的義務這一事業而促進愛，並且還要把它創造出來；因爲基督教的創立者並不是以一個要求別人服從**自己的**意志的司令官身分在發言，而是以一個博愛者的身分在發言；他要把他的同胞們很好地理解到的意志置於他們的內心之中，也就是說，如果他們能證明自己恰當的話，他們就可以根據它而隨心所欲地自行行動。

因此，它是一種**自由**化的思想方式，——那距離奴隸思想和放蕩不羈是同樣地遙遠，——基督教就可以指望從這裡面收到它那教誨的**效果**；通過這種辦法才可以爲基督教博得其悟性已經受到義務法則的提法所啓蒙了的人們的心。選擇終極目的的自由感，才會使他們覺得立法可愛。——因此儘管基督教的導師也宣告**懲罰**，但是這一點卻不可理解爲就是使我們要遵從它的指令的動機，至少這樣解釋是不符合基督教所固有的特性；因爲要是這樣，它就不會再成其爲可愛的了。我們不如把這一點解釋爲只是出自立法者的好意的一種仁慈的警告，以便防範由於犯法所必不可避免會產生的損害（因爲：lex est res surde et inexorabilis〔法律都是不聽勸告的聾傢伙〕，李維（Livius Titus）㉑）。因爲在這裡脅迫人的，並不是作爲自願採取的生命準則的基督教，而是法則；作爲植根於事物本性之中的不可更改的秩序的法則，並沒有把決定它的後果是這樣或那樣，交給哪怕是創造主去任意處置。

假如基督教許諾了報酬（例如「歡樂和慰藉吧，因爲你們在天上都會很好地得到報償㉒」）；按照自由化的思想方式，這就絕不能解釋爲好像是一種賄賂，以便收買人們去過品行善良的生活似的，因爲那樣一來基督教的本身就又不會成其爲可愛的了。唯有對於那種出自無私的動機的行爲的願望，才能激起人們對於實現了那種願望的人的尊敬；而沒有尊敬也就不會有眞正的愛。因此我們絕不可賦予那種許諾以這樣一種意義，即把它當作是對於行爲動機的報酬。束縛著一種自由化的思想方式，而使之成爲行善者的那種愛，並不是由困苦者所接受的善行來指導，而僅僅是由行善者傾向於付出它來的那種**意志**的善良性來指導；即使是他的能力有所不及，或者是由於著眼於實現普遍的世界美好的其他動機而妨礙了它的實現。

這就是基督教本身所帶來的那種道德的可愛性了；它通過輿論的經常變化所加給它的那麼多的外來束縛，卻始終光耀如常，並且面對著否則它就必定會遇到的那種背叛而維護了基督教。而且（最值得矚目的就是），它在人類所從未有過的這次最偉大的啓蒙時代[23]裡，卻始終顯示出一種只是格外輝煌的光亮來。

假如基督教有一天走上了不再成其爲可愛的地步（這是很可能發生的，如若它不是被自己的溫良的精神而是被專制的權威所武裝的話），那麼對它的背叛和反抗就會成爲人類占統治地位的思想方式，因爲在道德事物上是沒有中立的（互相對立的原則就更不會有聯合）。於是本來就被認爲是最末的日子的先驅者的**反基督者**[24]（大概是以恐怖和自私自利爲基礎）就會出現，並開始他那儘管是短暫的統治。那時候雖然基督教確實**註定**要成爲普遍的世界宗教，卻由於命運的緣故而不會**有利於**使它成爲那樣，於是在道德觀點上的**萬物的**〔被顛倒了的〕[25]**終結**就會來臨。

【注釋】

①本文寫於一七九四年（康德七十歲），最初刊載於《柏林月刊》一七九四年，第二十三卷，第四九五至五二二頁。譯文據普魯士皇家科學院編《康德全集》（柏林，格·雷麥版，一九一二年），第八卷，第三二五至三三九頁譯出。按本文標題與命意採自聖經《新約·啓示錄》，「萬物的終結」即世界的末日或結局。文中考察了人類歷史的起源和歸宿，並以啓蒙運動的和作者本人的倫理學解說基督教，抨擊了當時德國流行的神學。爲此，康德本人受到普魯士教育部的處分，被禁止講授神學。——譯注

②此處三行詩句係引自德國詩人哈勒爾（Albrecht von Haller, 1708-1777）《未定詩草論永恆》（一七三六年）。——譯注

③〔沒有人僅憑諦視就能滿足自己的心。〕語出羅馬詩人維吉爾（Virgil，即 Publius Virgilius Maro，西元前七十至前十九年）《伊奈德》VIII，二六五。——譯注

④關於最後的審判，見《新約·啓示錄》有關部分。——譯注

⑤《新約·啓示錄》第六章，第十四節：「天就挪移，好像書卷被卷起來。」——譯注

⑥這樣一種體系在古波斯的（瑣羅亞斯特，Zoroaster，西元前七至前六世紀，古波斯拜火教的創立者。——譯注）宗教裡是建立在有兩種原始實體彼此在進行著永恆鬥爭這一假設之上的，善的原則即奧爾穆茲德，惡的原則即阿里曼。——奇怪的是在兩個彼此相距遙遠而與目前的德語區相距得格外遙遠的國度的語言中，爲這兩種原始實體命名的卻都是德語。我記得是在松內拉特的書（Pierre Sonnerat, 1749-1814，法國博物學家與

東方旅行家，《東印度與中國遊記》（一七七四至一七八一年）一書德譯本於一七八三年出版。——譯注）裡讀到過，在阿瓦（緬甸人的國度）善的原則就叫作 Godeman（它似乎也適用 Darius Codomannus 這個名稱）；而且由於阿里曼這個名字聽起來很像是惡人這個字（godeman 與德語善人〔gut Mann〕相似，阿里曼〔Ahriman〕與德語惡人〔arge Mann〕相似。——譯注），所以現在的波斯語也包含有大量源出於德語的字。因而這可能成為古代史研究者的一項課題，即沿著語言變化這條線索去追溯許多民族目前宗教概念的起源。（見松內拉特《遊記》第四卷，第二章，第二節。）

⑦在一切時代裡，蒙昧的智者（或哲學家）都把人性中向善的稟賦評價得不值一顧，他們竭力以敵視的，有一部分是令人作嘔的比喻來把我們地上的世界，即人類的住所，極其鄙夷地表現為：1.是一座旅店（沙漠隊商的旅館），正像回教托缽僧的看法那樣：每個人在其生命的旅程中到這裡來投宿，都必須準備好馬上就會被另一個後繼者所取代。2.是一座監獄，這種見解是婆羅門的、西藏的和其他東方的智者們（也還有柏拉圖）所眷愛的：那是墮落的、從天上被放逐的而現在則已變為人的或動物的靈魂的精靈們的一個懲罰和淨化的地方。3.是一座瘋人院，在這裡不僅僅是每一個人都自己把自己的目標給摧毀了，並且每個人都給別人帶來一切可以想像到的悲痛，還把能夠幹出這種事情來的技巧和力量當作是最大的光榮。最後，4.是一個陰溝，其他世界的全部垃圾都被匯總到這裡面來了。這最後一種之想入非非在某種方式上卻是獨創性的，並且要感謝一位波斯的詼諧者，他把天堂即人類最初配偶的住所移升到天上。在這座花園裡可以遇到足夠多的樹上都長滿著豐碩美好的果實，在他們享用過之後，果實的殘餘就由於不可察覺的蒸發而消失。但花園裡唯獨有一棵樹是例外，它那上面確實也長著豐滿的果實，但那類果實並不會這樣發散掉。可是我們最初的祖先卻貪戀它

們而不顧禁令對此所要求的代價；於是爲了使他們不至於玷汙天上，便再沒有別的勸告，只不過由一位天使向他們指著遙遠的地球說：「這就是全宇宙的廁所」，然後把他們帶到那裡，以便完成所必須的事情；並且把他們留在那裡以後，就又飛回天上。據說人類從此就在大地上起源了。

⑧ 按此處引文原文應作：“pede poena claudo”（「報復姍姍來遲」）。語出羅馬詩人賀拉士（見前〈答覆這個問題：「什麼是啓蒙運動？」〉）《頌歌集》，III，2，32：「儘管報復姍姍來遲，卻很少是追趕不上罪行的。」——譯注）

⑨《舊約・列王紀下》第二章，第十一節：「他們正走著說話，忽有火車火馬將二人隔開，以利亞就乘旋風升天去了。」——譯注

⑩《舊約・民數記》第十六章，第三十一至三十二節：「他們（可拉及其黨徒——引者）腳下的地面就開了口，把他們和他們的家眷並一切屬可拉的人丁財物都吞下去。」——譯注

⑪ 按「觀念」（Idee）一詞係指不是得自經驗、爲科學認識所不能證實或否證的概念，但它卻是理性的規範原則，否則經驗即無由獲得秩序與統一性。見《純粹理性批判》，先驗邏輯II，辯證篇I，1「論觀念一般」；又〈世界公民觀點之下的普遍歷史觀念〉。——譯注

⑫ **自然的**（formaliter〔在形式上〕——譯者）就是指按照某種，無論是哪一種，秩序的法則而必然**隨之出現的**東西，因而也包括道德秩序（而不必總是物理的秩序）。與此相對立的則是**不自然的**，它可以是超自然的或可以是反自然的。**由自然**原因而產生的必然事物，也應該表現爲（materialiter〔在物質上〕——譯者）是自然的（物理上必然的）。

⑬《新約・啓示錄》第十章，第五至六節：「我所看見的那踏海踏地的天使，向天舉起右手來，指著那創造天和天上之物、地和地上之物、海和海中之物直活到永永遠遠的，起誓說，不再有時日了。」——譯注

⑭《新約・啓示錄》第十章，第一至三節：「我又看見另有一位大力的天使，從天而降……大聲呼喊，……呼喊完了，就有七雷發聲。」——譯注

⑮係與「現象界的人」（homo phenomenon）相對而言。——譯注

⑯「哈利路亞」（Hallelujah）爲頌歌中的驚嘆詞，意即「讚美主」或「榮歸於主」，源出希伯來文之halleler（讚美）yah（耶和華）。——譯注

⑰《新約・啓示錄》第十九章，第一節：「我聽見好像群眾在天上大聲說，哈利路亞，救恩、榮耀、權能都屬於我們的上帝。」第六節：「我聽見好像群眾的聲音、眾水的聲音、大雷的聲音說，哈利路亞，因爲主我們的上帝全能者作王了。」同書，第二十章，第十五節：「若有人名字沒記在生命冊上，他就被扔在火湖裡。」——譯注

⑱「老君」（Lao-Kiun），指中國古代哲學家老子。——譯注

⑲按，以上的話係針對法國耶穌會士古瓦意埃（Gabricl F.Coyer, 1707-1782）的著作《論古代宗教的區別》（巴黎，一七五五）一書中的論點。該書德譯本於一七六一年出版於柏林，題名爲《道德瑣事》。——譯注

⑳《啓示錄》第二十二章，第十一節：「不義的仍舊叫他不義。……爲義的仍舊叫他爲義。」——譯注

㉑此處引文原文應作：leges rem surdam，inexorabilem esse〔法律是個聾傢伙，是不聽勸告的。〕語出羅馬歷史學家李維（Livius Titus，西元前五十九至西元十七年）《羅馬史》II，3，4。——譯注

㉒《新約・馬太福音》第五章，第十二節：「應當歡喜快樂，因爲你們在天上的賞賜是大的。」——譯注

㉓「啓蒙時代」指十八世紀的啓蒙運動，見前〈答覆這個問題：「什麼是啓蒙運動？」〉。——譯注

㉔「反基督者」即「敵基督者」。《新約・約翰一書》第二章，第十八節：「如今是末時了，你們曾聽見說，那敵基督的要來，現在已經有好些敵基督的出來了。從此我們就知道如今是末時了。」——譯注

㉕此處括弧內字樣係據普魯士科學院版全集卷八補入。——譯注

永久和平論——一部哲學的規畫①

走向永久和平

在荷蘭一座旅館的招牌上畫有一片墳場，上面寫著走向永久和平這樣幾個諷刺的字樣。究竟它是針對著**人類**一般的呢，還是特別針對著對於戰爭永遠無厭的各國領袖們的呢，還是僅只針對著在做那種甜蜜的夢[2]的哲學家們的呢，這個問題可以另作別論。但是本書作者卻要保留這樣一點：實踐的政治家對理論家的態度本來就是以極大的自滿把他們鄙視爲學究的；國家既然必須從經驗的原則出發，而理論家以其空洞無物的觀念又不會給國家帶來任何危害，於是人們就總可以讓理論家去大放厥詞，而**深通世故**的國事活動家卻不必加以重視；他們即使在有爭論的情況下也必須始終一貫地對待理論家，而不可在理論家僥倖膽敢公開發表的意見背後還嗅出來對國家有什麼危害。本書作者將由於這項 clausula salvatoria〔保險的條文〕而保衛自己並以最好的形式斷然拒絕一切惡意的解釋。

第一節

本節包括國與國之間永久和平的先決條款

1.「凡締結和平條約③而其中秘密保留有導致未來戰爭的材料的，均不得視爲眞正有效。」

因爲那樣一來，它就只是單純的停戰協定，即交戰行動的推延，而並不意味著結束一切敵對行爲的**和平**；再附以**永久**這個形容詞，它就更是一紙可疑的空文了。現有的一切導致未來戰爭的原因，儘管目前也許尚未爲締約者自己所認識，都要全部被和平條約加以消滅，它們甚至可能是被極其敏銳的偵察技巧從檔案文獻中搜索出來的。保留（reservatio mentalis〔思想上保留〕）下來原先的，主要是未來可以意料到的要求，而其中沒有任何部分是可以現在提及的，因爲雙方都已經精疲力竭無法繼續戰爭，卻又心懷惡意地要利用最早的有利時機以求達到這種目的；那就屬於耶穌會士的決疑論（casuistry）了。如果我們就事論事，那就配不上一個執政者的尊嚴了，正如奉命去進行這類推論就配不上他的國務大臣的尊嚴一樣。

但是假如隨著國家智慮概念的啓蒙，國家的眞正光榮竟被置諸於國力的不斷擴大，而不問手段如何；那麼以上的判斷看來當然就是書院式的而且學究氣的了。

2.「沒有一個自身獨立的國家（無論大小，在這裡都一樣）可以由於繼承、交換、購買或贈送而被另一個國家所取得。」

一個國家並不（多少像它的位置所據有的那塊土地那樣）是一項財產（patrimonium）。國家是一個人類的社會，除了它自己本身之外沒有任何別人可以對它發號施令或加以處置。它本身像是樹幹一樣有它自己的根莖。然而要像接枝那樣把它合併於另一個國家，那就是取消它作爲一個道德人的存在並把道德人弄成了一件物品，所以就和原始契約的觀念相矛盾了④；而沒有原始契約，則對於一國人民的任何權利都是不可思議的⑤。偏愛這種取得國家的方式，也就是說國家之間可以相互聯婚，直迄我們最近的時代已經把歐洲——因爲世界的其他部分還從不曾意識到這種東西呢——帶到何等危險的地步，已經是盡人皆知的了。它部分作爲一種新工業，可以通過家族聯繫而不需動用武力就造成優勢；部分又以這種方式而擴張領土。——這裡面也要算上一個國家雇傭另一個國家的軍隊來反對一個並不是雙方共同的敵人⑥；因爲臣民在這裡就像隨心所欲的物品那樣地在被人使用並且被消耗殆盡。

3.「常備軍（miles perpetuus）應該逐漸地全部加以廢除。」

因爲他們由於總是顯示備戰的活動而在不斷地以戰爭威脅別的國家，這就刺激各國在備戰數量上不知限度地競相淩駕對方。同時由於這方面所耗的費用終於使和平變得比一場短期戰爭更加沉重，於是它本身就成爲攻擊性戰爭的原因，爲的是好擺脫這種負擔。況且還有：花錢雇人去殺人或者被殺，看來就包含著把人當作另一個人（國家）手中的單純機器或工具來使用，這和我們自己身上的人權是不會很好地結合一致的。但國家公民自願從事定期的武裝訓練，從而保全自身和自己的祖國以反抗外來的進攻，那就完全是另一回事了。

財富的積累也可以是這樣地進行的，以至於被別的國家看成是以戰爭相威脅。（因爲在**軍隊威力、結盟威力和金錢威力**這三種威力之中，後者很可能是最牢靠的戰爭工具⑦。）如果不是難以考察其數量的話，它就會迫使對方預先發動進攻了。

4.「任何國債均不得著眼於國家的對外爭端加以制訂。」

爲了國家經濟的緣故（改良道路、新的移民墾殖、籌建倉廩以備荒年，等等）而尋求國內外的援助，這種援助的來源是無可非議的（irreprehensibel）。但是作爲列強相互之間的一種對抗機制而言，則一種無從預見在增長著的，然而對當前的償債要求（因爲不會所有的債權人同時一起都來要求的）又總是安全的債務的舉債體系，便是一種危險的金錢威力了。本世紀內一個經營商業的民族的這種巧妙的發明⑧乃是一項進行戰爭的財富，它超過了所有其餘國家合在一起的財富，並且只能是由於行將到來的稅收虧損（儘管由於對工商業的反作用在刺激著貿易而可以使之長期延緩）而告枯竭。這種進行戰爭之輕而易舉和當權者那種似乎是人性所特有進行戰爭的意圖一道，於是就成爲永久和平的一大障礙。由於這個緣故，禁止它們就更加必須是永久和平的一項先決條款了，因爲終於無可避免的國家破產必定會牽連許多其他國家無辜受累的，並會給它們造成公開的損害。因而，別的國家至少有權結合起來反對這樣一個國家以及它的橫行霸道。

5.「任何國家均不得以武力干涉其他國家的體制和政權。」

因爲，是什麼使得它有權這樣做的？是一個國家對於另一個國家的臣民進行了什麼侮辱嗎？這一點倒不如說是通過一個民族由於自己沒有法律所招致重大災難的前例，而向別的國家敲起了警鐘。一個自由人向別人所提供的惡劣先例（作爲 Scandalum acceptum〔被接受的侮辱〕），一般是不會成爲對別人的損害。但是如果一個國家由於內部的不和而分裂爲兩部分，每一部分都自命爲一個單獨的國家，聲稱著代表全體；那就確實不能援用這一點了。援助其中的一方不能就認爲是干涉別國的體制。（因爲這時候它是無政府狀態。）但是只要這種內爭還沒有確定，則這一外力干涉就會侵犯一個僅僅糾纏於自己內部的病症，卻並不依附任何別人的民族的權利了；因此它本身就構成一種既定的侮辱並使一切國家的獨立自主得不到保障。

6.「任何國家在與其他國家作戰時，均不得容許在未來和平中將使雙方的互相信任成爲不可能的那類敵對行動：例如，其中包括派遣暗殺者（pecussores）、放毒者（venefici）、破壞降約以及在交戰國中教唆叛國投敵（perduellio）等等。」

這些都是不榮譽的策略。因爲即使在戰爭中，對於敵人的思想方式也還是得保留某些信任的，否則的話就連任何和平條約都不可能締結了；於是敵對行動就會以一場絕滅性的戰爭（bellum internecinum）而告結束。既然戰爭只不過是自然狀態之下的一種可悲，以武力來肯定自己的權利的必須手段（在自然狀態之下並沒有現成的法庭可以做出具有法律效力的判斷）；這裡雙方之中的任何一方就都不能被宣布爲不義的敵人（因爲這就得預先假定有一種法庭的判決），而是戰爭的結局（就好像是面臨一場所謂上帝的審判那樣）決定了正義（Recht）[9]是在哪一方的。但是國與國之間的任何懲罰性的戰爭（bellum punitivum）都是不可思議的（因爲它們之間並不存在主宰與隸屬的關係）。

由此可見：只會造成雙方以及一切權利隨之同時一起毀滅的一場絕滅性的戰爭，就只是在整個人類物種的巨大墳場上才能發現永久和平。因此，這樣的一場戰爭以及使用導致這種戰爭的手段，就必須是絕對不能容許的。——然而上述手段之不可避免地會導致這種戰爭，卻可以由以下這一點得到闡明：那種惡魔式的藝術既然其本身就是醜惡的，所以一旦加以使用時，就不會長久地限制在戰爭的範圍之內，例如使用間諜（uti exploratoribus），那就只不外乎是利用另一個人的無恥而已（這是永遠也無法消滅乾淨的）；而那種藝術還要過渡到和平狀態，於是也就完全摧毀了和平的目標。

* * *

儘管上述的法則在客觀上，也就是說在當權者的意圖中，純屬禁令性的法律（leges prohibitivae）；然而其中有一些卻是嚴格的，不問任何情況一律有效的（leges strictae），是迫切必須立即實施的（例如第1、5、6各條款）。但是另外的一些（第2、3、4各條款）雖然也不能作爲權利規律的例外，但就它們的執行而論，則由於情況不同而在主觀上權限便較寬（legse latae），並且包括容許推延它們的實現，而又不致忽略了目的。例如，按第2條款恢復某些國家被剝奪的自由就不得推延到遙遙無期，（就像奧古斯都所常常許諾的那種 ad calendas graecas〔希臘的曆法〕⑨），因而也就是不恢復，而僅只是允許推延，以便不必過於匆忙乃至違背了目標本身。因爲禁令在這裡僅僅涉及今後不得有效的**取得方式**（erwerbungsart），而並不涉及占有地位（besitzstand）；占有狀態儘管並不具備必要的權利資格，但在它那（推想的取得）時，按照當時的公共意見卻被所有的國家都認爲是合乎權利的[11]。

第二節

本節包括走向各國之間永久和平的正式條款

人與人生活於相互間的和平狀態並不是一種自然狀態（statusnaturalis），那倒更其是一種戰爭狀態[12]；也就是說，縱使不永遠是敵對行爲的爆發，也是不斷在受到它的威脅。因此和平狀態就必須是**被建立起來**的，因爲放棄敵對行爲還不是和平狀態的保證；並且除非它能被每一個鄰人向另一個鄰人所提供（然而這是只有在一種**法治**狀態之中才可能發生的），否則一個人就可以把自己對之提出這種要求的人當作是敵人[13]。

永久和平第一項正式條款

每個國家的公民體制都應該是共和制

由一個民族全部合法的立法所必須依據的原始契約的觀念，而得出的唯一體制就是**共和制**⑭。這首先是根據一個社會的成員（作爲人）的**自由**原則，其次是根據所有的人（作爲臣民）對於唯一共同的立法的**依賴**原理，第三是根據他們（作爲**國家公民**）的**平等**法則而奠定的。因此它本身就權利而論便是構成各種公民憲法的原始基礎的體制。現在的問題只是：它是否也是可以導向永久和平的唯一體制？

共和體制除了具有出自權利概念的純粹來源這一起源上的純潔性之外，還具有我們所願望的後果，亦即永久和平的前景；其理由如下：如果（正如在這種體制之下它不可能是別樣的）爲了決定是否應該進行戰爭而需要由國家公民表示同意，那麼最自然的事就莫過於他們必須對自己本身做出有關戰爭的全部艱難困苦的決定，（其中有：自己得作戰，得從自己的財富裡面付出戰費，得悲慘不堪地改善戰爭所遺留下來的荒蕪；最後除了災禍充斥之外還得自己擔負起就連和平也會憂煩的、（由於新戰爭）不斷臨近而永遠償不清的國債重擔），他們必須非常深思熟慮地去開始一場如此之糟糕的遊戲。相反地，在一種那兒的臣民並不是國家公民，因此那也就並不是共和制的體制之下，戰爭便是全世界上最不假思索的事情了，因爲領袖並不是國家的同胞而是國家的所有者，他的筵席、狩獵、離宮別館、宮廷飲宴以及諸如此類是一點也不會由於戰爭而受到損失的。因此他就可以像是一項遊宴那樣由於微不足道的原因而做出戰爭的決定，並且可以漫不經心地把爲了冠冕堂皇起見，而對戰爭進行辯護的工作交給隨時都在爲此做著準備的外交使團去辦理。

* * *

爲了不至於（像常常會發生的那樣）混淆共和的體制和民主的體制，下敘各點必須加以注意。一個國家（civitas）的形式可以或是根據掌握最高國家權力的不同的人，或是根據它的領袖對人民的**政權方式**而無論其人可能是誰，來加以區分。第一種就被確切地叫作**統治**的形式（forma imperii），並且它只有三種可能的形式，亦即或者是僅僅**一個人**，或者是**一些人**聯合起來，或者是構成爲公民社會的**所有的人**一起握有統治權力（**專制政體**、**貴族政體**和**民主政體**，君主權力、貴族權力和人民權力）。第二種則是政權的形式（forma regiminis），並涉及國家如何根據憲法（即人群藉以形成一個民族的那種公意的紀錄）而運用其全權的方式；在這方面它或者是**共和的**或者是**專制的**。**共和主義**（republicanism）

乃是行政權力（政府）與立法權力相分離的國家原則；專制主義則是國家獨斷地實行它爲其自身所制定的法律的那種國家原則，因而也就是公眾的意志只是被統治者作爲自己私人的意志來加以處理的那種國家原則。——在這三種國家形式之中，民主政體在這個名詞的嚴格意義上就必然是一種專制主義，因爲它奠定了一種行政權力，其中所有的人可以對於一個人並且甚而是反對一個人（所以這個人是並不同意的）而做出決定，因而也就是對已不成其爲所有的人的所有的人而做出決定。這是公意與其自身以及與自由的矛盾。

凡不是代議制的一切政權形式本來就是無形式，因爲在同一個人的身上立法者不可能同時又是自己意志的執行者（正如在三段論中大前題的全稱，不可能同時又在小前題的全稱中包含特稱在內一樣）。而且儘管其他兩種國家體制[15]就其爲這樣一種政權形式留有餘地而言，也總是有缺陷的；然而它們至少還有可能採用一種符合於代議制體系的精神的政權方式，至少是有點像腓特烈第二[16]說過的，他只不過是國家的最高服務員[17]。反之，民主制則使得這一點成爲不可能，因爲在這裡所有的人都要做主人。——所以我們就可以說：國家權力的人員（統治者的人數）越少，他們的代表性也就相反地越大，國家體制也就越發符合共和主義的可能性，並且可望通過逐步改革而終於提高到那種地步。由於這個原因，在貴族政體之下就比在君主政體之下更難於，而在民主政體之下，除非是通過暴力革命就根本不可能達到這種唯一完美的合法體制。

然而政權方式⑱比起國家形式來，對於人民卻是無比地更加重要（在很大程度上也要以它對這一目的或多或少的適宜性究竟如何爲轉移）。但是代議制體系如果能符合權利概念的話，便屬於那種政權方式，因爲唯有在代議制體系中，共和制的政權方式才有可能，沒有代議制體系則它（無論體系可能是什麼樣的）就是專制的和暴力的。——古代所謂的共和國沒有一個是認識到這一點的，於是它們就勢必會都解體爲專制主義，那在唯予一人的最高權力之下還算是一切專制之中最可忍受的一種呢。

永久和平第二項正式條款

國際權利（völkerrecht）應該以自由國家的**聯盟制度**爲基礎

各個民族作爲國家也正如個人一樣，可以斷定他們在自然狀態之中（即不靠外部的法律）也是由於彼此共處而互相侵犯的。它們每一個都可以而且應該爲了自身安全的緣故，要求別的民族和自己一道進入一種類似公民體制的體制，在其中可以確保每一個民族自己的權利。這會是一種**各民族的聯盟**，但卻不必是一個多民族的國家（civitas gentium）。然而這裡面卻有一個矛盾：因爲每一個國家都包括**在上者**（立法的）對**在下者**（聽命的，即人民）的關係，而許多民族在一個國家之內就會構成爲僅僅一個國家。這就和假設相矛盾，因爲我們在這裡是只就各個民族構成爲同樣之多的不同國家，而不是融合爲一個國家來考察各個民族彼此之間的權利。

正如我們深深地鄙視野人之依戀他們沒有法律的自由，他們寧願無休無止地格鬥，而不願屈服於一種他們本身就可以制定出來的法律的強制之下，因而是寧願瘋狂的自由而不願理性的自由；我們把這看作是野蠻、粗暴和畜牲式地貶低了人道。所以我們就設想各個開化的民族（每一個民族都結合成一個國家）必定是急於最好能儘快地擺脫一種如此之敗壞的狀態。然而現在每一個國家並不是這樣，倒更加是恰好要把自己的威嚴（因爲人民的威嚴是一種荒謬的提法）置諸於完全不服從任何外界法律的強制；而它的領袖的光彩就在於他自己不必置身於危險之中又有千千萬萬的人對他俯首聽命，爲著和他們本身毫無關係的事情去犧牲自己[19]。歐洲野人與美洲野人的區別主要地就在於：美洲野人許多部落是被他們的敵人統統吃光的，而歐洲野人卻懂得怎樣更好地利用自己的被征服者而不必把他們吃掉。歐洲野人懂得最好是用他們來擴充自己臣民的數目，因而也就是繼續擴大戰爭工具的數量。

鑒於人性的卑劣在各個民族的自由關係之中可以赤裸裸地暴露出來，（可是在公民-法治狀態之下，它卻由於政權的強制而十分隱蔽），所以權利這個字樣居然還能不被當作是迂腐的字樣，而完全被排斥在戰爭政治之外，並且也沒有任何國家敢於公然宣揚這種見解，那就太值得驚異了。胡果・格老秀斯（Hugo Grotius）、普芬道夫（Freiherr Samuel von Pufendorf）、瓦代爾（Emmerich de Vattel）[20]以及其他人（這些眞正悲哀的安慰者[21]），儘管他們那些哲學式地或外交式地撰寫出來的法典並沒有而且也不可能有一絲一毫**合法的**力量（因爲如是的各個國家並不處於一個共同的外部強制力之下），卻往往衷心地被人徵引來**論證**戰爭侵略的**正當**，但並沒有一個先例是哪個國家由於受了這麼重要的人物所武裝的論證的感動便放棄自己的計畫。——然而每個國家對權利概念所懷有的這種效忠（至少是在字面上）卻證明了，我們仍然可以發現人類有一種更偉大的，儘管如今還在沉睡著的道德稟賦，它有朝一日會成爲自己身上邪惡原則的主宰（這是他所不能否認的）；並且這一點他也可以希望於別人。因爲否則的話，**權利**這個字樣就絕不會出現在彼此想要進行搏鬥的國家的嘴頭上了，並且僅僅是爲了加以嘲弄才會像那位高盧的王公[22]那樣宣稱什麼：「大自然所賦給強者淩駕弱者的優越性就在於弱者應該服從強者。」

國家追求自身權利的那種方式絕不能像是在一個外部的法庭上進行訴訟那樣，而只能是戰爭；然而通過這種方式及其有利的結局，即**勝利**，卻決定不了權利。**和平條約**確實可以結束目前這場戰爭，但不能結束（永遠在尋找新藉口的）戰爭狀態，（而我們又不能宣稱它是不正當的，因爲在這種狀態中每一方都是他自身事情的裁判者。）但是在無法律狀態中根據自然權利（Natürliche Recht）所適用於人類的東西，即「應該走出這種狀態」，根據國際權利卻不能同樣地適用於各個國家。（因爲他們作爲國家已經在內部具備了權利的體制，所以已經超過了別人根據他們的權利概念，而可以把他們帶到一種更廣泛的法律體制之下的那種強制。）同時理性從其最高的道德立法權威的寶座上，又要斷然譴責戰爭之作爲一種權利過程，相反地還要使和平狀態成爲一種直接的義務；可是這一點沒有一項各民族之間的契約就不可能建立起來或者得到保障。——於是就必須有一種特殊方式的聯盟，我們可以稱之爲**和平聯盟**（foedus pacificum）；它與**和平條**約的區別將在於，後者僅僅企圖結束**一場戰**爭，而前者卻要永遠結束**一切**戰爭。這一聯盟並不是要獲得什麼國家權力，而僅僅是要維護與保障一個國家自己本身的，以及同時還有其他加盟國家的**自由**，卻並不因此之故（就像人類在自然狀態之中那樣）需要他們屈服於公開的法律及其強制之下。

這一逐步會擴及於一切國家並且導向永久和平的聯盟性的觀念，其可行性（客觀現實性）是可以論證的。因爲如果幸運是這樣安排的：一個強大而開明的民族可以建成一個共和國（它按照自己的本性是必定會傾向於永久和平的），那麼這就爲旁的國家提供一個聯盟結合的中心點，使它們可以和它聯合，而且遵照國際權利的觀念來保障各個國家的自由狀態，並通過更多的這種方式的結合漸漸地不斷擴大。

一個民族要是說：「我們之間不要有任何戰爭；因爲我們想締造一個國家，也就是說我們要爲自己設置最高的立法、行政和司法的權力，它可以和平解決我們的爭端。」——這種說法是可以理解的。但是如果這個國家說：「我和別的國家之間不要有任何戰爭，儘管我不承認任何最高立法權力可以向我保障我的權利而我又保障它的權利」；那麼假如它不是公民社會的聯盟體，也就是自由的聯盟制這種代替品的話，我對自己權利的信念想要建立在什麼基礎之上，就是全然不可理解的了。這就是理性所必然要使之結合於國際權利的概念的東西，假如其中終究還有什麼東西是可以思議的話。

國際權利的概念作爲**進行**戰爭的一種權利，本來就是完全不可思議的，因爲那樣一種權利就不是根據普遍有效的，限制每一個個體的自由的外部法律，而只是根據單方面的準則通過武力來決定權利是什麼了。於是它就必須這樣加以理解：即，對於那些存心要使他們自己彼此互相毀滅，因此也就是要在橫陳著全部武力行動的恐怖，及其發動者的廣闊的墳場之上尋求永久和平的人們，它才是完全正確的。國家相互之間的關係，由於無法律狀態僅僅蘊含著戰爭，是不可能根據理性再有任何其他方式的，只有是他們也恰好像個體的人那樣放棄自己野蠻的（無法律的）自由，使自己適應於公開的強制性的法律，並且這樣形成一個（確實是不斷在增長著的）終將包括大地上所有民族在內的**多民族的國家**[23]。可是他們按照自己的國際權利觀念卻根本不願意這樣，因而就 in hypothesi〔在假設上〕拋棄了 in thesi〔在理論上〕是正確的東西。於是取代一個**世界共和國**這一積極觀念的（如果還不是一切都喪失盡淨的話），就只能是以一種防止戰爭的、持久的並且不斷擴大的聯盟這項消極的代替品來扼制人類的害怕權利與敵對傾向的那種潮流了，儘管是不免有經常爆發戰爭的危險。（Furor impius intus —— fremit horridus ore cruento〔肆無忌憚的憤怒在那裡面——張著血口怒吼。〕[24]維吉爾（Publius Vergilius Maro）。）[25]

永久和平第三項正式條款

世界公民權利將限於以普遍的友好爲其條件

這裡正如前面的條款一樣，並不是一個仁愛問題，而是一個權利問題。而友好（好客）就是指一個陌生者並不會由於自己來到另一個土地上而受到敵視的那種權利。人們可以拒絕他，如果這樣做不至於使他淪落的話；但是只要他在自己的地點上採取和平態度，就不能夠敵對他。他可能提出要求的，並不是任何作客權利，（爲此就需要有一項特殊的慈善契約，使他得以在一定時期內成爲同居夥伴），而是一種訪問權利。這種權利是屬於人人都有的，即由於共同占有地球表面的權利而可以參加社會，地球表面作爲一個球面是不可能無限地驅散他們的，而是終於必須使他們彼此互相容忍；而且本來就沒有任何人比別人有更多的權利可以在地球上的一塊地方生存。

地球表面上不能居住的部分，即海洋和沙漠，隔開了這個共同體；即便如此，舟船或者駱駝（沙漠之舟）卻使他們有可能越過這些無人地帶而互相接近，並且利用屬於人類所共同的對地球表面的權利而進行可能的來往。沿海居民不好客（例如，巴巴利人（Barbareske）[26]），他們搶劫近海船隻或是把擱淺了的船客掠爲奴隸；或者沙漠居民（阿拉伯貝多因人（Beduinen）[27]）把向游牧部落靠攏，看成是一種對他們進行掠奪的權利；這些都是違反自然權利的。然而這種友好權利，亦即陌生的外來者的權限，所伸展的程度，也不外乎是嘗試一下與老居民相交往的可能性的條件而已。相距遙遠的世界各部分就可以以這種方式彼此進入和平的關係，最後這將成爲公開合法的，於是就終於可能把人類引向不斷地接近於一種世界公民體制。

讓我們拿這來對比一下我們世界這部分已經開化，而尤其是從事貿易的那些國家的不友好的行爲吧；他們訪問異國和異族（在他們，這和進行征服等於是一回事）所表現的不正義性竟達到了驚人的地步。美洲、黑人大陸、香料群島、好望角等等，自從一經發現就被他們認爲是不屬於任何別人的地方，因爲他們把這裡的居民當作是無物。在東印度（印度斯坦），他們以純擬建立貿易站爲藉口帶進來外國軍隊，但卻用於進一步造成對土著居民的壓迫，對這裡各個國家燎原戰爭的挑撥、飢饉、暴亂、背叛以及像一串禱告文一樣的各式各樣壓榨著人類的罪惡。

中國[28]和日本（Nipon）已經領教過這些客人們的訪問，因而很聰明的中國是雖允許他們到來但不允許入內，日本則只允許一種歐洲民族即荷蘭人進來，但卻像對待俘虜一樣禁止他們與土著居民交往。由此而來的最壞的事情（或者，從一個道德裁判者的立場來考察，則是最好的事情），就是這類暴力行爲一點也沒有能使他們高興。所有這些貿易公司都處於面臨崩潰的峰巔上。糖料群島這個最殘酷而又最精心設計的奴隸制的營地，並沒有帶來任何眞正的，而僅僅有一點間接的看來微不足道的收穫，就是爲戰艦培養了水手，所以也就是爲再度在歐洲進行戰爭而服務。這些列強幹了許多事情來表示自己虔誠，並且願意被人當作是正統信仰的特選者，而同時卻酗飮著不正義就像飮水一樣。

既然大地上各個民族之間（或廣或狹）普遍已占上風的共同性現在已經到了這樣的地步，以致在地球上的**一個**地方侵犯權利就會在所有的地方都被感覺到；所以世界公民權利的觀念就不是什麼幻想的或誇誕的權利表現方式，而是爲公開的一般人類權利，並且也是爲永久和平而對國家權利與國際權利的不成文法典所作的一項必要的補充。唯有在這種條件之下，我們才可以自詡爲在不斷地趨近於永久和平。

第一條系論

論永久和平的保證

提供這一**擔保**（或保證）的，並非是什麼微不足道的東西，而正好是**大自然**這位偉大的藝術家本身（natura daedala rerum〔大自然這位萬物的設計師〕[29]）。從它那機械的進程之中顯然可以表明，合目的性就是通過人類的不和，乃至違反人類的意志而使和諧一致得以呈現的[30]；因此之故，正有如作爲我們還不認識它那作用法則的原因的強制性而言，我們就稱之爲**命運**；然而考慮到它在世界進程之中的合目的性，則作爲一種更高級的，以人類客觀的終極目的爲方向並且預先就決定了這一世界進程的原因的深沉智慧而言，我們就稱之爲天意[31]。它本來確實不是我們在大自然的藝術加工廠裡所能夠與必須**認識**到的，或者僅僅是從其中**推論**出來的，而是（就像一般地在事物的形式對於目的的全部關係中那樣）我們只能並且必須這樣**加以思想**，以便根據與人類的藝術處理相類比，而對它的可能性得出一個概念來。但是它對理性直接爲我們規定的目的所表現的（道德上的）關係與一致，則是一種在**理論的**觀點上雖然過分，但在實踐的觀點上（例如在對**永久和平**的義務概念上，就要利用大自然這種機制去實現它）卻是獨斷的觀念，並且在它的現實性上也是很有根據的。——使用**大**

自然這個字樣，當其像在這裡這樣僅只涉及理論（而不是宗教）時，對於人類理性的限度而言（因為在作用對於其原因的關係上，人類理性必須保持在可能經驗的範圍之內）就要比使用一種我們可以認識天意的說法更為適宜而且更加**謙遜**；一用天意我們就狂妄地安上了伊卡魯斯（Icarus）[32]的飛翼，可以走近它那無從窺測的目標的秘密了。

在進一步明確這一擔保之前，我們有必要首先探索一下大自然為它那廣闊的舞臺上所要處理的人物而安排的境況，這種境況終於使和平的保障成為必要；——然後首要的便是探索大自然是如何提供這一擔保的。

它那準備性的安排就在於它已經：

1. 在大地上的每一個地方都照顧到人類得以在那上面生活；
2. 通過**戰爭**把他們驅逐到各個方向，甚至於是最不堪居住的地方，使他們得以居住；
3. 通過這同一個辦法迫使他們進入或多或少的法律關係。

在北冰洋寒冷的曠野上仍然生長著蘚苔，**馴鹿**把它們從雪底下刨出來，於是就使得自己成了奧斯特雅克人（Ostjaken）或薩摩雅德人（Samojeden）[33]的食物或為他們挽撬；或者是鹽鹼的沙漠曠野還會有**駱駝**，它們彷彿被創造出來就是要在這裡漫遊的，好使自己不至於無用；這些已經夠令人驚異的了。但是當我們發現北冰洋沿岸是怎樣地除了這類毛獸之外還有海豹、海象和鯨魚，它們的肉可供這裡的居民食用、它的油脂可供燃燒；那麼這一目的就顯得越發明白了。可是大自然的關懷最能激起人們驚奇的，則是它把漂浮的木材（人們不大清楚那是從哪裡來的）帶到這片荒涼不毛的地方上來，沒有這種材料他們就無法修造他們的船隻和武器或者他們居住的小屋子；然後他們在這裡要向動物進行足夠多的戰爭，才可以使他們中間有和平的生活。——然而把他們趕到這裡來的，大概並不是什麼別的而只是戰爭。

人類居住在大地上的期間，所學會馴服和馴養的一切動物中，第一種戰爭工具就是馬（因爲象屬於更晚的時期，亦即國家已經建成之後的奢侈時期）；正如種植某些我們現在已經不再知道其原始特性的叫作穀類的草類的藝術，以及通過移植和接種而繁殖和改良果類培育（在歐洲也許僅有兩個品種，即野生蘋果和野生梨）只能起源於國家已經建成之後土地所有權得到了保障的狀態之中一樣，——亦即在之前處於無法律的自由之中的人類已經從獵人[34]、漁夫和牧人的生活躋入農夫的生活之後；這時候已經發現了鹽和鐵，這或許是各個民族貿易往來所廣泛尋求的最早的物品；他們就由此而起先是被帶進一種彼此之間的和平關係，再則甚至於是和遠方的人們之間也有互相的了解、交往與和平的關係。

當大自然照顧到人類在大地之上到處都能夠生活時，它也就同時專橫地要求人類必須到處生活，哪怕是違反他們的意願，並且甚至於並沒有同時假定這種「必須」是一種義務概念，使他們由於道德律而與之聯繫在一起；——而是爲了達到它的這一目的，它就選擇了戰爭。

於是我們就看到有許多民族，從他們語言上的統一性就可以辨認出他們血緣上的統一性。例如，在北冰洋的這一邊有薩摩雅德人，而相距兩百德哩㉟之外在阿爾泰山的另一邊又有一個民族操著類似的語言，在其間橫亙著另一個騎馬的，因之是好戰的民族，即蒙古人，把他們種族的這一部分和在最無法居住的冰雪地帶的那一部分遠遠地驅開，他們本來絕不會是出於自己的意願而散布到那裡去的㊱。同樣還有歐洲最北部地帶被稱爲拉普人的芬蘭人，他們由於歌德人和薩馬提亞人㊲入侵其間而和現在已經距離得那麼遙遠，但在語言上卻與他們同出一源的匈牙利人隔離開來。並且除了戰爭這一大自然用之於使大地上到處都能有人居住的工具之外，還有什麼別的能把愛斯基摩人（這個與所有的美洲人全然不同的種族，或許是太古歐洲的冒險者吧）趕到美洲北部，把佩沙拉人（Pescheräs）㊳趕到美洲南部直到火地島上去呢？然而戰爭本身卻並不需要任何特殊的動力，而是好像就充塞在人性之中並且甚而被當作是某種高貴的東西，人類受了榮譽心的激發，沒有自私自利的動機就會去作戰；從而戰鬥勇氣（在美洲野人那裡以及在騎士時代的歐洲人那裡）就被斷定爲具有直接的偉大價值，不僅僅是當戰爭已經發生時（很合時宜地那樣），而且還爲了要有戰爭發生。於是往往僅只爲了表現戰鬥的勇氣就引起了戰爭，因而戰爭本身也就被賦予一種內在的價值，甚至於就連哲學家也讚頌它是人道的某種高貴化，竟忘懷了希臘人的那條格言：「戰爭之爲害，就在於它製造的壞人比它所消除的壞人更多。」——關於大自然爲了她自身的目的而對一個動物品種所做的事，已經談得夠多了。

現在就來談有關永久和平觀點的最根本的問題：關於人類自己的理性使之成爲自己的義務的那個目的，因而也就是在鼓勵他們的**道德觀點**上，大自然都做了些什麼？它如何保證人類通過大自然的強制確實**將會**做到他們根據自由法則所**應該**做到但沒有做到的事情，而又不傷害這種自由？並且還得是根據公共權利的全部這三種關係，即**國家權利**、**國際權利**和**世界公民權利**。——當我談到大自然時說：她**要求**成就這樣或那樣的事；這並不等於說：她強加給我們以一種**義務**要做到這一點（因爲只有不受強制的實踐理性才能做到這一點），而是說無論我們願意與否，她本身都**會做**到這一點（fata volentem ducunt, nolentem trahunt〔命運引導著願者，驅遣著不願者〕[39]）。

1. 即使一個民族不是由於內部的不和而不得不使自己屈服於公開法律的強制之下，戰爭也會從外部做到這一點的；因爲根據上面提到的大自然的安排，每一個民族都發現自己與另一個緊逼著自己的民族爲鄰，對此它就必須從內部使自己形成一個**國家**，以便作爲一個強權能武裝起來進行對抗。可是唯有**共和**的體制才是完美地符合人類權利的唯一體制，但也是極其難於創立而又更加難於維持的體制，乃至許多人都認爲它必須得是一個**天使**的國家，因爲人類以其自私的傾向是不能夠有那麼崇高的形式的體制[40]。可是現在大自然就來支持這種受人敬愛的，但在實踐上又是軟弱無力的，建立在理性基礎之上的公意（allgemeine

Wille）㊶了，而且還恰好是通過這種自私的傾向。於是它就只不過是一個國家怎樣組織良好的問題（這一點確實是在人類能力的範圍之內），可以使他們每一種力量都彼此是那樣地互相針對，以至於其中的一種足以防止另一種的毀滅性的作用或者是抵消它們。於是對於理性來說，所得的結果就好像是雙方根本就不存在似的；而一個人即使不是一個道德良好的人，也會被強制而成爲一個良好的公民。

建立國家這個問題不管聽起來是多麼艱難，即使是一個魔鬼的民族也能解決的（只要他們有此理智）；那就是這樣說：「一群有理性的生物爲了保存自己而在一起要求普遍的法律，但是他們每一個人又秘密地傾向於把自己除外；他們應該是這樣地安排並建立他們的體制，以至於儘管他們自己私下的心願是彼此極力相反的，卻又如此之彼此互相防止了這一點，從而在他們的公開行爲中其結果又恰好正像他們並沒有任何這類惡劣的心願是一樣的。」

這樣一個問題是必定可以解決的。因爲它並不在於人類道德的改善，而只在於要求懂得那種大自然的機制我們怎樣才能用之於人類，以便這樣地指導一個民族中間的那些心願不和的衝突，使他們自身必須相互都屈服於強制性的法律之下，並且必須導致使法律能在其中具有力量的和平狀態。我們從實際上現有的但組織得很不完美的國家中，也可以看出這一點，即它們在對外關係上已經非常之接近於權利觀念所規定的了，儘管那原因確實並不是內在的道德。（因爲正如良好的國家體制並不能期待於道德，倒是相反地一個民族良好道德的形成首先就要期待於良好的國家體制。）因而大自然的機制就通過彼此在外部自然而然是互相對抗著的自私傾向，而可以被理性用來作爲爲它自身的目的，即權利的規定，掃清道路的工具；從而在國家本身力所能及的範圍內也就促進並保障了內部的以及外部的和平。

所以這也就是說：大自然在不可抗拒地**要求著**權利終將保持其至高無上的權力。我們目前所未能經心做到的事，終將由於其自身而實現，雖然會帶有許多的不便。——「我們太強烈地彎曲一根葦草，它就會折斷；誰要求得太多，就什麼也要求不到。」布特維克（Friedrich Bouterwek）。㊷

2.國際權利的觀念預先假定有許多互相獨立的毗鄰國家的分別存在，儘管這樣一種狀態其本身已經就是一種戰爭狀態了（假如沒有一種各個國家的聯合體來預防敵對行動爆發的話）；可是從理性觀念看來，就是這樣也要勝於各個國家在另一個淩駕於一切之上的，並且朝著大一統的君主制過渡的權力之下合併爲一體，因爲法律總是隨著政權範圍的擴大而越發喪失它的分量的，而一個沒有靈魂的專制政體在它根除了善的萌芽之後，終於也就會淪於無政府狀態。然而每一個國家（或者說它的領袖）卻都在這樣嚮往著要以這一方式而進入持久和平的狀態，可能的話還要統治全世界。但是**大自然**則要求它是另一樣。——大自然採用了兩種手段使得各個民族隔離開來不至於混合，即**語言**的不同與**宗教**的不同㊸；它們確實導致了互相敵視的傾向和戰爭的藉口，但是隨著文化的增長和人類逐步接近於更大的原則一致性，卻也會引向一種對和平的諒解，它不像那種專制主義（在自由的墳場上）那樣是通過削弱所有的力量，而是通過它們在最生氣蓬勃的競爭的平衡之中產生出來並且得到保障的。

3. 正如大自然很聰明地分隔開了各個民族，而每一個國家的意志卻是哪怕根據國際權利也會高興通過陰謀或者暴力而把它們都統一於自己之下的；另一方面則同樣地世界公民權利的概念在抗拒暴力行爲和戰爭方面所無從加以保障的各個民族，大自然也就通過相互的自利而把它們結合在一起。那就是與戰爭無法共處的**商業精神**，並且它遲早會支配每一個民族的。因爲在從屬於國家權力的一切勢力（手段）之中，很可能**金錢勢力**才是最可靠的勢力；於是各個國家就看到（確實並不是正好通過道德的動機）自己被迫不得不去促進榮譽的和平，並且當世界受到戰爭爆發的威脅時要通過調解來防止戰爭，就彷彿它們是爲此而處於永恆的同盟之中那樣；因爲按照事物的本性來說，能夠出現進行戰爭的偉大同盟是極其罕見的事，而能夠成功的就更加罕見了。

大自然便以這種方式通過人類傾向的機制本身而保證了永久和平；確實並不是以一種（在理論上）很充分的確切性在**預告**它們的未來，但在實踐的觀點上卻已足夠了，而且還使得我們爲這一（並不純屬虛幻的）目的的努力成爲了一種義務。

第二條 系 論

對永久和平的秘密條款

在公共權利的談判中而有一項秘密條款，這在客觀上，也就是說從其內容來考慮，乃是一種矛盾；然而在主觀上，從裁決它的當事人的身分來判斷，則其中卻很可以有一項秘密，而公開宣布自己是秘密條款的作者就會使自己的尊嚴感到爲難了。

唯一一項屬於這類的條款就包括在這一命題中：「**哲學家有關公共和平可能性的條件的那些準則**，**應該被準備進行戰爭的國家引爲忠告**。」

一個國家的立法權威，人們自然而然地必定要賦之以最大的智慧，但在有關自己對別的國家的行爲的原則上卻要聽取**臣民**（哲學家）的教誡；這對他們彷彿是藐視似的。然而這樣做卻是十分可取的。因此國家就要**不聲不響地**（因此同時就保持秘密地）**請求**哲學家來**進行這個工作**，這就等於說：國家要**允許**他們自由地和公開地**談論**進行戰爭和調解和平的普遍準則。（因爲這件事是他們自身就會做到的，只要人們不加以禁止。）國家彼此之間有關這一點的協議，也並不需要國家之間在這方面有任何特殊的議定書；而是它早就通過普遍的（道德-立法的）人類理性而被奠定在人類的義務之中了。

但這裡的意思並不是說：國家必須給予哲學家的原則以優先於法學家（國家權力的代表人）的裁決的地位；而只是說人們應該**傾聽**他們。成爲法學家的標誌的乃是權利的**天秤**而且緊跟著也還有正義的**寶劍**㊹；他們常常要使用後者不僅是爲了防止對於前者的一切外來影響，而且還要在天秤的一端不肯下沉的時候就把寶劍投到那上去（vae victis〔戰敗者有禍了！〕）。法學家並非同時（按道德來說）也是哲學家，他們在這方面受到極大的誘惑，因爲他們的職務就是要運用現成的法律，而不是要研究它本身是否需要改良；並且他們還把自己這種實際上是低級的系科，由於它（正如在其他兩個系科㊺的情形一樣）伴有權力的緣故而當作是高級的。——哲學系在這種結盟勢力的面前只占有一個很低下的級別。例如，據說哲學就是神學的**侍女**（而且對於其他兩種也是這樣說的。）——但是人們並沒有正確地看出：「她究竟是在她的高貴的女主人的前面擎著火炬呢，還是在後面曳著長裙呢？」

不能期待著國王哲學化或者是哲學家成爲國王，而且也不能這樣希望，因爲掌握權力就不可避免地會敗壞理性的自由判斷。但是無論國王們還是（按照平等法律在統治他們自身的）國王般的人民，都不應該使這類哲學家消失或者緘默，而是應該讓他們公開講話；這對於照亮他們雙方的事業都是不可或缺的，而且因爲這類哲學家按其本性不會進行陰謀詭計和結黨營私，所以也就不會蒙有**宣傳家**這一誹謗的嫌疑了。

附錄

一　從永久和平的觀點論道德與政治之間的分歧

道德作爲我們**應該**據以行動的無條件的命令法則的總體，其本身在客觀意義上已經就是一種實踐。在我們已經向這種義務概念承認其權威之後還要說我們不**能**做到，那就是顯然的荒謬。因爲那樣的話，這個概念就從道德裡面自行勾銷了（ultra posse nemo obligatur〔超出能力之外，就沒有人負有義務。〕）。因而作爲應用的權利學說的政治，與作爲只是在理論上的這樣一種權利學說的道德就不可能有任何爭論（因而實踐和理論就不可能有任何爭論）。因爲那樣，我們就必須把後者理解爲一種普遍的智慮學說，亦即一套如何選擇對既定的目標最爲有利的權宜手段的準則的理論；這也就是根本否認有什麼道德了。

政治說：「**你們要聰明如蛇**」；道德（作爲限制的條件）又補充說：「**還要老實如鴿**」[46]。如果這兩者不可能共處於一項誡命（gebot）之中，那麼政治和道德就確實是有爭論的；但是如果這兩者完全可以結合，那麼這一對立的概念就是荒唐的，而如何解決這一爭端的問題也就根本不能作爲一個問題提出來。儘管**誠實是最好的政策**這個命題包含著一種理論，可惜是一種實踐常常與之相矛盾的理論；可是同樣的理論命題：**誠實要比任何政策更好**，則是無限地高出於一切反駁之上，而且確實是一切政策必不可少的條件。

道德的守護神並不向朱彼德（權力的守護神）讓步，因爲後者也要服從命運。這就是說，理性並沒有得到充分啓明，能觀察到整個一系列前定的原因，可以預先就宣告，根據大自然的機制從人類的所作所爲會得出什麼樣幸運的或不幸的後果來，（儘管是希望它如願以償。）但是我們爲了（按照智慧的規律）保持在義務的軌道上所必須做的事，理性卻已經爲此處處都充分清楚地給我們照亮了通向終極目的的道路。

但是實踐家（道德對於他只是純理論）卻把他之無情地剝奪掉我們善意的希望（即使是承認了**應該和可能**）恰好是放在這一基礎之上：他自命從人性出發可以預見到，人是絕不會**願意**實現那種爲了導致永久和平的目的所需要的東西。——的確，每一**個個別的**人要求在一個法律體制之下按照自由的原則（即每個人的意志之**個別的**統一性）而生活的意願，對於這個目的還是不夠的，而是爲此還需要**所有的人**一起都願意這種狀態（即聯合意志的**集體的**統一性），都要求解決這個艱巨的任務；由此就有了公民社會的整體。可是既然在所有的個體意願的不同之上還必須再加上一個他們那聯合的原因，以便從中得出一個共同的意志來，而這一點又是所有的人之中沒有任何一個人可以做得到的；所以（在實踐中）**實現**這一觀念時就不能指望權利狀態有任何別的開端，除非是通過**強力**而告開始，隨後公共權利就建立在它那強制的基礎之上。所以它就——既然我們在這方面本來就不大能把立法者的心意估計爲，他在使一群野人結合成一個民族之後，會留待他們通過自己共同的意志去實現一種權利體制，——確實是事先早已使我們預期到這種（理論的）觀念在實際經驗中會有巨大的偏差。

從而這就是說：凡是一旦掌握了權力的人，誰也不肯讓人民去替他制定法律的。一個國家一旦處於不受制於任何外來法律的地位，就不會在自己應該怎樣反對別的國家而追求自己的權力的方式上，使自己依賴於別的國家的裁判。甚至於一個大陸，當它感到自己淩駕於別的大陸之上的時候，哪怕別的大陸並沒有妨礙它，也不會不去利用那種由於掠奪它們或者是乾脆統治它們而加強自己力量的手段。於是關於國家的、國際的以及世界公民的權利的理論的全部規畫，這時就都化爲空洞的、烏有的理想；反之，唯有以人性的經驗原則爲基礎的實踐，而不認爲從世界上實際發生的情況中爲自己的準則汲取教訓是件低賤的事，才能夠希望爲國家智慮的建築找到一個牢靠的基礎。

確實，如果並沒有自由以及以自由爲基礎的道德法則的存在，而是一切發生的或可能發生的事情都僅僅只是大自然的機械作用；那麼政治（作爲利用這種作用來治理人的藝術）就完全是實踐的智慧，而權利概念就是一種空洞的想法了。但是假如還發現絕對有必要把權利概念和政治結合起來，甚至於還得把它提高爲政治的限定條件；那麼就必須承認這二者的可結合性。我雖然很能想像一位**道德的政治家**，也就是說一個這樣地採用國家智慮的原則使之能夠與道德共同存在的人；但卻不能想像一位**政治的道德家**，即一個這樣地爲自己鑄造一種道德從而使之有利於政治家的好處的人。

道德政治家應該以如下這一點作爲自己的原則：當一旦發現國家體制或國與國的關係有人們所無法預防的缺陷時，那就有義務，尤其是對國家領袖來說，要考慮怎樣才能盡可能迅速地加以改善，並使之符合於理性觀念所呈現於我們眼前作爲典範的那種自然權利，哪怕這樣會付出犧牲自我利益的代價。可是既然國家的或世界公民的結合紐帶在另一種更好的體制尚未準備好取代它的地位之前就告破裂，乃是完全違反與道德相一致的國家智慮；所以要求每一種缺陷都必須立即急遽地加以變更就是荒謬的了。然而至少這樣一種改變的必要性的準則應該是放在當權者的心上，以便能始終不斷地趨向於（根據權利法則的最好的體制）這一目的；這一點對於他甚至還是必須的。一個國家很可以對自己以共和制進行**治理**，即使它按照當前的憲法仍然具有專制的**統治權**，直到這個民族終將逐漸地有能力接受法律權威觀念的影響（就彷彿是它具有物理的權力那樣）並從而將發現足以能爲自己立法（這本來就是以權利爲基礎的）爲止。如果通過一場由壞的體制所造成的**革命**的激盪，以不合權利的方式竟形成了一種更合法的體制，那麼這時候再要把這個民族重新帶回到舊的體制裡去，就必須被認爲是不能容許的事了；儘管在這場革命中每一個以暴力或者陰謀參與進去的人，都要理所當然地受到對叛亂者的懲處。但是就國與國的外在關係而言，則不能要求一個國家放棄它的體制，哪怕是專制體制（而那對外部的敵人卻是更強而有力的），只要它冒有馬上被別的國家所吞併的危險；因而就必須允許它那計畫的實施，推延到更好的時機[47]。

往往也會有這種情形：專制化的（在執行上犯了錯誤的）道德學家（由於過分急促所採取的或推

薦的措施）以各式各樣的方式違反了國家智慮，那麼經驗也必定會從他們對大自然的這種違反那裡，把他們一步一步地帶到更好的軌道上來。與此相反，道德化的政治家卻在人性沒有**能力**按照理性爲他們所規定的觀念而達到善的這一藉口之下，掩蓋著違反權利的國家原則，他們就只是儘量在**使得**改善成爲**不可能**並使權利的破壞永世長存而已。

這些長於國家智慮的人並沒有他們所誇耀的那種實踐，反倒是和**實踐家**走到了一起，由於他們（爲了不至於放過自己的私人利益）一心只在考慮阿諛奉承當今的統治權力而付出了全民族以及可能的話是整個世界作爲代價，於是也就像眞正的法學家（是職業化的法學家，而不是**立法**的法學家）那樣在政治上走過了頭。因爲他們的任務並不是去思索立法本身，而是去執行當前本國法典的命令；所以對於他們來說，每一種現行的法律體制以及當其被上級改動時那種隨之而來的法律體制，就必定永遠都是最好的；於是萬事萬物就都處於它自身所屬的機械次序之中。然而這種隨機應變的靈巧性也給他們灌注了一種幻覺，即他們能夠根據權利概念（因而是先天的，並非經驗的）來判斷一般**國家體制**的原則；他們大肆宣揚自己認識了**人**（這確實是可以期待的。因爲他們必須和很多的人打交道），其實卻並不認識**人**以及人可以造就成爲什麼樣子（這需要有更高一級的，進行人類學考察的立足點）。他們以這種概念去處理爲理性所規定國家權利和國際權利的時候，也就不可能是別樣而只能是以陰謀詭計的精神邁出這一步。他們在這裡還是遵照著他們所習慣的老路（即一種專制地加以規定的強制性法律的機械作用），然而在這裡唯有理性的概念才會懂得僅僅根據自由原則來奠定一種合法的強制，而首先正是通過這一點一種建立在權利之上的持久的國家體制才是可能的。但是這一任務，這位自命爲實際家的人卻相信能夠越過那種觀念，而僅憑迄今爲止建立得最爲持久但大部分卻與權利相違反的國家體制的經驗，就可以從經驗上加以解決。

他在這上面所使用的準則，（儘管他不肯把它們公開），大致可以歸結爲如下幾種詭辯式的準則。

1. Fac et excusa〔做了再說〕。抓住有利的時機擅行竊據權利（或者是國家對其人民的權利，或者是對另一個毗鄰國家的權利），**事後**再進行辯解並對暴力加以掩飾，（尤其是在前一種情形下，當國內的最高權力同時也就是人們必須聽從而不容置疑的立法當局的時候）；這就比事先想好令人信服的理由並且還等待著別人對它們反駁，要更加輕易而又漂亮得多。這種果斷性其本身就賦給這一行動的合權利性以一種充滿內在信心的面貌，而 bonus eventus〔結局成功〕之神則是事後最好的權利代理人。

2. Si fecisti, nega〔如果幹了，就否認〕。你自己犯下了罪行，例如把你的人民帶入絕境從而引起暴亂，一定要否認那是**你的**過錯，而要斷言那是臣民頑抗的過錯。或者是你征服了一個鄰近的民族，就要斷言那是人性的過錯，即如果不用強力對別人占先，就確實得估計到別人先要用強力來對付自己並征服自己了。

3. Divide et impera〔分而治之〕。這就是：如果在你的人民中間某些有特權的領袖人物選出你來僅僅是作爲他們的最高領袖（primus inter pares〔平等中的首位〕），就要挑撥他們彼此不和並使他們與人民分裂。要表示擁護人民享有更大的自由這一前景，於是一切就都會依賴於你那絕對無條件的意志了。或者如果是對外國的話，那麼在他們中間挑起糾紛就確實是最可靠的辦法，可以在支援弱國的幌子下一個一個地使他們相繼屈服。

的確，現在沒有人會再受這些政治準則的欺騙了，因爲它們都已經是人所周知。可是對這種情形他們毫不羞愧，就好像是不正義在眼前暴露得太公開了似的。因爲列強在普通群眾判斷的面前是從來不知羞愧的，他們只是一個在另一個的面前才會羞愧。而且就這些原則而論，也並不是把它們公開出來而是唯有它們的**失敗**才能使他們感到羞愧（因爲在這些原則的道德方面，他們大家全都是彼此一致同意的）；所以他們也就總還保留著**政治榮譽感**，這一點是可以料定的，而那就是不擇手段地**擴充自己的勢力**的政治榮譽感[48]。

* * *

所有這些不道德的把人類從自然狀態的好戰之中引向和平狀態的智慮學說的曲折，至少是說明了這些：人類在他們的私下關係中也正如在他們的公共關係中是同樣地不能迴避權利概念的，也不能信賴僅憑智慮的手腕就可以公開地奠定政治；因而也就絕不能廢棄任何服從公共權利的概念（這一點在國際權利中特別突出），而是應使它得到全部應有的尊重；雖然他們又千方百計地托詞藉故要在實踐上規避它，並把成爲一切權利的根源與聯索的權威推給狡猾的強權。

爲了結束這種詭辯術，（即使不是結束被它所掩飾的不正義），並且使大地上權勢者們的這些假代表供認他們所宣傳的並不是有利於權利而是有利於強權，由於這一點他們才採取了彷彿他們自己就可以在這上面發號施令的那種語氣；最好就是揭發他們用以自欺欺人的那種幻象，挖掘出來永久和平的目標所由以出發的那種最高的原則，並且指明：一切妨礙永久和平的壞事都是由於政治道德家是從道德政治家正當地已告結束的地方而開始，並且當他這樣以原則從屬於目的的時候（這就是把馬駕在車後面），也就毀壞了他自己要使政治與道德相協調的這一目標。

爲了使實踐哲學得以和它自身相一致，就有必要首先決定這個問題：在實踐理性的任務中我們究竟應該以它的物質的原則，即（作爲自由選擇的對象的）目的，作爲起點呢？還是應該以形式的原則，即（僅僅基於對外關係的自由）的原則作爲起點呢？這後者就叫作：「應該這樣行事，從而可以使你的準則成爲普遍的法則（不管它所要求的目的可能是什麼）。」[49]

毫無疑問，這後一條原則必須領先，因爲它作爲權利原則具有著無條件的必要性，反之前一條卻僅僅在事先給定的目的具備經驗的條件，亦即它是可以實現的，這一前提之下才是必要的。假如這一目的（例如，永久和平）也是義務，那麼它本身就必須是從對外行爲準則的形式原則裡面推導出來的。——現在第一條原則，即政治道德家的原則（國家的、國際的和世界公民的權利問題），是一個純技術問題（problema technicum）；與此相反，第二條原則對於道德政治家則是一個道德問題（problema morale），它作爲道德政治家的原則在處理導致永久和平的問題上便與前一條有天壤之別，這時候我們願望著永久和平就不僅僅是作爲一種物理上的善，而且還是作爲由於承擔義務而產生的一種狀態。[50]

爲了解決第一個問題，即國家智慮問題，就需要有很多自然知識才能利用它那機制來達到設想中的目的；然而這一切在關係到永久和平上，其結果都是無從確定的，無論我們在公共權利的這三部分之中採用的是這一種或那一種。究竟是靠嚴刑峻法還是靠虛榮引誘才能更好地保持人民長時期地聽話而又興旺，究竟是靠一個人的最高權力還是靠更多的領導人的聯合，或者說僅僅是靠勳貴還是靠國內的人民權力；這些都是無從確定的。關於任何一種政權形式，我們在歷史上都有相反的例證，（但眞正的共和制除外，唯有這種制度才能投合一位道德政治家的心意。）——而更加無從確定的則是根據大臣們擬定的規畫而號稱建立起來了的國際權利；它實際上只是一種毫無內容的空話，並且它所依賴的契約在其簽訂的當時就已經包含了違反它們的秘密保留。

與此相反，第二個問題，即國家智慧問題的解決則可以說是其本身所強加給我們的，它對每個人都是雪亮的並且使得一切弄虛作假都成爲可恥的事。它直截了當地把人引向目的；但是由於智慮上的考慮，它並不匆匆忙忙地強行把人拖到那裡去，而是按環境有利的狀況使人不間斷地趨近於它。

這就是說：「首先應該追求純粹實踐理性的王國及其正義，於是你的目的（即永久和平的福祉）

也就會自行來臨。」因為道德本身具有這樣一種特性，而尤以在有關它那公共權利的原則（因而是關係到一種可以先天認識的政治）方面為然，即它越是使行為不依賴於預定的目的，即我們意圖中的無論是物理的或是道德的利益，它就越會與後者普遍地符合一致。而其所以如此，就正因為唯一決定人類權利是什麼的，乃是先天給定的（在一個民族之中的或者是在不同民族相互之間的關係上的）公意。然而只要澈底加以實行，那麼所有的人的這一結合就會根據大自然的機械作用而同時可以成為實現預定目的的作用的以及造成權利概念效果的原因。——於是，例如，這就是一條道德政治的原則了：一個民族應該根據自由和平等這一唯一的權利概念而結合成一個國家，並且這一原則並不是以智慮而是以義務為基礎的。關於人群進入社會的自然機制，政治道德家盡可以提出那麼多的反對的辯難來削弱這種原則和破壞它們的目標，或者還力圖以古代和近代的體制組織不良的事例（例如民主政體而沒有代議制）來證明他們的反對主張；但是他們卻不值得聽信。尤其是這樣一種腐朽的理論，它本身就很可以造成它所預言的那種天禍；這種理論把人類和其他有生命的機體都劃歸一類，他們只須具備自己並不是自由的生命這種意識，就足以使他們在自己的判斷裡成為世界上一切生命中最悲慘的生命了。

有一條已經成為諺語的，聽來有點誇大但卻很真實的命題是：fiat iustitia, pereat mundus〔哪怕世界消滅，也要讓正義實現。〕；這句話在德文裡就是：「讓正義統治吧，哪怕世界上的惡棍全都倒臺。」這是一條健全的權利原理，可以掃除一切由詭詐或暴力所描繪的曲折的道路；只是這卻不可被誤解，被理解為多少是允許人極其嚴厲地去運用自己的權利（這會與倫理的義務相衝突的），而是應該理解爲當權者有責任不可出於對任何人的厭惡或憐憫而拒絕或者削減他的權利。爲此，首先就需要一個國家有一種根據純粹權利原則而建立的內部體制，然後還需要有這個國家和其他各個遠近鄰國聯合起來（類似於一個普世國家[51]那樣）合法地調解他們的爭端的體制。——這一命題所要說的無非就是：政治準則絕不能從每一個國家只要加以遵守就可以期待到的那種福利或幸福出發，因此也就絕不能從每一個國家以之爲自己的對象的那種目的出發，即從作爲國家智慧的最高的（但又是經驗的）原則（的意志）出發；而是應該從權利義務的純粹概念出發（從它的原則乃是由純粹理性所先天給定的「當然」而出發），無論由此而來的後果可能是什麼樣子。世界是絕不會由於惡人減少了就沒落的。道德的惡有著一種與它的本性分不開的特點，那就是它在它的目標上（尤其是在對其他同樣意圖的人的關係上）是自己違反自己並且要毀滅自己的；於是這也就爲（道德的）善的原則準備了道路，儘管還要經歷漫長的進步。

* * *

所以在**客觀上**（在理論上），道德與政治之間根本就沒有任何爭論。反之，在**主觀上**（在人類自私的傾向上，但它絕不能稱爲實踐，因爲它並不建立在理性準則的基礎上），則它卻可能並且還會始終存在著，因爲它充當了砥礪道德的磨石。而道德的眞正勇氣（根據這條原則：tu ne cede malis, sed contra audentior ito〔你不可向惡讓步，而是要格外勇敢地去反抗它。〕[52]）在當前的情況下倒不在於以堅定的決心去面迎為此所必須承受的災禍和犧牲，反而在於要看清楚我們自身之中遠為危險的、狡詐的和欺騙而又詭辯的，炫弄人性的弱點在為一切違法侵犯權利的罪行進行辯護的那種惡的原則，並且要戰勝它那陰謀。

事實上，政治道德家可以說：執政者與人民或民族與民族當他們以武力或陰謀互相作戰時，並沒有**相互**犯下不義，儘管他們由於拒絕尊重那種唯有它才能奠定和平於永久的權利觀念也就一般地犯下了不義。因為他們這一個對另一個踐踏了自己的義務，另一個也就正好同樣在有意對這一個違反權利；於是當他們彼此互相毀滅的時候，**所發生的**事情就對雙方都是完全正當的。但是這些種族卻總會保留下來足夠的數量，以便使這種角逐直到最遙遠的時候都不致中斷，從而後世有朝一日總可以把他們當作一個借鑑。天意在世界的行程之中就由此而被證明了是正當的，因為人類的道德原則是永遠不會泯滅的，它會由於文化的不斷進步而按照那種踏實的理性原則不斷地在實用中增進它對權利觀念的實現，可是隨著它同時也還有侵犯權利的罪行。如果我們認為人類永遠不會而且不可能得到改善，那麼造化本身，亦即居然有這樣一種腐化了的生命會存在於大地之上，看來就不能被任何辯神論（theodicae）證明是正當的了。然而這種判斷的立足點對於我們來說未免高不可攀，除非是我們能在理論觀點上把我們（關於智慧）的概念歸之於至高無上的，為我們所不可窺探的力量。

我們會不可避免地被驅向這種絕望的結果，假如我們不認為純粹的權利原則具有著客觀的現實性，也就是說它們本身是可以實現的，並且一個國家之內的人民以及更進一步還有各個國家相互之間都必須依照它來行事的話，不管經驗的政治家可能對此提出什麼樣的抗議。因此眞正的政治不先向道德宣誓效忠，就會寸步難行。儘管政治本身是一種艱難的藝術，然而它與道德的結合卻根本不是什麼藝術，因爲只要雙方互相衝突的時候，道德就會剪開政治所解不開的死結。

人的權利是不可褻瀆的，無論它可能使統治權付出多麼大的犧牲。我們在這上面不能半途而廢並設計出一種（介乎權利與功用之間的）實用的·有條件的權利的中間品，而是一切政治都必須在權利的面前屈膝；只有這樣才能希望達到，雖然是長路漫漫地，它在堅定不移地閃耀著光輝的那個階段。

二　根據公共權利的先驗概念論政治與道德的一致性

如果我也像法學教師們所構想的那樣，從公共權利的全部**質料**之中（就國家之內人與人的或者還有各個國家相互之間各種不同的由經驗所給定的關係）進行抽象，那麼我就只剩下**公共性這一形式**；這種可能性是每一項權利要求中都包含著的，因爲沒有它就不會有正義（正義是只能被想像爲可以**公開宣告的**），因而也就不會有權利，權利僅僅是由正義所授予的。

這種公共性的資格是每一種權利要求必須具備的。既然它本身在當前的情況下是否出現，也就是說它是否可以和行爲者的原則相結合，是很容易加以判斷的；所以它也就很容易給出一條應用簡便的，可以在理性中先天找到的標準來。而在後一種情況下[53]，則設想中的要求（praetensio iuris〔法律的藉口〕）的虛假性（違反權利性）馬上就可以像通過純粹理性的一次實驗那樣地被識別出來。

從國家的與國際的權利中所包括的全部經驗的東西（諸如人性的惡使得強制成爲必要）進行了這樣一場抽象之後，我們就可以把如下的命題稱爲公共權利的**先驗公式**：

「凡是關係到別人權利的行爲而其準則與公共性不能一致的，都是不正義的。」

這一原則應該看作不僅是**倫理的**（屬於道德學說的）而且也是**法理的**（涉及人類權利的）。因爲一條一經膽敢**洩露**就會因之而破壞我自己的目標的準則，如果它要能夠成功，就必須澈底加以隱瞞，而且我又不能**公開承認**它而不因之不可避免地會激起大家都來反對我的企圖；那麼大家這種必然而普遍的，因而是先天就可以洞見到的對我的反抗，除了是由於它藉以威脅每一個人的那種不正義之外，就不會是由於什麼別的了。——此外，這一原則還僅僅是**消極的**，也就是說它只是用來藉以識別什麼東西對別人是**不正義**的。——它就好像公理一樣有著不可證明的確切性，並且又是很容易應用的，正如從以下有關公共權利的事例中就可以看出。

1. **關於國家權利**（ius civitatis〔國家法或民法〕）或國內權利。這裡出現一個問題是很多人認爲難以回答的，但卻極其容易被公共性這一先驗原則加以解決：「對於一個掙脫所謂暴君（non titulo, sed exercitio talis〔不是在頭銜上，而是實際行動如此〕）的暴力壓迫的民族，反叛是不是一種合權利的手段？」人民的權利受到了損害，而他（暴君）被推翻也沒有任何不正義；這一點是毫無疑問的。可是臣民方面要以這種方式來追求自己的權利，則沒有什麼是在最高的程度上比這還更加不義的了。並且如果他們在這場鬥爭中失敗而且隨後必定因此遭受最嚴厲的懲處，他們也就同樣地[54]不能怨尤不正義。

這個問題如果我們想從對權利基礎加以教條式地演繹而得出來，那麼贊成的和反對的就可能會有許多辯難；唯有公共權利的公共性這一先驗原則才能免除這類糾纏。按照這一原則，一個民族在建立公民契約[55]之前就應該自問，是否它自己敢於公開承認企圖在適當時機造反舉事這條準則。我們很容易看出，如果我們要把在某種未來的場合下使用暴力反對領袖這一條作爲創立國家體制的條件，那麼人民就必須自命有高於領袖之上的合權利的權力。於是領袖就不成其爲領袖了。或者，假如使雙方都成爲建立國家的條件，那麼也就根本沒有可能有任何的國家了，然而國家卻是人民的目標。因此反叛的不義就由於如下這一點可以了然，即這條準則本身正由於人們**公開加以擁護**，而使得它自己的目標成爲不可能。因此人們就有必要隱瞞它。

但是這後一點在國家領袖這方面卻不是必要的。他可以自由地宣布他要懲罰任何反叛，處死渠魁，儘管反叛者們也可以總是相信他才是首先在他那方面踐踏了根本法的；因爲當他意識到自己擁有**不可抗拒的**最高權力時，（這一點在每種公民體制中都是必須假定的，因爲一個人不具備充分的權力可以保護人民中的每一個以防範另一個，便沒有權利向他們發號施令，）那麼他就無須擔心由於宣告了他的準則而破壞他自己的目標。與此緊密相聯繫的則是，如果人民的反叛獲得成功，領袖就又回到臣民的地位上來，他也同樣地不得發動任何復辟的反叛，也無須害怕要爲他已往的國事領導進行作證[56]。

2. **關於國際權利**。——唯有在某種權利狀態（也就是權利的外部條件，在這種條件下人類才能眞正分享到一種權利）的前提之下，才能談得到國際權利。因爲作爲一種公共權利，它在自己的概念裡就已經包括了公開宣布有一種在給每個人規定權利的公意；並且這種 status iuridicus（法理狀態）必定是出自某種不可能建立在強制法的基礎之上的契約（就像是一個國家所由之而產生的契約一樣），至多也就只能是一種**持續的**-自由的結合而已，有如前面所提到的各個國家的聯盟那樣。因爲沒有某種把不同的（物理上或道德上的）個人積極聯繫起來的**權利狀態**，因而就是在自然狀況之中，也就不可能有別的東西而只能有私人權利。——於是這裡也就出現一場政治與道德之爭（道德被當作一種權利學說），而在這上面，準則的公共性那條標準又同樣很容易地發現它自己有輕而易舉的用場，但那卻只能是：國家之間的契約把人們聯繫起來僅只以維護它們彼此之間的和平以及共同反抗另一個國家而維護和平爲目標，而絕不能是爲了進行兼併。——於是就出現了下列政治與道德之間二律背反（antinomie）的情形，同時並附之以對它們的解決辦法。

a.「如果這些國家中有一個向另一個允諾了某些東西：無論是提供援助或割讓某些土地或賠款以及諸如此類；那就可以問：在國家安危所繫的情形之下，他57是否可以這樣來解除自己的諾言，即他將以雙重身分來看待他自己；首先是作爲主權者（souverän），因爲他在他的國家裡並不對任何人負責；然後又僅僅作爲最高的國家官吏而必須向國家作證。由此而得出的結論便是：他以第一種資格使自己負有責任的，他又以第二種資格把它解除了。」但是如果一個國家（或者是它的領袖）宣布這就是它的準則，那麼十分自然地其他每一個國家就會或者是躲避它或者是和別的國家聯合起來抵制它的專橫跋扈。這就證明了，政治及其全部的狡詐根據這個尺度（公開性）也就破壞了它自身的目的，因而這條準則就必定是不正義的。

b.「如果一個毗鄰的強國增長到了強大可怕（potentia tremenda〔可怖的力量〕）的地步而使人擔憂；我們可不可以認爲，因爲它能夠，所以它就會願望著壓迫別人，並且這是不是就給小國以一種（聯合起來）進攻它的權利，儘管是事先並沒有受到侵犯？」——一個想宣布它這裡是在這樣肯定著自己的準則的國家，只會更加確實地並且更加迅速地引來災禍。因爲大國會先向小國下手的；至於小國的聯合，那對於懂得運用 divide et impera〔分而治之〕的人就只不過是一根軟弱的葦草罷了。——這條國家智慮的準則一經公開說明，就必然破壞它自己的目標，因此就是不正義的。

c.「如果一個小國由於它的位置隔斷了一個大國的整體聯繫，而這塊地方對保全大國又是必要的，那麼大國是不是有權壓服小國並把它合併到自己裡面來？」——我們很容易看出，大國絕不可宣布這樣一項準則，因爲或者是小國就會及早聯合起來，或者是別的大國就會爭奪這項戰利品，因而它由於自己的公開性就使得自己行不通。這一標誌表明，它是不正義的而且還可能是極高度的不正義；因爲不正義的一個小對象並不妨礙由此而證明的不正義可以是很大的。

3. 關於**世界公民權利**，我這裡就略過不提了，因爲它的準則由於與國際權利相類似，是很容易加以論述和評價的。

* * *

這裡在國際權利準則與公共性兩者的不可調和性這一原則中，我們便有著政治與道德（作爲權利學說）**不一致**的最好標誌。可是現在我們也需要知道，它的準則與各民族的權利得以一致的條件又是什麼？因爲絕不能反過來結論說：凡是與公共性相容的準則因此之故就都是正義的，因爲凡是具有最高決定權力的人都是不需要隱瞞自己的準則。——一般國際權利可能性的條件是：首先要有**權利狀態**的存在。因爲沒有這一點，就不會有任何公共的權利，而凡是我們在此之外（在自然狀態中）所能設想的一切權利都純屬私人權利。我們在上面已經看到：僅只以脫離戰爭爲目標的各個國家的聯盟狀態，才是唯一可以與他們的自由相結合的**權利**狀態。因此政治與道德的一致就只有在一種聯盟的結合中（它是由權利原則所先天給定的並且是必然的）才有可能。一切國家智慮都以在最大可能的範圍上建立這種結合爲其權利的基礎，沒有這個目的則它的一切巧辯就都是愚蠢和僞裝起來的不正義而已。——這種僞政治學所具有的**決疑論**，抵得上最好的耶穌會學派：既有 reservatio mentalis〔思想上的保留〕，即以這樣的提法來撰寫公共契約，使人可以隨機應變任意做出對自己有利的解釋（例如，status quo de fait 與 de droit〔事實上的現狀和權利上的現狀〕的區別）；——又有不定論（probabilismus）[58]，即把惡意編派給別人，或者甚至於把自己可能占優勢的或然性轉化爲顚覆別的和平國家的權利根據；最後還有 peccatum philosophicum〔哲學的罪行〕（也叫 peccatillum 或 bagatelle），即把吞併一個小國認爲是一件輕鬆而可以原諒的小事，只要一個**更大**得多的國家由此可以獲得據稱是更大的世界美**好**[59]。

政治對於道德的雙重性支持著它可以爲自己的目標去利用這一類或那一類道德。——仁愛和尊重**人類**權利這兩者都是義務；然而前者是**有條件**的義務，反之後者則是**無條件**的、絕對命令的義務，那是想委身於善行的甜美的感情之中的人首先所必須充分保證絕對不可侵犯的。在第一種意義上（作爲倫理學）政治是很容易同意道德的，爲的是好使人類權利向他們的在上者付出代價。但是在它必須在其面前屈膝的第二種意義上（作爲權利學說）的道德，則它發現最合適的辦法還是根本不要插進來什麼契約，而是寧可否認它的一切現實性並把一切義務都解釋成單純的好意。這種見不得光明的政治，其欺騙性是很容易由於公開出它那準則來而被哲學揭破的，只要它敢於讓哲學家公開發表他們的意見。

就這方面著眼，我要提出另一條公共權利的先驗的而肯定的原則，它的公式是這樣的：

「凡是（爲了不致失誤自己的目的而）**需要**有公開性的準則，都是與權利和政治結合一致的。」

因爲如果它們只能通過公開性而達到自己的目的，那麼它們就必須符合公眾的普遍目的（即幸福），而政治本來的任務就是要使之一致的（使公眾滿意自己的狀態）。然而如果這一目的**只有**通過公開性，也就是只有通過擺脫對它那準則的一切不信任，才能達到，那麼它那準則也就必須與公眾的權利相一致；因爲唯有在這一點上聯合一切人的目的才是可能的。

對於這一原則進一步的引申和發揮，我必須留待另外的時機。然而它是一項先驗的公式，則從它之擺脫一切經驗的條件（即幸福學說）作爲法則的材料以及它之僅僅著眼於普遍的合法則性的形式就可以看得出來。

* * *

如果實現公共權利狀態乃是義務，儘管是只存在於一種無限進步著的接近過程之中，同時又如果它是一種很有根據的希望；那麼永久和平——它迄今爲止只是虛假地隨著所謂締結和平條約（本來無非是休戰）而來——就不是一個空洞的觀念，而是一項逐步在解決並且（因爲同樣的步驟所需要的時間可望越來越短）在不斷朝著它的鵠的接近的任務了。

【注釋】

①本文寫於一七九五年（康德七十一歲），最初出版於一七九五年，柯尼斯堡，尼柯羅維烏斯出版社。一七九六年，增訂再版。譯文據普魯士皇家科學院編《康德全集》（柏林，格·雷麥版，一九一二年），第八卷，第三四一至三八四頁譯出。本文是在盧梭著作的直接啓發和影響之下寫成的；書中把社會契約論的觀點應用於人類歷史與國際關係，以之論證〈世界公民觀點之下的普遍歷史觀念〉一文中的一個基本論點，即各個國家聯合體的世界大同乃是人類由野蠻步入文明的一個自然的而又必然的歷史過程。——譯注

②「那種甜蜜的夢」指永久和平。——譯注

③一七九五年五月五日法國與普魯士締結的巴塞爾和平條約爲本書的寫作提供了背景。——譯注

④參看盧梭《社會契約論》第一卷，第六章。——譯注

⑤一個世襲的王國並不是一個可以被另一個國家所繼承的國家，但是治理它的權利則可以爲另一個生物人所繼承。這個國家於是才得到了一個統治者，但是統治者作爲這樣一個統治者（也就是領有另一個王國的人）並沒有取得這個國家。——原注

⑥係指不久前英國曾雇傭德國黑森軍隊鎮壓美國獨立戰爭。——譯注

⑦此處可能是指普魯士國王腓特烈第一（一七一三至一七四〇年）重商主義政策所積累的國庫，使腓特烈大王（第二，一七四〇至一七八四年）有可能進行七年戰爭（一七五六至一七六三年）。——譯注

⑧「一個經營商業的民族」指英國，近代國債制度最早出現於英國。——譯注

⑨ 此處「正義」原文爲 Recht，即「權利」。——譯注

⑩ calendas 爲羅馬所特有的曆法，故「按希臘的 calendas」即指遙遙無期。「遙遙無期」此處原文爲 Nimmertag 指世界末日後的一日，這一天兩個星期日重合。——譯注

⑪ 是否除了命令（leges preceptivae）與禁令（leges prohibitivae）之外，還可以有純粹理性的許可法（leges permissivae）；這是迄今爲止不無理由一直爲人所疑問的。因爲法律一般包括客觀實踐必要性的理由，而許可則包括某些行爲的實踐偶然性的理由；因而許可法就包括對於沒有人可以受到強制的那種行爲的強制。如果這兩種觀點的法律對象具有同一種意義，那就會是一個矛盾。但是在許可法這裡，預先規定的禁令僅僅涉及未來對一種權利的取得方式（例如，由於繼承）；而解除這種禁令，亦即許可法，則涉及目前的占有地位。這種占有地位在由自然狀態向公民狀態的過渡中，作爲一種雖然不合權利的，然而按照自然權利的許可法卻不失爲**榮譽的**占有，仍可以繼續延長下去，儘管它是一種推想的占有（possessio putativa）。但一旦認出了它在自然狀態之中是這樣的一種性質，則在隨後的公民狀態中（在過渡發生之後）類似的取得方式就要被禁止；如果在公民狀態中發生這樣一種設想的取得的話，延續占有的權限就不能存在，因爲這時候它作爲一種侵權是一經發現其不合權利性就必須加以廢止的。

我這裡只是附帶地想要喚起自然權利學派注意到在做著系統劃分工作的理性其本身所提供的這一 lex permissiva（許可法）的概念而已，它特別在民法（法規）中是常常加以引用的；只不過有著這樣一個區別：即禁令法是本身獨立存在的，而許可法卻不是作爲限制性的條件（像它所應該的那樣）參與到那種法律之中，而是被列爲例外的。——於是它就說：這種事或那種事是被禁止的；例外的是第一條、第二條、第三條，如此類推以至無窮。在這裡，許可並不是根據原則，而是到了事情臨頭才到處摸索而以偶然的方式加之

於法律的。因爲否則的話，條件就必定被列爲禁令法的形式，那樣一來它本身就同時成爲許可法了。——因此那位既聰明而又尖銳的溫狄士格萊茨伯爵先生所提出的那個意義深長但始終沒有得到解決的懸獎徵文（溫狄士格萊茨伯爵〔Reichgraf Josef Niklas von Windischgrätz, 1744-1802〕曾以如下問題懸獎徵文：「怎樣才能締結契約使之不得有分歧的解釋，並且不可能有關於財產轉移的任何爭論，從而使任何具有這一擬議中的形式的權利文件都不可能出現法律訴訟？」——譯者）恰好是擊中了上述問題的要害，但不久竟被人遺忘，眞是太惋惜了。因爲這樣一種（有如數學般的）條文的可能性乃是始終一貫的立法體系的唯一眞正的試金石，沒有這一點則所謂 ius certum〔確切的法律〕就始終不過是一種虔誠的願望而已。——否則的話我們就會僅只有一般的法律（一般地來說有效），而沒有普遍的法律（普遍地有效），有如看來是法律的概念所要求的那樣。

⑫ 參看霍布斯《利維坦》第十三章。——譯注

⑬ 我們通常都假定我們不可以敵對任何人，除非僅僅是他已經事實上傷害了我們。當雙方都處於公民-法治狀態之中的時候，這一點是完全正確的。因爲由於他們進入了這種狀態，他們每一方就向對方（通過對於雙方都具有強制力的權威）提供了所必須的安全保證。——但是一個人（或者一個民族）在純自然狀態之中卻取消了我們的這種保證，並且還由於他處於與我相鄰的這一狀態本身而傷害了我們，儘管不是在事實上（facto）但卻通過他那狀態的無法律性（statu iniusto〔無法律狀態〕）而經常地在威脅著我們。我們可以迫使他要麼和我們一起進入社會-法治狀態，要麼離開我們附近。因此構成以下全部條款的基礎的公理就是：一切彼此可能互相影響的人們，都必須隸屬於某種公民體制。

但就有關處於其中的個人而言，則一切合法的體制都是：

1. 根據一個民族的人們的國家公民權利的體制（ius civitatis〔民法〕），
2. 根據國家之間相互關係的國際權利（ius gentium〔國際法〕），
3. 根據世界公民權利的體制，——就個人與國家對外處於互相影響的關係中可以看作是一個普遍的人類國家的公民而言（ius cosmopolitanicum〔世界公民法〕）。

這種劃分並不是隨意的，它對永久和平的觀念而言乃是必要的。因為只要其中的一方對於另一方有著物理影響的關係卻仍然處於自然狀態，那麼戰爭狀態就會和它結合在一起，而我們這裡的目標恰好是要從戰爭狀態之中解放出來。

⑭合法的（因而是對外的）自由是不能像人們慣常所做的那樣，以如下的權限來下界說的：即只要是不對任何人採取非法行動，我們就可以做自己所願意做的一切事。因為什麼叫權限呢？那就是指行為的可能性，只要我們不因此而對任何人採取非法行動。於是闡釋就是在這樣說：自由就是一個人並不因之而對任何人採取非法行動的那種行為的可能性。一個人不對任何人採取非法行動（他可以做他所願意做的任何事），只要他不對任何人採取非法行動：由此可見，這只是空洞的同義反覆。我的對外的（合法的）自由倒不如這樣來闡釋：它乃是不必服從任何外界法律的權限，除了我能予以同意的法律之外。——同樣地，一個國家中的對外的（合法的）平等也就是國家公民之間的那樣一種關係，根據那種關係沒有人可以合法地約束另一個人而又不自己同時也要服從那種以同樣的方式反過來也能夠約束自己的法律。（關於合法的依賴性的原則，既然它已經一般存在於國家體制的概念之中，所以就不需要再做任何闡釋了。）

這種天生的，必然為人性所有的而又不可轉讓的權利，它的有效性可以由於人類本身對於更高級的存在（如果他自己這樣想的話）的合法關係的原則而得到證實和提高；因為他可以根據這同一個原理而把自己當作是一個超感世界的國家公民。因為就我的自由而論，則我自身對於神聖的、純由理性而可以被我認識到的法則並不受任何約束，除了僅僅是我自己所能予以同意的之外。（因為我首先是由於我自身理性的自由法則，才形成對神聖意志的概念。）至於除了上帝之外，就有關我多少可以想像的最崇高的世界存在者（一位偉大的永存者（「永存者」原文為Aon，源出希臘文Αἰών，指人格化的永恆時間。——譯注））的平等原則而論，則並沒有任何理由何以當我在我的崗位奉行義務，正如那位永存者在他的崗位奉行義務一樣，我就只落得有義務服從而他卻有權發號施令。——但這一平等原則之所以並不（像自由原則那樣）適用於對上帝的關係，則其理由就在於這位存在者（指上帝。——譯注）乃是義務概念到了他那裡便告中止的唯一存在者。但是至於作為臣民的全體國家公民的平等權利，則關於是否可以容許有世襲貴族這個問題的答案就完全取決於：是國家所授予的等級（一個臣民優先於另一個）必須先看功績呢，還是功績必須先看等級呢？——最明顯的就是：如果等級是和出身聯繫在一起的，那麼功績（職務能力和職務忠心）是否也會隨之俱來就是完全無法確定的了；因而那就會恰好有如它是被授給了一個毫無功績可言的倖幸者（作為發號施令的人）一樣；一項原始契約（它是一切權利的原則）裡面的人民公意是絕不會得出這種結論的。因為一個貴人並不會因此之故就是一個高貴的人（「貴人」原文為Edelmann，「高貴的人」原文為edeler Mann。——譯注）。——至於職務貴族（例如我們可以稱作一個高級官職的等級，並且那是一定要憑一個人本身的功績獲得的），那麼這種等級並不像財產那樣附著於人身，而是附著於職位的，並且平等也並未因之而受到損害；因為當他去職時，他就同時也放棄了他的等級而又回到了人民中間。

⑮「其他兩種國家體制」即專制政體與貴族政體。——譯注

⑯「腓特烈第二」即普魯士腓特烈大王。——譯注

⑰人們把常常是加給一個統治者的那些高級稱號（神聖的被膏者〔《舊約．撒母耳記》下第二章第四節：「膏大衛作猶大家的王。」《新約．路加福音》第四章，第十八節：「主的靈在我身上，因爲他用膏膏我。」——譯注〕、神意在地上的代理人、神意的代表等稱號）斥責爲庸俗的、使人頭腦發暈的諂諛；但我卻覺得沒有道理。——它們遠不會使國君高傲，而是必定會使他在自己靈魂的深處更加謙遜，假如他有理智的話（而這是我們必須假定的）；並想到他承擔的是一項對於一個人來說是過於巨大的職務，是上帝在大地上所能有的最神聖的職務，即經管人權，而且一定會隨時都戰戰兢兢不敢在什麼地方碰壞了上帝的這一珍品。

⑱馬萊．都．邦在他那天才口吻但空洞無物的言語中吹噓說：經歷多年之後他才終於達到對蒲伯那句有名的格言（指瑞士作家馬萊．都．邦〔Jacques Mallet du Pan, 1749-1800〕《論法國革命及其延續的原因》〔一七九三，德譯本一七九四〕一書，該書結尾引了英國詩人蒲伯如下的兩行詩。——譯注）的眞實性深信不疑：「讓蠢人去爭論最好的政權吧；領導得最好的那種就是最好的。」（語出英國詩人蒲伯〔Alexander Pope，一六八八至一七四四年〕《人論》III，第三〇三至三〇四頁：「政府的形式就讓蠢人去爭論；治理得最好的就是最好的。」——譯注）。如果這要說的是：領導得最好的政權就是領導得最好的，那麼用斯威夫特的話來說，他就是咬破核桃嘗到了蛆（此處徵引有誤。斯威夫特〔Jonathan Swift，1667-1741，英國小

說家〕《桶的故事》：「智慧就是一隻母雞，我們必須珍重考慮它那咯咯亂叫，因爲它下了一個蛋；然而最後它又是一枚核桃，除非你能仔細判斷選擇，不然它會費掉你一顆牙而只不過給你一條蟲。」〔《散文著作集》倫敦，一九〇〇，第一卷，第五十五頁。〕——譯注）；然而如果它的意思是說，領導得最好的政權也會有最好的政權方式，也就是國家體制，那可就大錯特錯了；因爲好政權的例子一點也證明不了政權方式。——有誰當政能比**提圖斯**和**馬爾庫斯·奧勒利烏斯**（提圖斯〔Titus Flavius Uspasianus，三十九至八十一年〕羅馬皇帝，西元七十九至八十一年在位；馬爾庫斯·奧勒利烏斯〔Marcus Aurelius Antoninus，一二一至一八〇年〕羅馬皇帝，西元一六一至一八〇年在位。——譯注）更好？可是他們一個留下來了一個**多米提安**，另一個則留下來了一個**柯莫多斯**（多米提安〔Domitian，即多米提安努斯 Titus Flavius Domitianus，65-96〕繼提圖斯爲羅馬皇帝，西元八十一至九十六年在位；柯莫多斯〔Marcus Aurelius Commodus Antoninus，161-192〕繼馬爾庫斯·奧勒利烏斯爲羅馬皇帝，西元一八〇至一九二年在位。前者以兇殘多疑聞名，後者以侈縱聞名。——譯注）做繼承人；這種事在一個良好的國家體制裡是不可能發生的，因爲他們之不適於那個職位早已爲人周知，而且統治者的權力又足以清除他們的。

⑲ 曾有一位希臘皇帝好心腸地想要以決鬥來解決他和保加利亞大君之間的爭端，保加利亞大君就這樣回答說：「有鉗子的鐵匠是不會伸自己的手去從煤火裡取出熾熱的鐵來的。」

⑳ 胡果·格老秀斯（Hugo Grotius, 1583-1645），荷蘭法學家，《戰爭與和平法》（一六二五年）；普芬道夫（Freiherr Samuel von Pufendorf, 1632-1694），德國法學家，《自然法與國際法》（一六七二年）；瓦代爾（Emmerich de Vattel, 1714-1767），瑞士法學家，《國際法》（一七五八年）。——譯注

㉑ 「眞正悲哀的安慰者」指努力安慰反而增加悲哀的人。《舊約・約伯記》第十六章，第二節：「你們安慰人，反叫人愁煩。」——譯注

㉒ 「那位高盧的王公」指西元前四世紀初入侵羅馬的高盧部族領袖貝倫努斯（Berennus）。——譯注

㉓ 「多民族的國家」原文爲 Völkerstaat，係指世界所有民族合爲一個全人類的國家（civitas gentium），而不是指通常意義上的一個國家之內包括有若干民族的多民族國家。——譯注

㉔ 語出羅馬詩人維吉爾《伊奈德》I，二九四—二九六。——譯注

㉕ 在一場戰爭結束後締結和平時，一個民族很可能並不是不適於在感恩歡慶之餘再召集一次悔罪日，以國家的名義籲請上天寬恕這場重大的罪行，那是人類在對其他民族的關係上不願順從法律體制總要犯下的。然而他們卻誇耀自己的獨立性而寧願運用戰爭這一野蠻手段，（而他們所追求的東西，即每個國家的權利，卻並沒有由此而成就。）——對於戰爭期間取得**勝利**的感恩慶祝，對**萬民之主**以美妙的以色列方式唱著頌歌與人類之父這一道德觀念所形成的尖銳對比也並不來得更小；因爲他們除了對於各民族是怎樣在追求他們相互權利的那種方式無動於衷（這就夠令人傷心的了）之外，還要爲消滅了那麼多的人和他們的幸福而感到歡樂。

㉖ 巴巴利人（Barbareske），北非沿海居民。——譯注

㉗ 貝多因人（Beduinen），阿拉伯沙漠居民。——譯注

㉘ 爲了把這個大國寫成它所自稱的那個名字（即China，而不是Sina或其他類似的稱呼），我們只需翻閱一下格奧爾吉的《藏語拼音》（指義大利奧古斯丁派傳教士格奧爾吉〔Antonio Agostino Georgi，即 Antonius Georgius, 1711-1797〕所著《藏語拼音》，羅馬，一七六二年。——譯注）一書，第六五一至六五四頁，特

別是注b。——據彼得堡的費舍爾（Johann Eberhard Fischer，一六九七至一七七一年，聖彼德堡教授，曾參加遠東探險。此處稱引，見所著《彼得堡問題》〔格廷根，一七七〇年〕第二節〈中華帝國的各種名稱〉，第八十一頁。——譯注）教授的說法，它本來並沒有它所用以自稱的固定名稱；最常用的則是 Kin 這個字，即黃金（西藏人叫作 Ser），因此皇帝就被稱爲黃金國王（全世界最輝煌的國土）。這個字在該國國內發音很像是 Chin，但是義大利傳教士（由於喉音拼法的緣故）則可以發音像是 Kin。——由此可見，羅馬人所稱的 Seres（絲綢）之國就是中國；然而絲綢是經由大西藏（推測是通過小西藏與布哈拉，經由波斯，等等）而供應歐洲的；這就提示那個可驚異的國家之與西藏並且從而與日本的聯繫從許多方面來考察，其古老性都可以和印度斯坦相比；同時它的鄰人所給予這個國土的 Sina 或 Tschina 的名字卻沒有提出來任何東西。

也許歐洲與西藏的古老的但從不曾爲人正確認識的交往，可以從赫西奇烏斯（Hesychius，西元五或六世紀希臘文法學家。——譯注）的主張，即伊留西斯神秘儀式（指古希臘伊留西斯〔Eleusis〕祭祀穀神 Demeter 的神秘儀式。——譯注）中祭司們 Κονξ 'Ομπαξ（Konx Ompax）的呼聲之中得到闡明。（見《少年阿那卡西斯遊記》〔指法國考古學家巴泰勒米〔Abbé Jean Jacques Barthélemy〕所著《少年阿那卡西斯〔Anacharsis〕希臘遊記》一書〔德譯本，一七九二年〕。——譯注〕第五部，頁四四七以下。）—— 因爲根據格奧爾吉《藏語拼音》，concioa 這個字的意思是上帝，此字和 Konx 有著驚人的相似性；Pah-cio（同書，頁五二〇）這個字希臘人發起音來很容易像是 pax，它的意思是 promulgator legis〔法律的頒布者〕，即遍布於整個自然界的神性（也叫作 cencresi，頁一七二）。然而 Om 這個字拉·克羅澤（M.V. de La Croze，一六六一至一七三九年，法國本篤派教士，普魯士科學院會員。——譯注）則翻譯爲 benedictus，即賜福，這個字用於神性時很可能並不是指什麼別的，只不過是受福者而已（頁五〇七）。法蘭茨・荷拉提烏斯（Franz Horatius 或 Franciscus Horatius，即 Francisco Orazio della Penna，義大利傳教士，一七三五至一七四七年曾去拉薩居住。——譯注）神父常常問西藏的喇嘛們，他們理解的上帝（conciva）是什麼，而每次得到的回答都是：「那是全部聖者的匯合。」（也就是說，聖者經歷過各式各樣的肉體之後終於通過喇嘛的再生而回到神性中來，即回到 Burchane 中來，也就是受崇拜的存在者、輪迴的靈魂，頁二二三。）所以 Konx Ompax 這些神秘字樣的意思很可能是指聖者（Konx）、福者（Om）和智者（Pax），即全世界遍處流行的最高存在者（人格化了的自然）；它們在希臘的神秘儀式中使用起來很可能是指與民眾的多神教相對立的那種守護祭司們（守護祭司〔Epopt〕，古希臘伊留西斯神秘教中最高級的祭司。——譯注）的一神教，雖說荷拉提烏斯神父（見前引）在其中嗅出了一種無神論。——這些神秘的字樣是怎樣經由西藏到達希臘人那裡的，或許可以由上述方式加以闡明，而反過來早期歐洲經由西藏與中國往來（或許更早於與印度斯坦的往來）也因此看來像是很可能的事。

㉙ 語出羅馬詩人盧克萊修（Titus Lucretius Carus，西元前九十九?—前五十五年）《物性論》V，第二三四頁。——譯注

㉚ 見〈世界公民觀點之下的普遍歷史觀念〉命題四。——譯注

㉛ 在大自然的機制中——人類（作爲感覺存在）也屬於其中——表現出有一種爲它那存在所賴以爲基礎的形式，這種形式我們不可能以別的方式加以理解，除非是我們把它歸之於預先就決定了它的那位世界創造者有一個目的。這種前定我們就一般稱之爲（神明的）天意，而就其在世界一開始已被奠定而言，我們就稱之爲

奠基的天意（providentia conditrix；semel iussit, semper parent.〔天意是奠基者；它一聲號令，大家就永遠服從。按這句話並不見於奧古斯丁的著作。——譯注〕奧古斯丁）。但是按照合目的性的普遍法則而把它保持在大自然的進程裡，我們就稱之爲**統禦的**天意（providentia gubernatrix）；再進一步爲人類所不能預見而只能根據其後果加以推測的特殊目的，我們就稱之爲**指導的**天意（providentia diretrix）；最後，就個別事件作爲神明的目的而論，我們就不再稱之爲天意而是稱之爲命定（directio extraordinaria）。但是（既然事實上命定指的是奇蹟，儘管並不這樣稱呼這種事件），所以要想能認識它是這樣，那就是人們愚蠢的自負了；因爲要從一樁個別的事件裡推論出起作用的原因的一種特殊原則來（即這一事件就是目的，而不僅僅是另一個爲我們所完全不知道的目的的自然機械的附帶結果），那是荒唐的而且完全是自欺欺人，無論在那上面話說得可能多麼虔敬而謙遜。——即使按天意如何涉及世界上的對象（materialiter〔從實質上〕加以考慮）而把天意劃分爲**普遍的**與**特殊的**，那也是虛假的和自相矛盾的。（例如說，它的確是關心保存被創造物的物種的，但把個體則留給偶然。）正因爲它在目標上被稱爲是普遍的，於是就沒有任何一樁事物可以設想爲被排除在它之外。或許是人們在這裡有意（formaliter〔從形式上〕加以考慮）要按照實現其目標的方式而劃分天意的：也就是劃分爲**普通的**天意（例如，自然界按照季節的變化而每年都有死亡和再生）和**特殊的**天意（例如，樹木被海流送到了北冰洋沿岸，在這裡樹木無法生長，而這裡的居民沒有樹木卻不能生活）。儘管我們在這裡照樣可以很好地闡明這種現象的物理-機械的原因，（例如，由於溫帶地區生長著樹木的河流沿岸有的樹倒在河裡，並且大約就被灣流帶到遠方去；）我們卻仍然一定不可忽視表明了有一種智慧在駕馭著自然界的這一目的論的原因。

至於在學院裡所引用的那種概念，即有一種神明的干預或者參與（concursus）對於感覺世界起了作用，那麼就是這種概念也必須廢除。因爲要想對不同種類的東西進行配合（gryphes iungere equis〔禿鷹與雌馬配合〕，語出維吉爾《田園詩》VIII，第二十七頁。——譯者），要使其本身就是世界變化的完備原因的神明來補充在世界過程之中他自己那種前定著一切的天意（因此它就必須是有缺陷的），例如這樣說：隨著上帝之後，醫生作爲他那裡的助手就治好了病人；這首先就是自相矛盾的。因爲causa solitaria non iuvat〔孤立的原因是無濟於事的〕。上帝是醫生及其全部藥品的創造者，所以如果我們想攀登那最高的，在理論上是我們不能思議的原始原因的話，那就必須把作用全部都歸之於他。或者我們也可以把作用全部歸之於醫生，只要我們探討的這一事件在世界原因的聯索中根據自然的秩序是可以解釋的。

其次，這樣一種思想方式也就剝奪了對作用可以進行判斷的全部確切原則。然而在道德-實踐的觀點上（因此那就是完全指向超感世界的），神明的concursus〔參與〕這一概念卻是完全適宜的並且甚而是必要的。例如在我們的信仰中，只要我們的心意是眞誠的，上帝就會以我們不能思議的辦法來彌補我們自身正義性的欠缺，所以我們絕不可放鬆努力爲善。可是，任何人都不應該試圖由此出發來解釋善行（作爲世界上的事件），這一點卻是自明的；因爲那乃是對於超感世界的一種徒勞無功的理論認識，因而是荒謬的。

㉜ 伊卡魯斯（Icarus）爲希臘神話中巧匠狄達魯斯（Daedalus）之子，父子二人製成飛翼逃出克里特迷宮；但伊卡魯斯飛行過高，黏結飛翼的蜂蠟被太陽熱所融化，墜海而死。——譯注

㉝ 奧斯特雅克人（Ostjaken）爲西伯利亞西部的土著居民；薩摩雅德人（Samojeden）爲西伯利亞北部的土著居民。——譯注

㉞在一切生活方式中，毫無疑問獵人生活乃是最違反文明體制的了；因爲各個家庭必定會離群索居而很快地就彼此陌生，並且在範圍廣闊的森林裡分散開來之後很快地就會成爲仇敵的，既然他們每一家都需要有很多空間來取得食物和衣著。——摩西第一卷，第九章，第四至六節（按「摩西第一書」即《創世紀》。《舊約·創世紀》第九章第四至六節：「唯獨肉帶著血，那就是他的生命，你們不可吃。流你們血害你們命的……我必討他的罪。……凡流人血的，他的血也必被人所流。」——譯注）有關諾亞的流血禁令似乎原來並不是什麼別的，只不過是禁止過獵人的生活而已。它們常常被人複述，後來竟被猶太基督徒規定爲新接受異教徒皈依基督教的條件，儘管是在另一種意義上，見《使徒行傳》第十五章第二十節、第二十一章第二十五節。（《新約·使徒行傳》第十五章第二十節「吩咐他們禁戒……勒死的牲畜和血。」同書，第二十一章第二十五節：「叫他們謹忌那祭偶像之物和血並勒死的牲畜。」——譯注）因爲獵人生活必定會經常出現吃生肉的情況，所以禁止後者也就同時禁止了前者。

㉟「兩百（古）德哩」相當一千四百八十四公里。——譯注

㊱人們可能問道：假如大自然是在要求這些北冰洋沿岸不應該保持無人居住，那麼若是有朝一日（正如可以預料到的那樣）她不再把漂浮的木材帶給這裡的居民的話，他們又會成爲什麼樣子呢？因爲我們可以相信，隨著文化的進步，溫帶地方的居住者對於他們河岸上生長的木材能更好地加以利用，而不會讓他們落在河裡並被沖到大海中去的。我要回答說：鄂畢河、葉尼塞河、勒拿河等地的居民會通過貿易而供應他們木材並以之交換北冰洋沿岸海中極爲豐富的獸類產品，只要她（大自然）首先已把和平強加在他們中間。

㊲古羅馬帝國東北境外的兩種蠻族。——譯注

㊳ 佩沙拉人（Pescherās）為美洲印第安人的一種。——譯注

㊴ 語出羅馬哲學家賽涅卡（Lucius Annaeus Seneca，西元前四？至西元六十五年）《道德書信集》，XVIII，4。——譯注

㊵ 按此處稱引見盧梭《社會契約論》第三卷第四章。——譯注

㊶ 「公意」原文為 allgemeine Wille（公共意志、普遍意志或總意志），即盧梭的 volonté générale；可參看盧梭《社會契約論》第二卷第三章。——譯注

㊷ 可能是指康德的學生、哥廷根大學哲學教授腓烈德里克·布特維克（Friedrich Bouterwek, 1776-1828）。——譯注

㊸ **宗教的不同**：這眞是一種奇怪的提法，正如人們談論著各種不同的**道德**一樣。確實是可以有歷史上各種不同的**信仰方式**，但不是在宗教上，而是在用以促進宗教的歷史上，是屬於學術研究方法的領域。同樣地，雖然有著各種不同的**宗教**典籍（《曾德·阿維斯陀經》、《吠陀經》、《可蘭經》（《曾德·阿維斯陀（Zend-avesta）經》為古波斯拜火教經典，《吠陀經》為古印度教經典，《可蘭經》為伊斯蘭教經典。——譯注）等等），但卻只有一種對一切人在一切時代裡都有效的唯一的**宗教**。所以這些就不可能包括什麼別的，而只不過是宗教的手段而已，它們是偶然的並且可以隨時間與地點的不同而轉移。

㊹ 「正義的寶劍」指執行法律的權力。——譯注

㊺ 此處「其他兩個系科」指神學系與醫學系。十八世紀德國大學仍沿中世紀的傳統分為四系，即神學、法學、醫學、哲學。前三系為高級系，後一系為低級系；前三系為國家培養公職人員（牧師、律師、醫師），後一

系則是所謂「自由教育」。康德本人是反對這種系科劃分的，並爲此寫了《系科之爭》（一七九八年）；可參看以下〈重提這個問題：人類是在不斷朝著改善前進嗎？〉一文。——譯注

㊻《新約・馬太福音》第十章第十六節：「你們要靈巧像蛇，馴良像鴿子。」——譯注

㊼這就是理性的許可法，它使一種受到不正義所侵犯的公共權利就固定在它那位置上，直至或者是由於它自身成熟到了對一切進行完全的變革，或者是通過和平的手段而實現了這種成熟爲止。因爲任何一種權利體制，儘管只是在微小的程度上合權利，也要比一點都沒有更好一些；這後一種命運（無政府）是過分急促的改革所要遇到的。——因此國家智慧就在於在事物當前所處的狀態下，使符合於公共權利理想的改革成爲一種義務。而且即使是大自然由於其本身而導致了革命，也不應該利用革命來掩飾更大的壓迫，而是應該用來作爲大自然對於通過根本的改革來實現以自由原則爲基礎的合法體制之作爲唯一持久的體制的一種號召。

㊽即使有人（指盧梭〈論科學與藝術〉。——譯注）懷疑一個國家之內生活在一起的人們的人性之中會有某種根深蒂固的劣根性，而對此還可以提出遠遠還不夠進步的文化的缺點（野蠻性）來作爲他們思想方式的顯然違法現象的原因；然而那在國家相互之間的對外關係上也會完全無法掩飾地而又無可爭辯地呈現到我們眼前來。在每一個國家之內它是被公民法律的強制所掩蓋著的，因爲公民相互之間暴力行動的傾向是被另一種更大的強力，即政權的強力，所強行壓制的；所以這就不僅賦給全體以一種道德的形象（causae non causae〔不成原因的原因〕），而且還由於對違反法律的傾向的發作加上了一道橫閂，而確實促使道德稟賦格外輕而易舉地發展成爲對於權利的直接尊重。——因爲每一個人這時候都自信他會把權利概念當作是神聖的並且眞誠遵守，只要他能期待著別人也是同樣，而政權機構則部分地向他保障了這後一點；由此便朝著道德邁出

了一大步（儘管還不是道德的步驟），即依附於這種義務概念只是爲了其自身的緣故而不是著眼於報償。但是既然每個人由於自己對於自己所懷的良好的意見，也就假定了其餘所有的人的惡意，所以他們彼此就互相宣布了他們的判斷：他們大家就事實而論，都是沒有價值的。（既然這一點不能責難於作爲一種自由生物的人類的本性，那麼它是從何而來的就可以存而不論。）可是既然對於人類自身所絕對不能擺脫的權利概念的尊重，極其莊嚴地批准了他們也會具有相應的能力這一理論；所以每個人就都看到他在自己這方面必須按照它來行事，而不管別人可能是怎樣對待它。

㊾ 按關於這一命題，見康德《道德形而上學探本》（一七八五）第二節；又，《實踐理性批判》（一七八八）第一部第一卷第一章第七節。——譯注

㊿ 按關於這一論點，可參看康德《道德形而上學探本》第二節。——譯注

51 「普世國家」指世界國家。——譯注

52 語出維吉爾《伊奈德》VI，第九十五頁。——譯注

53 「在後一種情況下」指公共性沒有和行爲者的原則相結合的情況下。——譯注

54 「同樣地」意謂和如果他們在這場鬥爭中勝利，暴君就不能怨尤不正義是同樣的。——譯注

55 可參看盧梭《社會契約論》第一卷第六章。——譯注

56 可參看洛克《政府論》第十一章第一三四節、第十三章第一四九節、第十九章第二二八至二三九節。——譯注

57 「他」指國家的統治者。——譯注

58 按，不定論（Probabilismus）爲決疑論中的一種。決疑論（Casuistik）一詞原指專以道德概率判斷宗教或倫理是非的學說，後演變爲專指耶穌會的倫理學。決疑論討論在道德行爲的後果不可能確定的情況下，人們道德行爲的準則究竟應該如何決定。決疑論者對此曾提出過各種不同的解答。一種是主張採取概然性與安全性兩者均爲最小的行爲，這叫作 Probabilismus；一種是主張採取概然性最大的行爲，這叫作 Probabiorismus；還有一種則是主張採取安全性最大的行爲，這叫作 tutiorismus。——譯注

59 這類準則的引證可以在審判長加爾費（加爾費〔Christian Garve，德國啓蒙運動哲學家，1742-1798〕《論道德與政治的結合，一名關於在可能的範圍內就國家政權觀察私人生活的道德這個問題的一些考察》（布累斯勞，一七八八年）。——譯者）先生的《論道德與政治的結合》，一七八八年，這本小冊子中看到。這位可敬的學者開宗明義就承認無法對這個問題做出充分的答案。儘管對於所提出的反對論點他自認不能充分排除，但仍然可以說是對於那些非常傾向於濫用它的人做出了超乎值得稱許的讓步。

重提這個問題：人類是在不斷朝著改善前進嗎？①

1. 我們在這裡要求知道什麼？

我們渴望有一部人類歷史，但確實並非一部有關已往的，而是一部有關未來的時代的歷史，因而是一部**預告性的**歷史；如果它不能以已經爲人所知的自然規律（例如日月蝕）爲指導，我們就稱之爲**占卜的**但卻自然的歷史；然而如果它不能以別的方式而唯有通過超自然的感通和開闢對未來時代的眼界才能獲得，我們就稱之爲**預言的**（先知的）歷史②。——此外，如果要問：**人類**（整體）是否不斷地在朝著改善前進；那麼它這裡所涉及的就不是人類的自然史（未來是否會出現什麼新的人種），而是**道德史**了；而且還確實並非根據**種屬**概念（singulorum），而是根據在大地上以社會相結合並劃分爲各個民族的人類的全體（universorum）。

2. 我們怎樣能夠知道它？

只能是作爲對未來時代行將到來的事件之預告性的歷史敘述，因而也就是作爲對將要來臨的事件之一種先天可能的陳述。——然而一部歷史是怎樣先天成爲可能的呢？答案是：如果預告者本人就**製造了**並布置了他所預先宣告的事件。

猶太的先知們曾很好地預告過，他們的國家或遲或早行將不僅僅是傾頹，而且是完全解體，因爲他們本身就是他們這種命運的創造者。他們作爲民族的領袖給他們的體制壓上了那麼多教會的以及由之而來的公民的重擔，以至於他們的國家已經變得完全不適應於維持它本身，而尤其是與它相鄰民族的關係了。因此，他們祭司的哀歌③就必定自然而然地會枉自隨風消逝，因爲他們頑固地堅持那種他們親自締造的但不能實現的體制，於是他們本身就能夠準確無誤地預見到結局。

我們的政治家，就他們的影響所及，也正好是在這樣做的，並且也正好預告得同樣幸運。——他們說，我們必須把人類看成是他們實際的那樣子，而不能像對於世界孤陋寡聞的學究們或者好心的幻想家們夢想著他們所應該成爲的那樣子。可是這種**他們實際的那樣**子也就是說：我們通過不正義的強制，通過政權隨手捏造背信棄義的陰謀而把他們**造成**的那樣子，那便是他們既固執不化而又反叛成性；當政權稍微一放鬆它的韁繩，於是就確實會得出這些自命聰明的國務活動家們的預言所證實的可悲結果。

牧師們也時而在預言著宗教的完全傾頹，以及反基督者④的即將出現；而這樣說的時候，他們就恰好在做著實現這一點所必須的事情。他們並沒有想著把直接導向人類改善的道德原則置諸於教徒們的心裡，而是把對它起間接作用的遵守戒律和歷史信仰當成了最根本的義務；從這裡面確實可以生長出來像在一個公民體制中的那種機械的一致，但是絕不會有任何道德觀念上的一致。可是這時候他們就歎息人們不信宗教了，而這卻是他們自己造成的；因此即使他們沒有特殊的預言天分，也能夠做出預告。

3.關於我們所要求預先知道的未來事物的概念劃分

預告所包括的情形有三種。人類在其道德的天職上，或者是繼續朝著更壞**倒退**，或者是不斷朝著改善**前進**，或者是永遠**停頓**在被創造界中自己道德價值的目前階段（永遠環繞著同一個點旋轉也和這是同一回事）。

第一種主張我們可以稱之爲道德的**恐怖主義**，第二種爲**幸福主義**（Eudaemonismus）（如果從廣闊的前景來觀察進步的鵠的，也可以稱之爲千年福主義（Chiliasmus）⑤）；但是**第三種**則可以稱之爲**阿布德拉主義**（Abderitismus）⑥；既然道德上的眞正停頓乃是不可能的，所以一場在不斷變化著的上升和同樣經常而深刻的墮落（彷彿是一場永恆的搖擺），就不過等於是主體好像始終停頓和留滯在同一個位置上而已。

a.關於恐怖主義的人類歷史觀

淪落爲惡，這在人類不能是持續不斷的，因爲到了它的一定程度，它本身也就會絕滅。因此隨著更大的、累積如山的罪行以及與之相應的災禍的增長，人們就可以說：事情現在已經變得不能更壞了，最年輕的日子⑦就要臨頭了；虔誠的熱心人現在已經在夢想著一切事物的再度來臨以及一個更新的世界了，——當這個世界在烈火之中被消滅以後。

b.關於幸福主義的人類歷史觀

我們的稟賦中爲天性所固有的善和惡，其總量始終是同樣的，並且在同一個個體的身上既不會增多也不會減少，這一點總是可以承認的。——那麼我們稟賦中的這種善的數量又怎麼得以增多呢，既然它必須通過主體的自由才能夠出現，而反過來主體爲了這一點又需要具有比自己過去更多的善的積累的話？——作用不能超出作用因的能量之外，所以人身中混雜有惡的善，其數量也不能超出善的一定總量之外；但超出此外它才能努力向上並且從而也就能總是朝著更加改善而前進。因此幸福主義以其樂觀的希望看來就似乎是靠不住的，而且在善的道路上永不休止地繼續前進這方面也不大能許諾什麼東西是有利於一部預言的人類歷史。

c. 關於阿布德拉主義的人類預先決定自己歷史的假說

這種意見很可能在它那方面擁有大多數人的同意。忙忙碌碌的愚蠢乃是我們這個物種的特性；我們匆促地走上善的道路，卻又並不堅持走下去，而是爲了不至於束縛於一個唯一的目的，哪怕就爲僅僅來一次改變，也要把進步的計畫給顛倒過來，建設就是爲了要能破壞，於是我們便把西賽福斯（Sisyphus）⑧的石頭滾上山去爲的是好讓它再滾下來這樣一樁毫無希望的努力加給了我們自己。因此在人類的天然稟賦之中，惡的原則看來似乎倒不是和善的原則很好地混合（溶解）在一起的，反而更是每一個都被另一個所中和；它的結果就成了無所作爲（在這裡就叫作停頓）。使善與惡這樣有進有退地交互進行，以至於必須把我們這個物種在這個地球上與自己打交道的整個這一幕都看作是純屬一場滑稽劇；這樣一種徒勞無功的事在理性的眼裡看來，比起其他種類的動物能以更小的代價而又不費理解地演出這一幕所具有的價值來，就並沒有能賦予人類以更大的價值。

4. 進步問題不是直接由經驗就能解決的

即使我們發現，人類從整體上加以考察，可以被理解爲在漫長的時間裡是向前的和進步的；可是也沒有一個人能因此就認定，正是由於我們這個物種的生理稟賦，目前就絕不會出現一個人類倒退的時代了。相反地，如果它向後並且以加速度的墮落陷於敗壞，我們也無須沮喪，以爲就不會遇到一個轉捩點（punctum flexus contrarii），到了那裡憑藉著我們人類的道德稟賦，它那行程就會再度轉而向善的。因爲我們要探討的乃是行爲自由的生命，他們應該做什麼確實是可以事先加以命令的，但是他們將要做什麼卻是無法事先加以預言的。當事情的確變得很壞的時候，他們就出於自己所加於自己的罪惡感而懂得採取一種格外強烈的動機，使之變得要比在這種狀態以前更加好得多。——然而（古瓦意埃院長說）：「可鄰的有朽者啊，你們除了無常之外就沒有任何永恆的東西。」[9]

也許這是由於我們採用來藉以觀察人世事物的進程的立足點選擇得不正確的緣故，故而它才對我們顯得矛盾重重。從地球上看來，行星是時而後退、時而靜止、時而前進的。但是採用太陽爲立足點，——這一點唯有理性才能做得到，——它們就會依照哥白尼的假說而在它們合規律的軌道上不斷地前進了。然而也有一些並非完全愚蠢的人，卻喜歡頑固堅持自己解釋現象的方式和自己所曾一度採用過的立足點；他們在這個問題上竟使自己糾纏於第穀（Tycho Braha）[10]的圓和圓外圓到了荒謬的地步。——但不幸正在於，當問題涉及預言自由的行爲時，我們卻無法把自己置於這種立足點之上。因爲那會是超乎一切人類智慧之外的天意的立足點了，天意是也要擴及於人類的自由行爲的；而人類的自由行爲固然也能被人類

見到，但卻不能確切地被人類**預見到**（對於神明的眼光，這裡面卻沒有任何區別）。因爲人類的預見需要根據自然法則的聯繫，但在有關未來的**自由的**行爲方面人類卻必須放棄這種引導或指示。

如果我們能夠賦予人類以一種天生的、不變的、儘管是有限的善意，那麼他們就有可能準確地預告他們這個物種是朝著改善在前進的，因爲這裡所遇到的事件乃是他們自己所能造就的。但是由於稟賦中的善混合了惡，而其總量又是他們所不知道的，所以他們就不明瞭自己可能從其中期待著什麼樣的效果了。

5.然而預言中的人類史又必須聯繫到某些經驗

在人類史上必須出現某些經驗，它們作爲事件足以表明人類的特性和能量乃是他們朝著改善前進的原因及其創造者，（既然那應該是一種被賦予了自由的生命的業績）。但是從一種給定的原因而得以預言作爲其效果的事件，那卻只能是在一道參與這種作用的環境已經呈現的時候。然而這些環境之必定會有一度呈現，一般地是很可以像在博弈中計算概率（wahrscheinlichkeit）那樣來加以預言的；但是卻無法確定這種預言所肯定的東西，在我一生之中是否會實現，以及我是否會獲得對它的經驗。

因此就必須找出一樁事件來，它可以表明這樣一種原因的存在，以及它那因果律對人類的作用，但在時間上卻又不限定，並且它還能得出朝著改善前進的結論作爲其無可避免的結果。然後這一結論還要能夠這樣地擴大到已往時代的歷史（即它永遠是在前進的），以至於那個事件的本身並不必須被看成是這種歷史的原因，而是必須被看成只不過是一種示意、是一種**歷史符號**（geschichtszeichen）（signum rememorativum, demonstrativum, prognostikon〔回憶、指明、預示的符號〕），並且從而能夠表明人類**整體**的趨勢；也就是說，並不是就個體來加以考察，（因爲那就會弄成無窮無盡的列舉和計算，）而是要像發現他們已經在大地上分成爲各個民族和國家那樣地來加以考察。

6.論我們當代的一樁事件，它表明了人類的這種道德傾向

這樁事件並不是指什麼人類所成就的重大的功績或罪行，從而使得偉大的東西在人間會變得渺小或者渺小的東西會變得偉大，並且彷彿是由於魔術似的使得古老的、輝煌的國家結構消滅，而其他的國家結構則好像是從大地的深處冒了出來並取而代之。不是的，根本就不是任何這類東西。它僅只是指觀察者的思想方式，這種思想方式在這次大變革[11]的演出中公開地暴露出來，並且甚至對演出者的這一方明白表現出一種如此之普遍，而又無私的同情來

反對演出者的另一方，以致竟冒著這種黨派性可能對自己非常不利的危險。然而這樣（由於普遍性），它就表明了人類全體的一種特性以及同時（由於無私性）他們至少在稟賦上的一種道德性；那使人不僅可以希望朝著改善前進，而且就他們的能量目前已夠充分而言，其本身已經就是一種朝著改善前進了。

一個才華橫溢的民族的這場革命，是我們今天就目睹它在我們自己的面前進行，它可能成功或者失敗；它可能充滿著悲慘和恐怖到這樣的程度，以至於一個善於思想的人如果還希望能再一次有幸從事推進它的時候，就絕不會再下決心要以這樣的代價來進行這場實驗了。——就是這場革命，我要說，卻在一切觀察者（他們自身並不曾捲入這場演出）的心目之中都發現有一種在願望上近乎是**熱忱**的同情，何況那種同情表現的本身也就帶有風險，因此它除了人類的道德稟賦之外就不可能再有什麼別的原因了。

這種道德傾注的原因乃是雙重性的：首先是**權利**上的原因，即一個民族之爲自己提供一種他們覺得對自己是很好的公民體制，絕不能受到另一個強權的阻撓；其次是**目的**上的原因（它同時就是義務），即唯有一個民族那種按它的本性來說，它就是被創造得在原則上能夠避免侵略戰爭的體制，才會本身就是正義的並且在道德上是善良的。那就不可能是什麼別的而只能是共和的體制，至少是在**觀念上**[12]；因之也就出現了得以防止戰爭（一切罪惡與道德腐化的根源）的條件，並且它就這樣以其全部的脆弱性，而消極地保證了人類朝著改善前進，至少是在其前進中不會受到阻礙。

因此，這一點以及滿懷**熱忱**地參與善行，——熱忱即**熱情**，儘管並不會都可取，因爲任何熱忱之作爲這樣一種熱情都不是無疵可議的，——就通過這場歷史而爲人類學上非常重要的這一論點提供了理由：即，眞正的熱情總是在朝著**理想的**東西，以及眞正純粹道德的東西前進的，比如權利概念，而不可能被嫁接到自私心上面去。靠金錢報酬是不能對革命派的反對者激發起單純權利概念在革命者的身上所產生的那種熱心和靈魂的偉大；即使是古代善戰的貴族們的榮譽概念（它可以和熱情相類比），也會在那些眼裡盯著自己所屬的本族人民的**權利**[13]並認爲自己就是它們的保衛者的人們的武器之前銷聲匿跡[14]；局外旁觀的公眾這時候也便以這樣的慷慨激昂而表示了自己的同情，卻又一點也無意參與其中。

7. 預言的人類史

在原則上它必須是某種**道德**的東西，而這種東西被理性表現爲某種純粹的，但同時又由於其巨大的和劃時代的影響，而被表現爲某種公認是人類靈魂的義務的東西；這種東西涉及人類結合的全體（non singulorum, sed universorum〔不是以個人，而是以整體〕），它以如此之普遍而又無私的同情在歡呼著他們所希望的成功以及通向成功的努力。

這種事件並不是一種革命現象，而是（像艾哈德（Johann Benjamin Erhard）先生所說的⑮）其本身確實並不是僅僅由於野蠻的戰鬥便能成就的一種**自然權利**⑯的體制的演化現象，——因爲內戰和外戰會摧毀迄今所建立的一切**法定的**體制，——而是要引人去追求一種絕不可能是好戰的體制，也就是共和的體制。它可能或者在**國家形式**本身上是共和制的，或者僅只是在**治理方式**上以領袖們（君主們）的一致性來管理國家，類似於一個民族根據普遍的權利原則而爲自己立法那樣。

現在我無須有預見的精神，就肯定能預言人類根據我們今天的面貌和徵兆，將會達到這一目的，以及同時還有那種從今而後絕不會再有全盤倒退地朝著改善的前進。這是由於人類史上的這樣一種現象是**不會再被遺忘**的緣故，因爲它揭示了人性中有一種趨向改善的稟賦和能量；這一點是沒有一個政治家從迄今爲止的事物進程之中弄清楚了的，而是唯有大自然與自由在人類身上，按內在的權利原則相結合才能夠許諾的。但至於時間，則它只能是不確定的並且還是作爲偶然的事件。

但即使是這一事件所著眼的目的現在並沒有能達到，即使是一個民族的革命或體制改革到頭來遭到失敗，或者是改革經歷了一段時間以後，一切又都回到從前的軌道上去，（正如政治家們現在所預告的那樣），那種哲學預告也不會喪失其任何一點力量的。——因爲這一事件是太重大了，和人類的利益是太交織在一起了，並且它的影響在世界上所有的地區散布得太廣泛了，以至於它在任何有利情況的機緣下，都不會不被各個民族所想念到並喚起他們重新去進行這種努力的；因爲那時候一樁對人類是如此重大的事情，就終將在某一個時刻會使人們所矚望著的體制，在所有的人的心靈之中獲得經常的經驗教誨，所不會不喚醒的那種穩固性的。

因此，這就不僅僅是一條善意的並在實踐觀點上是值得推薦的命題，而且還是一條儘管有各式各樣的不信仰者，但在最嚴謹的理論上仍然可以成立的命題：即，人類一直是在朝著改善前進的並且將繼續向前。如果我們不僅是看到某一個民族可能發生的事，而且還看到大地上所有慢慢會參加到其中來的民族的廣泛程度，於是這一命題就展示出一幅伸向無從預測的時間裡去的遠景；只要不是在人類出現之前就整個淹沒了動物界和植物界的自然革命的第一個時代（按康倍爾（Petrus Camper）和布盧門巴赫（Johann F. Blumenbach）的說法[17]）以後，繼之也許還會有第二個出來也同樣作弄人類，以便讓其他的物種登上舞臺，等等。因爲對於大自然的全能，或者不如說它那爲我們所不可企及的最高原因，人類本身只是微不足道的。但是統治者要把自己同類的物種也這樣看待，部分既給他們加以動物般的負擔，僅僅當作是自己目標的工具，部分又把他們置於彼此互相鬥爭之中，使他們遭受殺戮；——那就絕不是微不足道的，而是違反造化本身的終極目的了。

8.就其公開性，論根據朝著世界的美好前進而奠定的這一準則的難點

人民的啓蒙就是把人民對於自己所屬國家的義務和權利公開地教導給他們。因爲這裡所涉及的僅只是自然的和出自普通人類悟性的權利，所以它們在人民中間的天然宣告者和闡揚者就不是國家所設置的官吏，而是自由的權利的教師，也就是哲學家。哲學家正由於他們允許自己這種自由，也就有礙於一味總是要進行統治的國家，並且在啓蒙者的名稱之下被人詆毀爲國家的危險人物；儘管他們的聲音並不是親切無間地針對著人民的，（因爲人民對它們以及他們的作品很少或者根本就不注意，）而是畢恭畢敬地針對著國家的並在請求國家留心他們那種權利的需要。當整個民族想要申訴自己的疾苦時，這一點除了通過公開化的辦法之外，就再沒有別的辦法可以實現。所以禁止公開化也就妨礙了一個民族朝著改善前進，哪怕是在有關他們的最低要求上，即僅僅有關他們的自然權利上。

另一種雖然很容易識破，但卻可以合法地命令一個民族的辦法，則是以它那憲法的眞正性質作爲掩飾。要說英國是一個絕對君主制，那會是對英國民族尊嚴的一種侮辱；於是有人就說它是通過作爲人民代表的國會兩院，而成爲一種限制君主意志的體制。然而每一個人都非常明白，君主對於這些代表的影響是那麼巨大而又那麼準確無誤，以至於除了君主所要求的並通過他的大臣所提議的東西之外，上述的兩院就不會做出任何決定來。大臣們甚至

還會時而提出他⑱明明知道並有意炮製會使自己遭到反對的決議案來（例如，有關黑奴貿易的），為的是好給國會自由提供一種假象的證明。對有關事情的性質的這種提法，其本身就具有一種欺騙性，即它使人根本不再去尋求真正的、遵守權利的體制；因為人們以為已經在手邊現成的事例中找到了它，而一種虛假的公開化，則又以一個受他們所訂立的法律所**限制的君主**⑲來欺騙人民，同時他的代表們卻秘密地賣身投靠於一位**絕對的君主**。

* * *

一部與人類的自然權利符合一致的憲法這種觀念，亦即結合在一起服從法律的人們同時就應該是立法者的這種觀念，乃是構成一切國家形態的基礎；並且由純粹理性概念設想為與之相符而被稱為柏拉圖式的**理想**（respublica noumenon〔國家本體〕）的這種共同體，也不是一種空虛的幻念，而是一切公民體制的一般的永恆規範，並且它會擺脫一切戰爭。一個按照這種觀念組織起來的公民社會，就是它按照自由法則通過經驗例證（respublica phenomenon〔國家現象〕）的表現，而且是只有在經歷過許多的敵對和戰爭之後才能艱辛地獲得。但是它那體制一旦大體成就以後，就有資格成為一切體制之中最能摒除戰爭這個一切美好事物的毀壞者的那一種。因而走向這樣一種體制就是一種義務，但暫時（因為那還不能馬上實現）只是君主們的義務；儘管他們可以**專制地**進行統治，卻應該**共和地**（不是民主地）進行治理，也就是說應該按照與自由法則相符合的精神來對待人民（正如一個理性成熟的人民應該為他們自己所規定的那樣），即使在字面上無須徵得他們的同意。

9.朝著改善前進會給人類帶來什麼收穫？

所帶來的並不是**道德**數量在心靈中的不斷增長，而是它那**合法性**的產品在合義務的行為中的增多，無論它可能是由什麼動機所促成的。這就是說，人類朝著改善而努力的收穫（結果），只能存在於永遠會出落得更多和更好的人類善行之中，也就是存在於人類道德品質的現象之中。——因為我們只能以**經驗**的資料（各種**經驗**）作為我們這種預言的根據，亦即只能根據就它們的出現而言其本身也是屬於現象的我們那些行為的物理原因，而不是根據包括對應該出現的事情的義務概念在內，並且唯有它才能是先天地加以規定的道德原因。

來自強權方面的暴力行為將會減少，遵守法律將會增多。在共同體中大概將會有更多的良好行為，更少的訴訟糾紛，更多地信用可靠，等等，部分是出於榮譽心，部分是出於更好地理解到自己的利益。這就終於也會擴展到各民族相互之間的外部關係上，直至走向世界公民社會，而無須人類的道德基礎因此而有最微小的增長，因為要達到這後一點就需要有另一種新的被創造物（超自然的影響）了。——因為關於人類在其朝著改善的前進中，我們也絕不可期待過多，以免有理由要遭受政治家們的譏笑，他們是喜歡把人類的希望當作是一種過分緊張的頭腦的夢想[20]。

10.只能在哪種秩序之下才可以期待朝著改善前進？

答案是：不能靠**自下而上**的事物進程，而只能靠**自上而下**的。期待著靠對青年進行家庭教誨，然後是從低級的直到最高級的學校中進行教育，靠宗教學說在精神上和道德上加強培養而終於造就出不僅有善良的公民，而且還有永遠在前進著的並能維持其本身的善行；這只是一種計畫罷了，而其所願望的結果卻是難以期待的。因爲不僅僅人民認爲他們的青年的教育費用不應該由他們自己而應該由國家來負擔，反之國家在它那方面卻沒有餘錢用來支付能幹而熱心忠於職守的教師們的薪金（正如布興（Anton Friedrich Büsching）[21]所惋嘆的那樣），因爲它把全部都花在戰爭上了；而且這種教育的整個機制也會缺乏聯繫的，如果它不是根據國家最高權力所考慮的方案，並根據它的這一目標加以設計、推動並且始終一貫地維持下去的話。對於這一點還得要國家也時時在改革它自己，並且努力以進化代替革命[22]，同時不斷朝著改善前進。但既然對這種教育起作用的仍然是**人**，因而這些人本身就必須也要接受教育；所以由於人性的脆弱性處於可以受這樣一種作用的促進的偶然性情形之下，他們進步的希望就只能以一種自上而下的智慧（當它爲我們所看不見時，就叫作天意）作爲積極的條件。至於在這上面所能期待於並要求於人類的東西，則只能期待著爲這一目的所必須的消極智慧了；亦即他們將會發現自己被迫不得不把對道德的最大障礙，即永遠會使道德倒退的戰爭，首先是一步一步地人道化，從而逐步地稀少起來，終於是完全消滅其作爲侵略戰爭，以便走入一種按其本性來說，是奠定在眞正的權利原則的基礎之上的，而又不會削弱它自己並能堅定地朝著改善前進的體制。

結論

有一個醫生天天都在安慰他的病人說不久就可以痊癒，答應一個說，脈搏跳動改善了，答應另一個說，排泄改善了，答應第三個說，發汗改善了，等等；遇到他的一個朋友來訪，第一個問題就是：「朋友，你的病情怎麼樣了？」「怎麼樣了嗎？光是空說改善，我就要死了。」

任何人在國家災難這個問題上想要否定人類的健康及其朝著改善的前進，我都不會責怪他。不過我卻信賴休謨開出的那份可以起迅速治療作用的英雄藥方，他說：「當我看到目前各個國家互相進行作戰時，我就彷彿是看見了兩個醉漢在一家瓷器店裡用棍棒互相毆打。因爲他們必須慢慢地治療他們相互造成的創傷，這還不夠，而且事後他們還必須賠償他們所釀成的全部損失。」[23]「Sero sapiunt phryges〔弗賴吉亞（Phrygia）人聰明得太晚了。〕」[24]。然而當前戰爭[25]的慘痛後果卻可以迫使政治預言家承認，人類走向改善的轉捩點即將到來，它現在是已經在望了。

【注釋】

①本文寫於一七九七年（康德七十四歲），最初出版於一七九八年，柯尼斯堡，尼柯羅維烏斯出版社。譯文據普魯士皇家科學院編《康德全集》（柏林，格．雷麥版，一九一二年），第七卷，第七十七至九十四頁譯出。本文爲《系科之爭》一書三節中的第二節：〈哲學系與法學系之爭〉。《系科之爭》爲康德在不同時期寫成的三篇獨立文章，合爲一集，因內容涉及當時德國大學的系科劃分問題，故題名爲《系科之爭》，初版扉頁有：「獻給卡爾．腓利德里希．史陶德林博士教授，哥廷根。著者謹獻」字樣。——譯注

②從皮提亞下迄吉卜賽的姑娘（皮提亞〔Pythia〕爲古希臘德爾斐地方阿波羅神殿傳神諭的女祭司；吉卜賽人多以賣卜爲生。——譯注），凡是賣弄預告的（既無知識也並不眞誠地在這樣做，）就叫作在傳預告。

③「他們祭司的哀歌」即《舊約．耶利米哀歌》。——譯注

④「反基督者」見前〈萬物的終結〉。——譯注

⑤「千年福主義」（Chiliasmus）見前〈世界公民觀點之下的普遍歷史觀念〉。——譯注

⑥阿布德拉主義（Abderitismus），阿布德拉（Abdera）爲古希臘原子論派中心；據傳說，阿布德拉的空氣使人愚蠢，故阿布德拉人或阿布德拉主義引申爲愚人或愚蠢的同義語。十八世紀德國作家魏蘭（Christian Martin Wieland, 1733-1813）曾寫有《阿布德拉人的故事》一書，諷刺了人類的愚蠢，爲此處使用這一名詞所本。——譯注

⑦「最年輕的日子」即世界末日，見前〈萬物的終結〉。——譯注

⑧ 西賽福斯（Sisyphus）爲古希臘神話中科林多的國王，因貪婪而在黃泉之下被罰永遠搬運巨石上山，巨石又永遠從山上滾下來。——譯注

⑨ 見前〈萬物的終結〉。——譯注

⑩ 第穀（即布拉格的第穀，Tycho Braha, 1546-1601），丹麥天文學家，曾企圖折衷托勒密體系與哥白尼體系，提出地球以外五星（當時所知的行星）繞太陽而太陽與行星系每年繞地球一周的理論。——譯注

⑪ 本節中「這次大變革」、「一個才華橫溢的民族的這場革命」，均指一七八九年開始的法國大革命。——譯注

⑫ 但是這並不意味著一個具有一部君主制憲法的民族（「一個具有一部君主制憲法的民族」指普魯士；當法國革命時，普魯士爲君主制國家。——譯注）因此就可以自命有權去改變憲法，哪怕僅只是在自己的心裡秘密地懷有這種願望；因爲它那在歐洲也許是非常遼闊的位置就可以向他們推薦，這種體制才是在強鄰之間可以保存自己的唯一體制。而且如果臣民不是由於政府的內政而是由於政府的對外措施而有怨言，當它多少是阻礙了國外的共和化的話；那麼這些怨言也絕不是人民對於自己的體制不滿的證明，反倒是在熱愛它，因爲其他民族越發共和化，它也就越有把握能抵抗自己的危險。——可是造謠汙蔑的阿諛奉承者們爲了抬高自己，卻力圖把這種無辜的政治閒談說成是企圖改制，是危害國家的雅各賓派和暴民；但是這種說法卻一點根據都沒有，尤其不可能是在一個遠離革命舞臺一百多德哩之外的一個國度裡（按「雅各賓派」〔Jakobinerei〕爲法國大革命的激進派；「遠離革命舞臺一百多德哩〔約七百餘公里。——譯注〕之外的一個國度」指普魯士。康德因對當時的法國革命表示同情，曾被人指責爲雅各賓派。——譯注）。

⑬關於人類權利論的這樣一種熱情，我們也可以說："postquam ad arma Vulcania ventum est, ——mortalis mucro glacies ceu futilis ictu dissiluit"〔遇到火神的武器之後，——人世的刀劍有如薄冰一樣不堪一擊就破碎了〕。（語出維吉爾《伊奈德》，XII，第七三九頁。——譯注）。——爲什麼從沒有一個統治者敢於公然宣稱：他根本就不承認人民有任何**權利**反對他，人民只能把自己的幸福歸功於賜福給他們的那個政權的**恩惠**，而且臣民有權反對政府的任何說法（因爲這裡面包括一種允許反抗的概念）都是荒謬的，甚至於是犯罪的呢？——原因在於這樣一種公開聲明就會激起所有的臣民都要反對他，儘管他們是像馴服的綿羊一樣被一位善良而明智的主人所領導，得到很好地飼養和有力的保護，不必爲有關自身幸福的任何事情而訴苦。——因爲天賦自由的生命是不會滿足於只享受別人（而在這裡就是政權）所可能分給他的生活的安樂；問題在於他要爲自己取得這些東西時所依據的**原則**。但是幸福是沒有原則的，無論是對於那些接受它的人，還是對於那些施捨它的人（這些人把它置於這上面，那些人又把它置於那上面）；因爲它在這裡涉及的乃是意志的**內容**，而那是經驗的，並不可能具有規律的普遍性。因此一個天賦自由的生命在意識到自己對於沒有理性的動物的這種優越性時，就可以而且應該根據自己的意志抉擇這一**形式**原則來要求自己所屬的那個人民不能有任何別的政權，除了是他們在其中也要參與立法的那樣一種政權；也就是說，那些應該俯首聽命的人的權利必須要走在一切安樂的考慮的前面，它是高出於一切價格（用處）之上的一種聖潔，是任何政權所絕不能侵犯的，無論該政權可能是怎樣地一貫在做好事。——然而這種權利卻始終只是一種觀念，它的實現要受到它的**手段**與人民所不能逾越的道德相一致這一條件的限制；那是絕不能通過在任何時候都是屬於不正義的革命而出現的。——自主地**進行統治**而又是共和制，也就是說以共和主義的精神並照此類推而**進行治理**，這就是能

使一個民族得以滿足於自己的體制的東西了。

⑭ 指法國革命反對外國武裝干涉的戰爭。——譯注

⑮ 康德友人艾哈德醫生（Johann Benjamin Erhard, 1766-1827）曾寫過幾種政治著作，此處稱引見《論人民的革命權利》（一七九五年），頁一八九。——譯注

⑯「自然權利」或譯「天賦人權」。——譯注

⑰ 康倍爾（Petrus Camper, 1722-1789），荷蘭解剖學家，此處所稱見《論人類面貌的自然區別》（柏林，一七九二年）第三節；布盧門巴赫（Johann F. Blumenbach, 1752-1840），哥廷根大學醫學教授，此處所稱見《自然史手冊》（哥廷根，一七七九年）第四十七和四七四頁以下。——譯注

⑱ 此處「他」係指當時的英國國王喬治第三（一七六三至一八二〇年）。——譯注

⑲ 一種其性質不能直接被識別的原因，可以由於其所不可避免要帶來的結果而暴露出來。什麼是一個**絕對的**君主？那就是這樣的一個人；如果他說：必須進行戰爭，那麼在他一聲令下，馬上就會發生戰爭。反之，什麼是一個**有限的**君主？那就是一個事先必須問一下人民究竟要不要進行戰爭的人；如果人民說：不許有戰爭，於是就沒有戰爭。——因爲戰爭乃是一種**全部的**國家力量在其中都必須服從國家首腦的命令的狀態。英國的君主現已進行過許多次戰爭了，而並沒有去尋求那種對戰爭的批准。因此這位國王就是一位絕對的君主，雖說按照憲法他不應該是那樣；但是他卻總可以繞過憲法，因爲正是憑藉著他具有任命一切官吏和職位的權力的那種國家力量，他就能夠掌握人民代表的同意。但是這種收買制度要能成功，就的確不可公開化。因之，它就始終處於一層非常之透明的保密面紗之下。

⑳ 把國家體制想像爲（尤其是在權利的觀點之下）符合理性的要求雖然很美妙，但是要提出它們來卻不免是誇誕，而要煽動人民起來廢除現存的體制則是犯罪的了。柏拉圖的《大西國》、莫爾的《烏托邦》、哈林頓的《大洋國》以及阿雷的《賽韋朗比亞》（這裡的四部書均爲對理想國的描寫：《大西國》〔Atlantica，即大西島 Atlantis〕爲古代傳說中大西洋裡的一個國度，後沉沒於海中，見柏拉圖《蒂邁歐篇》；莫爾〔Morus，即 Thomas More, 1475-1535〕《烏托邦》〔一五一六年〕；哈林頓〔James Harrington, 1611-1677〕《大洋國》〔一六五六年〕書中的立法者係影射英國革命的獨裁者克倫威爾〔Oliver Crom-well, 1599-1658〕；《賽韋朗比亞》〔Severambia〕指十七世紀法國政治小說《賽韋朗比亞史》〔Histoire des Severambes, 1675〕一書，作者傳說爲阿雷・維拉斯〔Denis Vairasse d'Allais〕。——譯注），都曾經一一地被帶上舞臺，但卻從不曾有人嘗試過（克倫威爾的專制共和國那個失敗了的畸形兒除外）。——創造國家的經歷也像創造世界一樣，當時是沒有人在場的，而且他也不可能出席這樣一場創造，因爲否則的話他就必定得是他自身的創造主了。希望一個像我們在這裡所設想的國家產物有朝一日，無論它可能來得多麼遲緩，能達到完美之境，那只是一場美妙的夢；然而不斷地趨近於它則不僅是可以設想的，而且就其可能與道德法則相一致而言還是義務，但並非是國家公民的義務而是國家首腦的義務。

㉑ 布興，見前〈答覆這個問題：「什麼是啓蒙運動?」〉。——譯注

㉒ 此處「進化」原文爲 Evolution，「革命」原文爲 Revolution。——譯注

㉓ 「休謨開出的英雄藥方」指拒絕發行戰爭公債，見〈永久和平論——一部哲學的規畫〉第一節第四款。休謨

（David Hume, 1711-1776）《文集・論公債》：「我必須承認，當我看到王侯和國家陷入他們的債務、準備金和公債之中而進行作戰和爭吵的時候，它總是在我的心目之前帶來一幕在瓷器店裡用棍棒互相毆打的景象。」（倫敦，一八七五年，第一卷，第三七一頁）——譯注

㉔ 語出羅馬作家西塞羅（M. Tullius Cicero，西元前一〇六至前四十三年）《家書集》，VII，16。按，弗賴吉亞（Phrygia）爲小亞細亞半島上的古國，拉丁作家通常以此詞稱特洛伊；特洛伊人在對希臘的戰爭中由於中木馬計而被希臘人攻陷城池。——譯注

㉕ 「當前戰爭」指法普戰爭（一七九五年巴塞爾和約），法奧戰爭（一七九七年福爾米原野和約）。——譯注

論通常的說法：這在理論上可能是正確的，但在實踐上是行不通的①

如果實踐的規律被設想爲某種普遍性的原則，並且是從必然會影響到它們運用的大量條件之中抽象出來的，那麼我們就把這種規律的總體本身稱之爲**理論**。反過來，卻並非每種**活動**都叫作實踐，而是只有其目的的實現被設想爲某種普遍規劃過程的原則之後果，才叫作**實踐**。

不管理論可能是多麼完美，看來顯然在理論與實踐之間仍然需要有一種從這一個聯繫到並過渡到另一個的中間項；因爲包攝著這種規律的悟性概念，還必須補充以一種判斷力的行動，實踐者才能藉之以區別某件事物是不是規律的例證。既然對於判斷力並不總是能夠再給出規律來，使它們在這種包攝中可以據之以指導自己（因爲那樣就沒有盡頭了）；所以就可能有些理論家是終生都不能實踐的，因爲他們缺乏判斷力：例如，有些醫生或法學家，他們的學習成績很好，但要他們提出建議時，他們卻不知道自己應該怎麼辦。——然而即使在發現有這種天分的地方，也可能仍然缺少一些前提；那就是說，理論可能是不完備的，而它那圓滿也許只能是通過由學院出身的醫生、農學家或經濟學家可能而且應該抽象出來並使自己的理論得以完備的那些尚有待進行的研究與經驗才會實現的。如果理論在實踐上還不大行得通的話，那就並不在於理論本身，而在於**還沒有**足夠的理論；它是一個人應該從經驗中學得的並且它還會是眞正的理論，哪怕他自己並沒有給出它來，並且又不是作爲學者而處於一個能以普遍的命題進行有系統地陳述的地位，因之也就不能要求享有醫生理論家、農學理論家等等的名稱。因此，沒有一個人可以冒充在實踐上精通某一門科學，卻又蔑視理論，而能不赤裸裸地暴露自己在這門學科裡是個愚昧無知者。因爲他相信：在實驗和經驗之中到處摸索而不必蒐集某些原則（這本來就是我們所稱之爲理論的），也不必對自己的專業設想一個整體（這如果處理得法，就叫作體系），他就能夠比理論所能帶動他的，走得更遠。

可是比起一個無知無識的人自命在自己所想像的實踐之中理論是不必要的和多餘的來，更加不可容忍的卻是一個承認理論及其教學價值（僅僅是爲了什麼訓練腦筋）的聰明人，但同時卻又認爲：那在實踐上來說完全是另一回事，當我們從學校走入世界之後，就會體會到我們是在追逐著空洞的理想和哲學的夢幻；總而言之，凡是在理論上好聽的東西，在實踐上都是沒有有效性（gültigkeit）的。（這一點我們往往也這樣表述：這個或那個命題 in thesi〔在理論上〕確實是有效的，但 in hypothesi〔在假設上〕卻不是的。）我們都只能是嘲笑一個光憑經驗就如此之否定一般機械學的機械師，或是一個如此之否定彈道的數學理論的大炮師，他們竟至認爲那些有關的理論雖然構思精巧，但在實踐上卻是根本無效的，因爲一運用起來，經驗得出的結果就與理論全然不同；（因爲只要對前者再補充上摩擦理論，對後者再補充上空氣阻力，因而一般地就只是補充上更多的理論，那麼它們就會和經驗很好地符合一致了。）可是一種涉及直觀對象的理論，那麼情況就與對象在其中僅僅是通過概念而表現出來的理論（諸如與數學的對象和哲學的對象）迥然不同了。這後一種對象也許可以（從理性方面）十分良好地而又無可非難地被人**思議**，但卻也許根本不可能被**給定**；它們很可能僅僅是空洞的觀念，而在實踐上卻要麼是根本不能應用，要麼是應用起來會有缺陷。因而上述那種通常的說法②，在這種情形下就可能具有其很大的正確性。

可是在一種以**義務**概念爲基礎的理論裡，對這種概念之空洞的理想性（idealität）的擔憂就會完全消除了。因爲如果我們意志的某些作用在經驗之中（不管我們把經驗想像爲是已經完成的，還是不斷趨近於完成）乃是不可能的話，則追求這種作用也就不會成爲義務了；而本文所討論的就只是這種類型的理論。因爲使哲學蒙羞受辱的是，這種理論常常被人說成：凡是其中可能正確的東西，在實踐上都是無效的；並且還是以一種顯然是充滿輕蔑口氣的傲慢，竟要在理性安置其最高的榮譽的所在地，而以經驗來改造理性本身；以一種死盯在經驗上的鼠目寸光的智慧，竟要比被造就得昂然挺立、眺望天外的那種生物所賦有的眼睛還看得更遙遠、更確切。

這條在我們這個光說不做的時代裡已經是十分習以爲常的準則，當其涉及某種道德的事物（德行義務或權利義務）時，就會導致極大的危害。因爲這時，它所要處理的乃是理性（在實踐中的）規範，而在這裡實踐的價值就完全取決於它對爲它所依賴的理論的適應性；如果把實行法則時的經驗，並因此也就是偶然的條件弄成爲法則本身的條件，而且這樣就把根據**迄今爲止**的經驗所估計爲一種可能的結局的實踐轉化爲有權去主宰那種其本身是獨立自在的理論，那就一切都完了。

我對本文的劃分也將按照那位對於理論和體系是如此之斷然加以否定的可敬的先生[3]從事評判他的對象時，所根據的那樣三種不同的立足點，亦即分為三重性質：1.作為私人，然而卻是**事業人**，2.作為**國家人**，3.作為**世界人**（或一般的世界公民）。這三種人現在都聯合一致去攻擊為他們大家並為他們的美好而在探討理論的**學院派**。既然他們幻想著自己對於這些懂得更多，所以就要把他這位學究從學院裡開除出去（illa se iactet in aula！〔讓他回自己的庭院裡去飛揚跋扈吧！〕[4]），因為他在實踐上腐朽無能，只不過是在妨礙他們富有經驗的智慧而已。

因此，我們將把理論對實踐的關係表現為如下三項：**首先**是（著眼於每個**個人**的福利的）一般**道德**的，**其次**是（關係到**各個國家**的）**政治**的，**第三**是（著眼於**人類**整體的福利，並且還確實是就其在全部未來時代的一系列世代裡，朝著這一點前進而加以理解的）**世界政治**的考察。而這三項標題，出於本文自身的原因，將分別表述為理論對實踐在**道德**上、在**國家權利**上與**國際權利**[5]上的關係。

一

論在道德上理論對實踐的一般關係

（答加爾費（Christien Garve）⑥教授先生的某些不同意見⑦）

在我討論有關什麼才可能是在僅僅使用同一個概念時對理論或者對實踐有效的東西這一現實的爭論以前；就必須把我自己的理論，就像我在別處所曾提出過的那樣，和**加爾費**先生所做的有關提法擺在一起，以便事先看一看我們彼此是不是互相了解。

A. 我暫把道德解釋爲不是教導我們怎樣才能幸福，而是教導我們怎樣才能配得上幸福這樣一種科學的入門⑧。這裡我並沒有忘記指出，當問題是要遵守義務時，卻不可由此就強求一個人應該**放棄**自己的天賦目的，即幸福，因爲正如一般任何有限的理性生物一樣，他也是做不到那一點的。而是當義務的誡命出現時，他就必須完全**抽除**那種考慮；他必須徹頭徹尾地使它不能成爲遵守理性爲他所規定的法則的**條件**。他甚至於還應該盡自己的可能去努力有意識地不讓任何來自幸福的**動機**不知不覺地滲入到義務的天職裡來。這一點又是這樣被促成的：即，我們寧可把義務想像爲是與奉行義務（即德行）所付出的犧牲聯繫在一起的，而不是與它所帶給我們的好處聯繫在一起的，以便就其要求無條件服從的，本身是獨立自足的而且不需要任何外來影響的全部權威而使得義務誡命可以爲人理解。

a.我的這一命題被加爾費先生表述如下：我曾經斷言「奉行道德法律而完全不考慮到幸福，才是人類**唯一的終極**目的，這必須看作是創造主的唯一目的。」（按我的理論，則既不是人類道德本身也不僅僅是幸福本身，而是世界上最可能的至善——它就在於這兩者的結合與一致，——才是創造主的唯一目的。）

B.我還曾進一步指出過，這一義務概念並不必須以任何特殊的目的爲基礎，倒毋寧是它把人類的意志**就此導**向另一個目的，即盡其全部的能力去爭取世界上最可能的至善（即與最純粹的德行結合在一起的並與之相適合的世界全體的普遍幸福）。既然這一點在我們的力量限度之內只能是其中的一個方面，而非兩個方面同時並舉，於是理性在**實踐的觀點**上就強行引出了我們對一位道德的世界主宰者，以及對一種未來的生命的信仰。這並非說好像是首先唯有假定這兩個方面，普遍的義務概念才能得到「堅定和鞏固」，亦即動機的確實的基礎和必要的力量；而只是說它唯有這樣才能有一個相應於純粹理性的理想**客體**[9]。因爲義務的本身並不是什麼別的，只不過是把意志**限制**在一種普遍的，由於既定的準則而成其爲可能的立法體系的條件之下而已，無論其對象或目的可能是什麼（因而也可能是幸福）；然而這些以及我們所可能具有的任何目的，卻都必須從中完全抽除掉。因此，在道德的**原則**這個問題上，**至善**的學說之作爲由它所規定並適應於它那法則的一種意志的最後目的（作爲插曲）就可以全然略過，放在一旁；正如以下可以表明的，眞正的爭論焦點根本就不在於這一點，而僅僅在於普遍的道德考慮。

b. 加爾費先生把這一命題表述如下：「有德的人絕不能夠，也絕不可以眼裡漏掉這一（自己幸福的）著眼點，因爲否則的話，他就會完全失掉朝向不可見的世界的過渡、對上帝存在以及對不朽[10]的信念；然而這些，按照這一理論來說，對於賦予道德體系以堅定性和牢固性卻是絕對必要的。」他把歸之於我的論點簡短地、很好地總結如下而告結束：「有德的人遵循這種原則在不斷地追求配得上幸福，然而只要是他眞正有德，就絕不會追求使自己幸福。」（這裡只要是的字樣是意義含混的，必須首先加以解決。那意思可以指的是：他作爲一個有德的人在行爲上服從自己的義務；那麼這一命題就和我的理論完全相符。或者指的是：如果他僅僅是一般有德而已，並且因此即使是在並不涉及義務也並不與義務相衝突的地方，有德的人也一點都不應該考慮到幸福；那就和我的論點全然相反了。）

因此，這些反對意見就無非是錯誤的理解而已，（因爲我不願把它們當作是錯誤的解釋）。人類在評判別人的思想時，也有一種要追隨自己一度所曾習慣的思想路線的傾向，並且要把後者帶進前者之中來；如果不是這種傾向足以說明上述這樣一種現象的話，那麼這些錯誤理解的可能性就要令人詫異了。

隨著對上述道德原則加以這種爭論式的處理而來，便是對於對方的一種武斷的論斷。加爾費先生分析式地這樣結論說：「在排列**概念**時，對於使得某一個**優先於**另一個的那種狀態的察覺與辨別，必須是先於選擇其中的每一個，因此也就是先於預先決定某種目的。然而一個被賦予對自己本身以及自己的狀態的意識的人，當這種狀態出現並被他察覺的時候；他所**優先於**其他各種狀態而擇取的這種狀態便是一種**美好**的狀態。而一系列這類美好的狀態，便是**幸福**這個字樣所表達的最普遍的概念。」——還有：「法則預先假定有動機，但動機則假定有一種事先已被察覺到的對更好的與更壞的狀態的分別。這種被察覺到的分別乃是幸福概念的要素，等等。」還有：「在幸福這個字樣的最普遍的意義上，就**從幸福裡產生出來了每一種努力的動機**，因此也就有遵循道德法則的動機。我必須首先一般明瞭某種事物是不是美好，然後我才能問，履行道德義務是不是屬於美好這一欄；人類必須先有一個使自己置身於運動之中的推動力，**然後**才可能預定一個這種運動所應指向的**鵠的**[11]。」

這種論證就只不外乎是在玩弄**美好**這個名詞的歧義罷了：因爲這個名詞或者作爲本身是無條件的美好，而與本身是邪惡的東西相對而言，或者作爲永遠都僅只是有條件的美好，而與更好或更壞的美好相比較而言；選擇這後一種狀態就只可能是一種比較好的狀態，但其本身卻是惡劣的。——無條件服從自由意願的絕對發號施令的法則（那就是義務），而根本不考慮任何成爲其基礎的目的，與作爲某種行爲方式的動機，而去追求大自然本身爲我們奠定的目的（那一般地就叫作幸福）；這兩條準則在本質上，也就是**按性質來說**，是不同的。因爲前一條準則，其本身就是美好的；後一條準則卻根本不是的，它在與義務相衝突的情況下還可能成爲非常之邪惡的。反之，如果是以某一種目的爲基礎，因而並沒有任何法則在無條件地（而是僅只在這一目的的條件之下）發號施令，那麼兩種相對立的行爲就可能都是有條件的美好，只是一種比另一種更好而已（於是這另一種就被稱爲比較惡劣）；因爲它們並不是在性質上而僅僅是按程度來說，彼此不同。凡是其動機並不是無條件的理性法則（義務），而是一種被我們的意願所奠定的目的的行爲，也都是如此。因爲這種目的屬於全部目的的總和，而達到這些目的就叫作幸福；一種行爲可以對我的幸福貢獻較多，另一種則較少，因而一種就可以比另一種更好或更壞。——但是意志規定的某種狀態之優先於另一種狀態，則純係自由的一種行動（就像法學家所說的 res merae facultatis〔純係機遇的事情〕），在這種行動中這一（意志規定）本身究竟是美好還是邪惡是根本不予考慮的，因而就兩方面而言都是等值的。

與某種給定的目的相聯繫而這一目的又是我要優先於同類之中的其他一切目的的那種狀態，乃是一種比較來說，也就是說在幸福的領域內更好的狀態。（這種幸福就我們能配得上它而言，乃是理性除非僅僅以有條件的方式之外，絕不會承認其爲美好的。）然而我在自己的某些目的與義務的道德法則相衝突的情形下，卻仍然有意識地要使後者優先的那一狀態，就不僅是一種更好的狀態而且是其本身美好的唯一狀態；那是全然屬於另一個領域的美好，在它那裡，可能向我提供的目的（因而也包括它們的總和，即幸福）是根本不予考慮的，而且在它那裡，構成其規定原因的並不是意願的內容（一種給它奠定基礎的對象），而是它那準則的普遍合法則性的純形式。——因此就絕不能說，每一種我使之**優先**於其他任何狀態的狀態，都能被我算作是幸福。因爲首先我必須有把握，我的行爲並不違反自己的義務；然後才可以在我能夠使之與我自己的道德的（而不是物理的）美好狀態相統一的範圍之內，容許我自己去追求幸福[12]。

意志確實是必須要有**動機**；但動機並不是某種預先給定的、得自**物理感覺**的、作爲目的的對象，而只不過是無條件的**法則**本身而已；意志對於它的感受，看作是無條件的強制時，就叫作**道德感**；因此這一道德感也就不是意志規定的原因而是它的效果，如果這種強制不是事先就存在於我們身上的話，我們就一點也不會在自己身上察覺到它了。因此，這樣一個老調子，——即這種感情，因而也就是我們使之成爲我們的目的的一種願望，便構成意志規定的首要原因，從而幸福（那種感情作爲一個要素而屬於幸福）便構成我們行爲全部客觀必要性的基礎，從而也就構成全部義務的基礎，——就純屬一場詭辯的**遊戲**了。只要我們在援引某種效果的原因時不停地追問下去，我們就總歸可以倒果爲因的。

現在我就要談到我們這裡所眞正要探討的論點了：亦即通過事例來驗證理論與實踐二者在哲學上被人認爲是相互衝突的利益。加爾費先生在他那上述的論文中，就對此提供了最好的例子。首先他說（在他論及我們所分辨的我們怎樣才能幸福和我們怎樣才能配得上幸福這兩種學說時）：「就我這方面來說，我承認我雖然在自己的頭腦中很能理解觀念上的這種劃分，但在自己的內心中卻找不到希望上和努力上的這種劃分；所以一個人究竟是怎麼能夠意識到已經把自己對幸福的渴望擺脫乾淨並從而完全無私地履行了義務，這對於我簡直是不可理解的。」

我首先來回答這後一點。我很願意承認，沒有一個人能夠確切無誤地意識到自己已經完全無私地在履行自己的義務了。因爲這屬於內心的經驗，並且對自己靈魂的這種意識還得要對於伴隨著義務概念的種種想像力、習慣性和傾向性的全部的附帶表象和考慮，具有一種澈底明晰的觀點，而這一點卻在任何情形下都是不能要求於人的。而且某種事物（因而也包括私下並未想到其有利的事物）不存在，一般地並不能成爲經驗的對象。但是人卻應該完全無私地履行自己的義務，並且必須把自己對幸福的渴望與義務概念全然分別開來，以便保持義務概念的完全純粹，這一點卻是他以最大的明晰性意識到的。否則，如果他相信自己不是那樣，人們就可以要求他成爲那樣，只要那樣是他力所能及；因爲道德的眞正價值就恰好在於這一純粹性，所以他就必定能夠做得到。也許從不曾有過一個人能夠完全無私地（不摻雜任何其他動機）履行過自己所認識的而又爲自己所尊崇的義務；也許從不曾有一個人以最大的努力而能成就這一步。但是要求他以極其細心的自我檢驗可以察覺到，自己不僅沒有任何這類起附帶作用的動機，而且還更有對許多與義務相對立的觀念的自我否定，因而使自己意識到要爲那種純粹性而奮鬥的準則，這一點卻是他所能做得到的，那麼這對於他奉行義務來說也就夠了。反之，若在人性不會容許有這樣一種純粹性（何況這還是他不能確切斷言的）的藉口之下，竟使鼓勵這類動機的影響成了我們的準則，那便是全部道德的淪喪了。

至於加爾費先生上述的簡短自白，說是在他的**內心**裡找不到那種區別（確切地說，是劃分），那麼我就毫不遲疑要正面反對他那自我譴責，並且要保衛他的內心來反抗他的頭腦了。他這位正直的人的確經常是在他自己的內心裡（在他自己的意志規定裡）找得到它們的。但是正好是由於對不可理解的（不可解說的）東西，即無上命令（kategorische imperative）的可能性（諸如義務之成爲可能）進行思索和理解的緣故，它們在他的頭腦裡就不能和通常的心理解說的原則（那整個都是要以大自然的必然性的機械作用爲基礎的）調和一致[13]。

但是當加爾費先生最後說：「這類對觀念的微妙劃分，在**思索**特殊對象的時候已經就夠**曖昧**的了；而當它用到**行爲**上，當它應用於欲望與意圖的時候，它們就會**完全消失**的。我們從考察動機過渡到實際行爲的步驟越簡單、越迅速而又**缺乏明確的**表象，就越是不可能確切可靠地識別每一種動機在引向這一步驟而不是其他步驟時所給出的決定性的重量。」——那我卻要大聲疾呼地反對他了。

義務概念以其完全的純粹性，較之任何出自幸福或與之相關以及摻雜著對它的考慮的動機（這就在任何時候都需要有大量的技巧和深思熟慮），不僅是無可比擬地更加簡單、更加明確、對每個人的實踐運用都更容易領會而又更加自然；而且就在最普通的人類理性的判斷裡，——當它僅只被帶到這種判斷的面前，並且確實是擺脫了人類意志的判斷，乃至於與之相對立，——也要較之一切從後者的自私原則而引出的動機遠爲強而有力得多、更迫切得多而又更富於成果。例如，假設有這樣一種情形：某個人的手裡有著別人寄託的一筆財產（depositum），財產所有人已經去世，而其繼承人又對此一無所知，也不可能有所知悉。即使我們把這種情形向一個八九歲的小孩子提出來；並且同時，這筆財產的受託人自己的經濟情況（不是由於自己的過錯）恰好在這時候陷於完全破產，他看到自己面前是一個妻兒貧困、悲慘不堪的家庭，只要他占有這筆委託品，就可以立即把自己從這種困境裡解救出來；同時他又是仁慈而行善的，但那個繼承人卻是爲富不仁並且極端揮霍浪費，乃至於把這筆對他財富的補充就是拋到大海裡去也不會更壞些。如果我們問，在這種情況下是不是可以允許把這筆財產拿來給自己使用。毫無疑問，提問人所得到的回答將是：不行。可以只說：**那是不義**的，也就是說，那是違反義務的，而用不著再說任何理由。這是最明白不過的了，但這確實並不是他由於這項交還就可以促進自身的幸福。因爲假如他希望自己的決定是被幸福這一目標所規定的；那麼，比如說，他就可以這樣想：「你若是把你現有的別人財產交還給眞正的所有人而不要求什麼，那麼他們想來是會報償你的忠誠；或者如果沒有這樣，那你也會博得一個廣泛流傳的好名聲，這可能對你是非常之有好處的。但是這一切都無法確定。反之，確實也會出現許多疑難：如果你要吞沒了這項寄託，以便一舉把你從你的窘境之中挽救出來；那麼當你迅速使用它的時候，你就會引起別人猜疑你是怎樣以及靠什麼辦法竟能這樣快地改善你的境遇的。但是你若慢慢地用它來起作用，那麼這段時間裡窘困就會上升到這樣的高度，以至於它會根本無濟於事的。」——因此根據這一幸福準則，意志就搖擺於自己究竟應該採取什麼決定的各種動機之間，因爲他要著眼於結果如何，而它又是無從確定的。這就需要有一個很好的頭腦才能使自己從正反兩方面理由成堆的壓積之下解脫出來，而又不至於弄錯了全盤計算。與此相反，如果他問一下自己，這裡的義務是什麼，那麼他對提給自己的答案就會毫不猶疑，而是當下就可以確定自己應該做什麼。如果義務這一概念對他總還有效的話，那麼他甚至對於讓自己去計較由於自己踐踏了義務所可能產生的利益還會感到一種厭惡的，就彷佛他在這裡眞做出了這種選擇似的。

因此，這種劃分就正如已經指出的，並不像加爾費先生所想像的那麼微妙，而是以巨大可讀的字跡寫在人們的靈魂之中，**當其用到行爲上的**時候竟像他所說的那樣會**完全消失**，那就甚至於是和自己的經驗相矛盾了。確實倒並不是與由這一條或那一條原則而得出的準則的**歷史**所提供的那種經驗相矛盾，因爲可惜這種經驗證明了它們大部分都是從後一種

（即自私）裡面產生出來的；而是與僅僅是內心裡才可能有的那種經驗相矛盾，那種經驗就是：比起把義務崇之於一切之上、與生命中的邪惡甚至於是它那最富吸引力的誘惑進行鬥爭，然而（正如我們有權認爲人類是能夠做到的那樣）卻會戰勝它們的那種純粹的道德心性（gesinnung）來，再沒有任何別的觀念是更能提高人類的心靈並激發它們的精神的了。人類意識到：因爲自己應該做到這一點，所以自己就能夠做到這一點；這就在他們的身上開啓了一種神明稟賦的深處，使得他們彷彿是對於自己眞正天職的偉大與崇高感受到了一種神聖的敬畏。如果人類得以經常被提醒並且能習慣於使德行完全擺脫它那由於遵守義務而獲得的全部利益的財富並以其全部的純粹性來理解德行，如果能在私人的和公共的教育之中能使經常運用這一點成爲原則（這種諄諄教導義務的方法差不多總是被人忽略的），那麼人類的道德就必定會很快地改善起來。歷史的經驗之所以迄今爲止還不曾證明過倫理學有美好的結果，這一點卻要歸咎於下述的這一虛僞的假設：即，由義務觀念本身所引導出來的動機，對於通常的概念來說未免是太微妙了，反之採取由於遵守法則（但不把它當作動機）而可以期待在這個世界裡，乃至在未來的世界裡確切得到利益的那種粗鄙的動機，倒會更有力地對心靈起作用；以及迄今爲止我們都把追求幸福放在優先於理性以之爲最高無上的條件的東西的地位，即優先於能夠配得上幸福並把這當作是教育和訓誨的原則地位。因爲我們怎樣能使自己幸福，至少也是怎樣能使自己預防不幸的**規則**，並不是**誡命**。它們絕不束縛任何人，而且一個人受到勸告之後仍然可以選擇自己認爲是美好的東西，只要是他願意使自己承擔對自己所發生的一切。那時候由於忽視自己所受的忠告而可能產生的災禍，他卻沒有理由看成是懲罰，因爲懲罰僅僅適用於自由的但是違法的意志，但是大自然與人類傾向卻不能爲自由而立法。對於義務觀念而言，情形就完全是另一樣了，踐踏了義務觀念，即使我們不去考慮由此而對自己產生的不利，也會直接影響心靈，並會使人在自己的心目之中成爲可鄙的和應受懲罰的。

這裡就是一個明顯的證明，即凡在道德上對於理論來說是正確的東西，對於實踐來說也就必定是有效的。——因此，以人的資格，作爲由於自身固有的理性，而在服從某些義務的一種生命，每個人就都是一個事業家；並且既然作爲人，他永遠也超不出智慧的學校之外，所以他就不可能自命是什麼由於經驗而超乎一個人的眞實情況之外，並且超乎我們所能要求於他的東西之外的更高明的受教者，而以高傲的藐視態度把理論的擁護者貶回到學院裡去。因爲所有這一切經驗都絲毫無助於使他可以迴避理論的規則，而至多也不過是當人們把它們汲取到自己的原則中來的時候，有助於他們學會怎樣才能更好地而又更普遍地以它們來指導工作而已；可是這裡所討論的卻不是它那實用的技巧性（geschicklichkeit）而僅僅是原則。

二

論在國家權利上理論對實踐的關係
（駁霍布斯（Thomas Hobbes）[14]）

在一群人所藉以結合成一個社會的一切契約（pactum sociale〔社會公約〕）之中，建立一個**公民體制**的契約（pactum unionis civilis〔政治結合公約〕）乃是其中那麼獨特的一種；以至於儘管在其**執行**上它和其他任何一種（它們同樣地指向某種共同要求的目的）有許多東西都是共同的，然而在其建制（constitutionis civilis〔政治體制〕）的原則上它卻與其他一切在本質上都是不同的。在所有的社會契約之中，都可以發現有許多人爲了某一個（**大家都具有**的、共同的）目的結合起來；但是他們的結合其本身便是（**每一個人都應該具有的**）目的，因而一般地在人們彼此之間不得不發生相互影響的每一種外在關係之中乃是無條件的首要義務，則這樣一種結合是唯有在一個已經發現自己處於公民狀態之中，亦即已經形成一個共同體[15]的社會之中才能發現的。而在這樣的對外關係中其本身就是義務，並且還是其餘一切對外義務的最高形式條件（conditio sine qua non〔不可缺少的條件〕）的這一目的，便是**公開的強制性法律之下的人權**，每個人就由此而規定了自己的應分，並獲得了免於受任何別人侵犯的保障。

但是對外權利這一概念一般地是完全出自人們在彼此外在關係上的自由這一概念的，而與所有的人天然具有的目的（即以幸福為目標）以及獲得它的方法的規則毫不相關。所以這後者也就絕不可作為其規定理由而干預那類法則。權利乃是以每個人自己的自由與每個別人的自由之協調一致為條件而限制每個人的自由，只要這一點根據普遍的法則是可能的；而公共權利則是使這樣一種澈底的協調一致成為可能的那種外部法則的總和。既然每一種受別人意願所限制的自由都叫作強制，由此可見公民體制也就是處於強制法律之下的自由的人們（在他們與別人結合的整體之中而無損於自己的自由）的一種關係，因為理性本身要求這樣，並且還確實是純粹的、先天立法的、絕不考慮任何經驗目的（全部這類目的都可以概括為幸福這個普遍的名稱）的理性。既然對於幸福以及每個人應該把它擺在哪裡，人們有著根本不同的想法，所以他們的意志就不能歸結為任何共同的原則，因之也就不能歸結為任何外在的，與別人的自由協調一致的法則。

因此，公民狀態純然看作是權利狀態時，乃是以下列的先天原則為基礎的：

1. 作為人的每一個社會成員的自由。
2. 作為臣民的每一個成員與其他成員的平等。
3. 作為公民的每一個共同體成員的獨立。

這些原則倒不那麼是已經建立的國家所給定的法則，反而是唯有依據它才有可能符合一般外在人權的純粹理性原則而建立起一個國家來的法則。

1. 作爲人的**自由**，我要把它那對一個共同體的憲法的原則表述爲如下的公式：沒有人能強制我按照他的方式（按照他設想的別人的福祉）而可以幸福，而是每一個人都可以按照自己所認爲是美好的途徑去追求自己的幸福，只要他不傷害別人也根據可能的普遍法則而能與每個人的自由相共處的那種追逐類似目的的自由（也就是別人的權利）。——一個政權可以建立在對人民仁愛的原則上，像是**父親**對自己的孩子那樣，這就是**父權政治**（imperium paternale）。因此臣民在這裡就像是不成熟的孩子，他們不能區別什麼是對自己眞正有利或有害，他們的態度不得不是純消極的，從而他們**應該**怎樣才會幸福便僅僅有待國家領袖的判斷，並且國家領袖之願意這樣做便僅僅有待自己的善心。這樣一種政權乃是可能想像的最大的**專制主義**，（這種體制取消了臣民的一切自由，於是臣民也就根本沒有任何權利。）唯一使人們可能具有權利而同時就統治者的仁愛方面又是可能設想的政權，並不是什麼**父權政治**而是**祖國政治**（imperium non paternala, sed patrioticum（不是父權政治而是祖國政治）[16]）。**愛國**的思想方式也就是這樣一種思想方式，即國家中的每一個人（國家的領袖也不例外）都把共同體看成是母親的懷胎或者說把祖國看成是父親的土地，他自己就生長於其中、生長於其上，並且還得把它當成一項珍貴的擔保品那樣地寶傳下去，爲的只是通過共同意志的法律來保衛它的權利，而不是自命有權使它服從自己無條件地隨心所欲地運用。就共同體的成員乃是一般地能夠享有權利的生命而言，這種自由權利就是屬於作爲人的共同體的成員的。

2. 作爲臣民的平等，則其公式可以敘述如下：共同體的每一個成員都對其他每個人具有強制權利，其中只有共同體的領袖是例外（因爲他並不是其中的一個成員，而是它的創造者和守護者），唯獨他才有權強制別人而本身卻不服從強制法。然而凡是處於法律之下的人都是一個國家之內的臣民，因而就像共同體所有其他的同胞成員一樣也要服從強制權利，唯一例外的（生物人或道德人）便是國家領袖，一切合權利的強制都唯有通過他才能加以運用。因爲如果他也要受到強制的話，那麼他就不會是國家領袖了，於是這個隸屬的等級其序列就要無限地伸展下去。可是假若他們竟有了兩個（不受強制的人）的話，那麼他們就誰也不服從強制法，一個也就不能對另一個做出任何不義，而這卻是不可能的事。

然而一個國家的人們作爲國家臣民的這種一律平等，卻是和人群的最大的不平等非常之好地結合在一起，並且還是依照他們的財富程度，不論它是在身體上或在精神上對別人的優越性，還是在身外的財物上以及一般在對別人的權利（那可能有許多種）上。於是一個人的福祉就十分有賴於另一個人的意志（窮人有賴於富人），以至於一個人必須俯首聽命，（像是孩子聽命於家長，妻子聽命於丈夫，）另一個人則對他發號施令，一個人就（作爲雇工）服役，另一個則雇傭，等等。然而按照權利（它作爲公意的表現只能有一種，並且它只涉及權利的形式，而不涉及我對之享有權利的那種內容或對象），他們作爲臣民卻是大家彼此平等的。因爲除了通過公開的法律（及其執行者，即國家領袖）之外，就沒有任何人可以強制任何別人，然而另外的每個人也可以通過它而以同樣的比例來抗拒他。但是沒有人是會喪失這種強制權限的（因而也就是具有一種反對別人的權利），除非是由於自己犯罪，並且他還不能使自己自行——也就是說通過一項契約，因而是通過一項合權利的行動——放棄它，從而使自己沒有權利而只有義務。因爲這樣一來，他就剝奪了自己訂立契約的權利，因而也就自行廢除了這一契約本身。

從共同體中的人們作爲臣民的平等這一觀念裡，就得出如下的公式：共同體中的每一個成員都應該能達到自己的才幹、自己的勤奮和自己的幸運所能帶給自己在共同體中的（一個臣民所可能得到的）任何一級地位。而他的同胞臣民們卻絕不可由於一種繼承的優先權（作爲某種地位的特權）而妨礙他，從而就永遠這樣地阻礙了他和他的後代。

既然一切權利都僅只在於以別人的自由和自己的自由按照一種普遍的法則，而能共同存在爲條件來限制別人的自由，而（一個共同體中的）公共權利又僅只是一種現實的，符合這一原則的並與權力聯繫在一起的立法制度，都是由於它，大家才在一種一般的權利狀態（status iuridicus〔法理狀態〕）中——也就是人們按照普遍的自由法則而互相限制的意願在作用和反作用方面的平等（那就叫作公民狀態）——隸屬於一個民族。所以就一個人對另一個人的強制權限（他由此也就始終停留在他那自由的運用須與我的自由相一致的界限之內）而言，每個人在這種狀態之中的生來的權利（也就是說先於其他一切合權利的行爲）就是澈底平等的。既然出生並不是被生出來的人的一種行爲，因而從其中就不能籀引出來權利狀態的任何不平等和對強制法律的任何服從，除了他作爲是一個唯一至高無上立法權力的臣民和所有其他的人所共有的那種之外。所以共同體的一個成員作爲同胞臣民，對於另外一個就不能有生來的優先權，而且也沒有人可以讓自己的後代來世襲自己在共同體中所占有的地位上的優先權，因而彷佛是由於出生就有資格享有統治地位的樣子，也不可強行阻止別人憑自己的貢獻去取得更高的級別（是 superior 與 inferior〔較高與較低〕的級別，而並非一個是 imperans 而另一個是 subiectus〔一個是統治而另一個是臣服〕的級別）。凡是成其爲財物（而不涉及人格）並作爲財產可以被他獲得或轉讓的一切其他東西，他都可以遺傳下去，這樣在一系列的後代裡就可以在一個共同體的成員中間造成很可觀的財富境況的不平等（雇工和雇主、地主和農奴，等等）。只是他卻不得禁止這些人也有權上升到同樣的境況，假如他們的才智、勤奮和幸運使他們有此可能的話。因爲否則的話，他就可以強制別人而又能不受別人反作用的強制，並超逾他的同胞臣民的級別了。——凡是生活於一個共同體的權利狀態之中的人，除非是由於自己的罪行之外，是絕沒有一個會由於契約或者是由於戰爭武力（occupatio bellica〔使用戰爭〕）而失去這種平等的。因爲他不能通過任何合權利的行爲（無論是他本人的，還是任何別人的）而中止其爲自己的主人，並且以一種家畜的**品級**而出現，乃至人們竟可以任意使用他們從事各種服役而且可以隨意長期地保持他們這樣而無須他們的同意，甚至於沒有不得殘害或殺戮他們的限制（這種限制有時候還是被宗教所裁可的，像是在印度人那裡）。我們可以認爲他在任何狀態中都是幸福的，只要他意識到他之沒有上升到與別人同樣的級別，都只是由於他自己（自己的能力或眞誠的意志），或者是由於他所無法歸咎於別人的境遇，而不是由於別人的無法抗禦的意志；而別人作爲他的同胞臣民而言，在權利方面是一點也不比他優越的⑰。

3.共同體的成員之作爲**公民**，亦即作爲同胞立法者的獨立性（sibisufficientia〔自足性〕）。在立法本身的立足點上，所有在現行公共法律之下乃是自由與平等的人們，都可以認爲是平等的，但就制定這種法律的權利而言，卻並不是的。那些不能具有這種權利的人，作爲共同體的成員，也同樣要服從這些法律並且因此也要受到它們的保護，但卻不是作爲**公民**，而是作爲**受保護的同胞**。——也就是一切權利都有賴於法律。然而爲大家規定了什麼在權利上是可以允許的或是不可允許的公共法律，乃是公意的行動。一切權利都出自它，而它本身則是不能對任何人做出不義的。可是這一點卻除了整個人民的意志（既然所有的人爲所有的人做出決定，也就是每個人爲自己本身做出決定）之外，再沒有別的意志可能做到，因爲只有對自己本身，才沒有人能做出不義來。但是假如那是另一個人，那麼一個與他不同的人的單純意志就不能爲他決定任何不可能是不義的事情；於是這另一個人的法律就需要有另一種限制他的立法的法律，因而任何個別的意志都不能爲共同體立法。（確切地說，爲了得出這一概念就需要有外在自由、平等和**所有的**人的意志**統**一這些概念；而後者當前兩者都已具備的時候，既然是需要投票表決，所以其條件就是獨立。）這一只能是由普遍的（聯合的）人民意志之中產生出來的根本法，我們就稱之爲**原始契約**⑱。

在這一立法中享有投票權利的人，就叫作**公民**（citoyen〔公民〕，即國家公民，而非市民 bourgeois〔市民〕⑲）。除了**天然的**資格（即不得是兒童，不得是婦女）之外，爲此所需要的唯一資格就是：他必須是**其自身的主人**（sui iuris〔法理上自主〕），因而享有某些**財產**（任何技能、手藝或美術或科學都可以計算在內）可以養活自己。這就是說，在他爲了生活而必須取之於別人的情形下，他也只能通過轉讓屬於自己的東西⑳而取得，卻不能是通過他允許別人來使用他自己的力量，從而在**服役**這個字樣的嚴格意義上他除了爲共同體之外，就並沒有爲任何人服役。在這裡，藝術從業者和大（或小）土地所有者彼此全都是平等的，亦即每個人都只有權投一票。至於土地所有者，則即使我們撇開下面的問題不談：即，一個人得以占有比自己的雙手所能耕種的更多的土地，這在權利上是怎樣可能出現的（因爲通過戰爭侵占取得的並不是最初的取得），以及許多人本來是完全可以取得一塊永久性的土地占有的，卻爲了要能維持生活竟淪於僅僅在爲別人服役的地步，這又是怎樣出現的？那麼它也還是與上述的平等原理相衝突的，假如有一種法律賦給他們以一種優先地位的特權，從而他們的後代或者永遠都是大土地所有者（采邑），這些土地並不出售或由於繼承而加以劃分並因此而能使更多的人加以利用；或者即使是進行了這種劃分，但除了屬於爲此而任意安排好的某一類人之外，就再沒有人能夠取得其中的一塊土地。大土地占有者就消滅了其數量等於可能取代自己地位的那些小土地所有者們㉑及其投票權，他不能以他們的名義投票，並且他只有一票。——既然共同體的每一個成員取得其中的一份以及所有的人取得其全體，都必須全靠他們每個人的能力、勤奮和幸運，而這種區別又是普通的立法所不能預計的，所以對立法有投票權的人數就必須根據現在處於占有地位的人頭數，而不能根據占有數量的大小來加以計算了。

但是**所有**具有這一投票權利**的人**，卻必須一致同意這種公共正義的法律，因爲不然的話，那些對它不同意的人和前一種人㉒就會發生一場權利爭執，這本身又需要有另一條更高的權利原則才能加以決定。我們不可能期待全體人民都是前一種人，因而我們所能預期可以達到的就只是多數票，並且那（在廣大的人民中間）確實還不是直接投票者的多數而是作爲人民代議士的代表們的多數，所以滿足於這種多數的這一原理，就應該以普遍的一致同意並通過一項契約而加以接受，它必須成爲建立一種公民體制的最高依據。

結論

這便是一個公民的，因而也是人們中間完全合權利的體制之唯一可能以之爲基礎的而一個共同體唯一可能賴以建立的**原始契約**了。——可是這一契約（叫作 contractus originarius〔原始契約〕或 pactum sociale〔社會公約〕）作爲人民中所有的個別私人意志的結合而成爲一個共同的和公共的意志，（爲了純然合權利的立法的緣故，）卻絕不可認爲就是一項**事實**（這樣一項事實是根本就不可能的㉓），竟彷彿首先就必須根據已往的歷史來證明曾有過一族人民，其權利和義務是我們作爲後裔的繼承下來了的，竟彷彿這族人民確實曾經有一度完成過這樣一樁行動，並且還一定得在口頭上或書面上留下給我們一項確鑿無疑的有關通告或工具，好使我們尊重自己所要受到的那種既定的公民體制的束縛。它的確只是純理性的一項**純觀念**，但它卻有著無容置疑的（實踐的）實在性，亦即，它**能夠**束縛每一個立法者，以致他的立法就正有如是從全體人民的聯合意志裡面產生出來的，並把每一個願意成爲公民的臣民都看作就彷彿他已然同意了這樣一種意志那樣。因爲這是每一種公開法律之合權利性的試金石。也就是說，倘若法律是這樣的，乃至全體人民都**不可能**予以同意的話，（例如，某一階級的**臣民**將世襲地享有**統治地位**的特權，）那麼它就是不正義的；但是**只要有可能**整個人民予以同意的話，那麼認爲法律是正義的便是義務了，哪怕在目前人民處於這樣一種狀況或者思想情況，即假如徵詢他們對它的意見的話，他們或許是會拒絕同意它的㉔。

但是這一限制顯然僅只適用於立法者的判斷，而不適用於臣民的判斷。因此如果一族人民在某種現行的立法體系之下做出的判斷，有極大的或然性會損害自己的幸福時，那又應該怎麼辦呢？不要反抗嗎？答案就只能是：在這上面沒有別的辦法，只有服從。因爲這裡的問題並不是從共同體的建制或機構中使臣民能期待獲得幸福的問題，而首先純然是使每一個人的權利由此可以得到保障的問題。這就是有關一個共同體的全部準則所必須據以出發的最高原則，而且這一原則是不受任何其他原則所限制的。至於前者（幸福），則根本就沒有任何普遍有效的法律原理是能夠被給定的。因爲無論是時勢，還是每個人都把自己的幸福置於其中的那種非常之彼此矛盾而又永遠在變化著的幻念，（沒有一個人能向他規定，他應該把幸福置於何處，）都使得一切固定的原理成爲不可能，並使得僅只以它作爲立法體系的原則行不通。Salus publica suprema civitatis lex est〔公共的幸福就是國家的最高法律〕這個命題的價値和威信，仍然絲毫沒有減少，然而首先需要加以考慮的公共福利，恰好就是通過法律來保障每個人自己的自由的那種合法的體制：只要他不侵犯別人普遍的合法的自由，因而也就是不侵犯其他同胞臣民的權利，他就始終可以以自己認爲是最好的任何方式去尋求自己的幸福。

如果最高權力在立法時，首先是著眼於幸福（公民的富裕、人口的增長，等等），那麼這就並不是建立公民體制的目的，而僅僅是保證**合權利狀態**的手段，主要地是對人民的外部敵人。在這個問題上，國家領袖就必須被授權去獨自進行判斷：爲了對內以及反抗外部敵人，保證自己的強大和鞏固，究竟這類措施對於共同體的繁盛是不是必要的？所以那就並不是彷彿要違反人民的意志而使他們幸福，而僅僅是要使它作爲共同體而得以存在[25]。對所採取的這種措施究竟是否**明智**的這一判斷上，立法者確實可能犯錯誤，但是在他自問法律究竟是否符合權利原則的這個判斷上，卻不可能犯錯誤。因爲他是以原始契約的那一觀念作爲可靠的標準的，而且還是先天地就在手頭的（而不是像在幸福原則之下那樣，需要等待著經驗先來教導自己，手段的合用性究竟如何）。因爲只要全體人民之同意這樣一種法律並不自相矛盾，那就不管它對他們來得可能是多麼酸辛，它總是符合權利的。但是如果一種公共法律是符合權利的，因之就權利的觀點而言也就是無可非議的，那麼它就既與強制權並且另一方面也就與禁止用暴行來反抗立法者的意志聯繫在一起。這就是說，使法律生效的國家權力也是不可抗拒的，而且沒有這樣一種強力來鎮壓一切內部的抵抗，也就不會有任何合乎權利而奠定的共同體的存在。因爲這種抵抗是按一條準則來進行的，而這條準則如果使之普遍化，就會摧毀一切公民體制，並消滅人類唯有在其中才可以一般地享有權利的那種狀態。

由此可以得出：對最高立法權力的一切對抗、使臣民們的不滿變成暴力的一切煽動、爆發成爲叛亂的一切舉事，都是共同體中最應加以懲罰的極大罪行，因爲它摧毀了共同體的根本。而且這一禁令是**無條件**的，從而即使是這種國家權力或者它的代理人國家領袖，由於授權給政府完全用暴力（暴君式地）去行動而違反了原始契約，並且因此按臣民的概念來說就破壞了作爲立法者的權利，臣民們也仍然不得以武力進行反抗。其理由就在於：在一個已經存在的公民體制之下，人民就不再有權利來經常判斷那種體制應該怎樣進行治理。因爲即使我們假設他們有這樣一種權利，而且那的確還是反對現今國家領袖的判斷，那麼又由誰來決定哪一方才是正義的呢？雙方無論哪一方都不能作爲自己案件的審判官那樣來行事。因此在最高領袖之上就必須再有另一位最高領袖，以便在前者與人民之間做出判決，而這是自相矛盾的。——這裡也不可能引用什麼必須的權利（ius in casu necessitatis〔必須情況下的法律〕）——那本來就是設想在最有（物質上的）必須時可以幹出**不義**行爲來的一種純屬**子虛的權利**[26]，——來爲廢除限制人民爲所欲爲的那道橫柵提供一種解決辦法。因爲國家的最高領袖也可以同樣地認爲，他對臣民的嚴厲措施由於他們的違抗所以就是有道理的，正如臣民們由於怨尤自己的不公正的苦難，所以起來造他的反乃是有道理的一樣。這裡由誰來作出判決呢？那就唯有那個負有最高公共權利的職責的人，也就正是國家領袖本人，才能做到了。因此共同體中就沒有任何別人有權抗爭他享有的這種地位。

然而我發現有些可尊敬的人們，卻主張臣民們在某種情況下有權對自己的在上者進行武裝反抗，其中我在這裡將只徵引那位在他的自然權利的學說上是非常謹慎、非常精確而又謙遜的**阿痕瓦爾**（Gottfried Achenwall）[27]。他說：「如果由於長期忍受國家領袖的不正義而威脅著共同體的那種危險之令人擔憂，更有甚於拿起裝器來反抗他的那種危險，這時候人民就可以反抗他，運用這一權利來廢除他們的服從契約並把他作爲一個暴君而加以廢黜。」於是，他結論說：「人民就以這種方式（在對他們原來統治者的關係上）又回到了自然狀態。」

我很樂意相信，無論是**阿痕瓦爾**還是任何一位在這方面有著和他同樣想法的正直的人，在任何這樣一種境況臨頭時，都不會對如此之危險的企圖做出建議或贊同。而且也幾乎不用懷疑，如果瑞士、尼德蘭聯合省、甚或大不列顛所藉以贏得了他們今天有幸備受讚揚的體制的那些起義[28]竟然失敗了的話，那麼這段歷史的讀者們也就會把處決他們那些其地位在今天是如此之崇高的發動者，只不過看作是對大叛國犯罪有應得的懲罰罷了。因爲結局往往會混淆我們對權利基礎的評判的，儘管結局是不確定的而權利基礎卻是確定的。然而十分明顯的是：就後者而論，——哪怕我們承認，在這樣一場反統治者的起義之中（它已經破壞了多少像是joyeuse entrée〔歡樂之門〕[29]那樣的一項與人民所訂的，實際上是作爲基礎的契約）並沒有任何不義，——人民在以這種方式追求自己的權利時，也犯下了最高程度的不義。因爲這樣做（當作準則的話）就使得一切合權利的體制都靠不住，並且導致至少也要使一切權利都要停止再起作用的那樣一種全然無法律的狀態了（status naturalis〔自然狀態〕）。由於有那麼多思想良好的作家們對人民都懷有這種（導向他們自身毀滅的）傾向，我就只要說明：那原因部分的就在於談到權利的原則，時而以幸福的原則代替了他們的判斷這一常見的混淆，部分的則在於找不到任何文件表明有一個確實向共同體所提供、爲共同體的領袖所接受並爲雙方所批准的契約[30]時，他們卻把這種永遠是基於理性的原始契約觀念當作必定是在實際上曾經出現過的某種東西，所以就認爲人民永遠有權根據粗率地而又隨心所欲地斷定原始契約已經被他本人破壞而撤銷它[31]。

這裡我們顯然可以看出，幸福原則（確切來說它根本就勾不上是什麼明確的原則）在國家權利方面也會引起惡果的，正像它在道德方面所造成的一樣，哪怕是它們的說教者懷著最良好的願望。主權者想根據自己的概念使人民幸福，於是就成了專制主；人民不想放棄自己追求自身幸福這一普遍的人類要求，於是就成了反叛者。如果我們首先問一下，什麼是合權利的（它那原則是先天確定的，是任何經驗派所無法加以抹殺的），那麼社會契約這一觀念就會始終享有無可爭辯的威望了，但並不是作爲事實（像是丹東（Georges Jacques Danton）[32]所設想的那樣，據他宣稱：沒有這種事實，則現實存在的公民體制中，全部現有的權利和全部的所有制就都是空洞無效的），而僅只是作爲一般地評判任何公共權利體制的理性原則。於是我們就會看出：在公意存在以前，人民對自己的主宰者根本就不具備任何強制權利，因爲唯有通過他，才能合權利地行使強制。但是如果已經有了公意，人民也同樣地對主宰者不能使用強制，因爲那樣一來他們本身就會是最高無上的主宰者了，因而，人民也就永遠都沒有任何強制權利（在言論上或行動上的對抗性）來反對國家領袖。

我們還可以看到，這一理論也在實踐上得到了充分證實。在大不列顛的體制中，——那裡的人民把他們自己的憲法認爲是如此之偉大，就彷彿它是全世界的典範似的，——我們卻發現關於君主若是破壞一六八八年的契約[33]的情形下，人民所應有的權限問題竟絕口不談，因而當君主想要破壞契約時，因爲並不存在有關的法律，所以人民也就秘密地保留著可以造他的反。而憲法在這種情況下若是包括有一條法律，授權人民去推翻一切個別法律所由以產生的那種現存體制，（假如契約遭到破壞的話），那就是一種明顯的自相矛盾了。因爲這時候它就必須包括有一種公開規定[34]的對立力量，因而也就是必須有第二個國家領袖針對著第一個來保衛人民的權利，但又還得有第三個來裁決雙方之中哪一方是正義的。——可是那些人民領袖（或者如果我們願意，就叫作保護人）卻擔心如果他們的企圖遭到什麼挫折的話，就會有這樣一種指責，所以寧肯杜撰一種被他們驅逐的君主乃是自願遜位的說法，而不自命有廢黜王位的權利，因爲那樣一來他們就會公然自相矛盾而破壞這個體制了。

如果人們確實並沒有由於我的這一主張就指責我，說我是用這種不可侵犯性過分地去諂媚君主，那麼我也希望免於另一種指責，即我的主張過分地偏袒了人民，假如我要說人民也同樣地有其不可遺棄的反國家領袖的權利，儘管那不可能是強制權利。

霍布斯有著相反的見解。按他的說法（《公民論》第七章，第十四節），國家領袖並不由於契約而受人民的任何拘束，他不可能對公民犯下不義（他可以對公民任意驅遣）。——如果我們把不義理解爲一種損害，它允許受害者對於向自己做出了不義的人有一種**強制權利**，那麼上述命題就會是完全正確的。但若是普遍如此，這條命題就太可怕了。

不反抗的臣民一定要能夠假定自己的統治者並不想要對自己做出不義。因爲既然每一個人都有自己不可離棄的權利，那是他不可須臾放棄的（**哪怕**他想要這樣），並且是他自己有權對此加以判斷的。而在他的意見裡，他所遭遇的不義，根據上述假設，又只能是出於錯誤或者是出於最高當權者對法律的某些後果的無知，所以國家公民就必須有權，而且還是在統治者本人的讚許之下，公開發表自己的意見，說明統治者的處置有哪些在他看來對於共同體是不義的。因爲要是假定領袖絕不會犯錯誤或者是能夠無事不知，那就把他說成是特蒙上天的啓示而超出人類之上了。因此，**言論自由**就是人民權利的唯一守護神，——但須保持在尊敬與熱愛我們生活於其中的體制這一限度之內，並通過體制本身也要促進臣民的自由思想方式，（而且各種言論彼此也互相限制，從而它們才不致喪失自己的自由。）因爲要是想否定人們的這種自由，那就不僅僅等於是（按霍布斯的說法）剝奪了他們對最高統帥有任何權利的全部要求，而且還取消了最高統帥——他的意志僅僅是由於它代表普遍的人民意志，才能對作爲公民的臣民發號施令，——有關他得以進行自我糾正（假如他願意的話）的全部知識並把他置於自相矛盾的地位。但是要慫恿領袖去擔心獨立思想與公開思想竟可能激起國內的不安，那就等於是喚起他不信任自身的力量，而且還仇視自己的人民了。

一族人民所據以消極地，也就是單純地判斷什麼可以認爲是最高立法並未以自己最善良的意志加以制定的東西，其普遍原則可以歸結爲如下的命題：凡是人民所不會加之於自身的東西，立法者也不得加之於人民。

例如，當問題是：宣布某種曾經一度奠定的教會體制永世長存的那種法律，是不是可以看作出自立法者自身的意志（他本人的觀點）？那麼我們就得首先問：一族人民是不是可以自身制定法律，使某些曾一度採用過的信仰命題和外表的宗教形式垂之永久；因此還有，是不是它本身就可以防止它的後代在宗教理解上繼續進步，或糾正古來的某些錯誤？顯然的是，一項人民的原始契約而把這些都訂爲法律，則其本身就會是空洞無效的，因爲它違反了人類的天職和目的。因而這樣規定的法律就不能看作是君主本身的意志，何況對於君主也是可以提出反對意見的。——然而凡是在最高立法已做出某些類似規定的一切情況下，雖然對它們可以進行普遍地和公開地評判，但卻絕不能對它們公然在口頭上或行動上加以違抗。

在每個共同體中，都必須既有根據（針對全體的）強制法律對於國家體制機械作用的服從，同時又有自由的精神，因爲在有關普遍的人類義務問題上，每一個人都渴望通過理性而信服這一強制是合權利的，從而不致陷於自相矛盾。有服從而無自由的精神，乃是促成一切

秘密結社的原因。因爲彼此互通聲氣乃是人類的天然任務，尤其是在普遍涉及人類的事情上。因此如果這種自由得到維護，秘密結社就會解體的。而且一個政權又還能從哪裡去獲得爲它自己的根本觀點所必須的知識呢，假如不是讓在其起源上以及在其作用上都是那麼値得尊敬的自由的精神表現出來的話？

* * *

忽略一切純粹理性原則的實踐，在任何問題上都不如像在需要一個良好的國家體制這個問題那樣，是以更大的狂妄在否定理論的了。其原因就在於，一種長期存在的法律體制使人民逐漸地習慣於一種規律，即按照迄今爲止一切事物所處的那種平靜過程的狀態來評判自己的幸福以及自己的權利，而並非反之是按照理性所提供給他們手頭的有關幸福與權利這兩者的概念來評價一切事物的狀態。那不如說是寧肯偏愛一種消極的狀態，而不要那種追求美好狀態的危險地位。（這裡就用得上希波克拉底（Hippokrates）[35]囑咐醫生們要牢記在心頭的那句話了：Indicium anceps, experimentum periculosum[36]。）既然凡是足夠持久的體制，不管它們可能有什麼樣的缺陷，都以它們全部的不同而得出同一個結果：即，應當滿足於他們所處的現狀；因此如果著眼於**人民福利**的話，任何理論就都不適用，而是一切都得取決於隨經驗而來的實踐了。

但是在理性裡面卻有著我們是用**國家權利**這個字樣來表現的某種東西，而這個概念對於彼此處於自己自由㊲的敵對之中的人們卻具有約束力，因而也就具有客觀的（實踐的）現實性，而不管其中可以看到它由此能產生什麼樣的好或壞（對這些的知識是只能靠經驗的）。所以它是以先天原則爲基礎的，（因爲經驗並不能教導什麼是權利，）並且還確實存在有一種國家權利的**理論**，凡與之不相符合的任何實踐就都是無效的。

對這一點所能提出的唯一反駁就是：雖然人們的頭腦中有著屬於自己權利的這種觀念，然而他們卻由於自己的冷酷無情而不能並且不配受到這樣的待遇，因此之故，就可以而且必須有一個單純按照策略的規律而行事的最高權力來維持他們的秩序。但是這一絕望的跳躍（salto mortale）卻屬於這種性質：即，一旦問題已不是權利而僅僅是權力的時候，人民也就可以試試自己的權力，於是就會使得一切合法的體制都成爲靠不住的。如果並不存在什麼東西（像人權那樣）是理性迫使人們要直接尊敬的，那麼對於人類的意願想施加任何影響來束縛他們的自由便都是不可能的了。但是如果權利還能在好意的一旁大聲講話，那就表明人性還不是如此之腐化，以至於不能滿懷敬意地去傾聽它的聲音。（Tum pietate gravem meritisque si forte virum quem Conspexere, silent arrectisque auribus adstant。〔如果他們看到一個人由於他的德行和功績而受人尊敬，他們就會沉默並站在一旁傾聽。〕㊳）

三

論在國際權利上理論對實踐的關係

就博愛的亦即世界主義的觀點加以考察[39]

駁摩西・孟德爾頌（Moses Mendelssohn）[40]

人類整個來說究竟是可愛的呢，還是一種應該以厭惡的心情加以看待的對象呢？我們（爲了不至於成爲厭世者）是不是眞正願望他們一切都美好，卻永遠都不期待他們得到，因而也就不如轉過眼睛去不加理睬呢？對這個問題的答覆取決於我們對另一個問題所做的回答：從人性裡面我們是不是可以籀繹出這樣一些稟賦來，它們會使人類物種朝著改善前進，並使過去和目前時代的惡都會消失在未來的善之中？因爲這樣的話，我們就至少還能夠愛他們的不斷趨向於善，否則的話，我們就必須仇視並鄙視他們了，不管普遍的人類之愛可能提出什麼樣的反對說法，（它這時候最多也就只會是愛良好的願望，而不會是愛良好的感情了。）因爲凡是而且始終是邪惡的東西，而尤其是預謀相互摧殘最神聖的人權，都是我們——哪怕是以極大的努力要激起自己身上的愛——所無法避免要憎恨的；倒不是要再增加人類的罪惡，卻是要盡少可能地和它打交道。

摩西．孟德爾頌屬於後一種意見（見《耶路撒冷》[41]第二節，頁四十四至四十七），他提出這種意見來反對他的朋友萊辛（Gotthold Ephraim Lessing）[42]關於對人類的神明教育的假說。在他看來，這些全都是妄想，說什麼：「大地上的人類整體，在時間的長河裡總是在前進著和完美化的。」——他說：「我們看到的是，人類在整體上是微小地在搖擺著；他們只要前進幾步，接著馬上就以加倍的速度又滑回到自己以前的狀態。」（這就正好是西賽福斯[43]的石頭了，我們就以這種方式像印度人一樣地把大地當成是古老的、現在已再記不起來的罪孽的贖罪所。）——「個人是前進的，但是人類卻永遠是在固定的限度之內上下波動著；人類就整體來看，在所有的時代裡大致都保持著同樣的道德水準，同樣的宗教與非宗教的、德行與罪行的、幸福（？）與悲慘的程度。」——他提出這一主張時（頁四十六），是這樣說的：「你要猜測天意對人類的目標嗎？就請你無須設計什麼假說，」（以前他是把這稱作理論的，）「只須環顧一下實際上所發生的事情，並且能對一切時代的歷史、對自古以來所發生的事情投上一瞥。這些就是事實；這些必定有著一個目標，必定是在智慧本身的計畫之中得到讚許的或者至少也是得到採納的。」

我卻是另一種意見。——如果說看到一個有德的人與逆境和罪惡的誘惑進行鬥爭，那眞是一幕配得上神明的景象，那麼看到人類一個時代又一個時代地朝著德行邁進，然後又馬上重新墮落到罪惡的悲慘的深淵裡去，那就眞是一幕我不用說是神明，而且就連最普通的但思想良好的人也一點都配不上的景象了。這樣的悲劇只觀賞片刻，或許還可能是動人的並且有啓發性，但是幕最後總得要落下來的。因爲從長期看來，那就成爲一場滑稽劇了。而且縱使演員們樂此不疲，因爲他們都是些蠢人；可是觀眾卻會疲倦的，他看過這一幕或那一幕也就夠了，假如他從其中有理由可以推斷，這場永不終止的演出是永遠同一個樣的。如果它純是一場演戲，那麼隨終場而來的報應，確實還可以重行補償演出過程中的不愉快的感受。可是事實上竟然容許數不勝數的罪惡（縱使是穿插著德行）積累成堆，以致有朝一日都要得到報應，這在我們的概念裡卻至少也是違反一個聰明的世界創造主和君臨者的道德的。

因此，我就可以推斷：既然人類在文化方面，作爲其本身的自然目的而言，是在不斷前進的，所以也就可以想像他們在自身存在的道德目的方面也在朝著改善前進，而且這一點儘管時而被打斷，但卻絕不會中斷。我並不需要證明這個假設，倒是對方必須來證明它。因爲我依據的是我自己天生的義務，即一系列世代的每個成員——我（作爲一般的個人）是其中的一員，而我在所要求於我的道德品性上卻沒有像我所應該的，因而也就是所可能的那麼好，——都會這樣地影響到後代，使他們永遠可以變得更好（因此也就必須假定這一點是有可能性的），並使這一義務可能合法地從每個世代的一個成員遺傳給另一個。根據歷史也可以對我的希望提出很多懷疑；如果它們能夠被證實，就會促使我放棄一樁表面看來是徒勞無功的工作了。但是只要這一點並不能得到十分確定，那麼我就不能以（作爲 liquidum〔確定的東西〕的）義務去換取那條不嘗試就辦不成事情的智慮規律（作爲 illiquidum〔不確定的東西〕，因爲它純屬假說）。而且對於人類究竟是否有希望更好，無論我可能是多麼地不確定並且始終如此，可是這一點卻不能妨害這一準則，因而也就是不能妨害在實踐觀點上的那條必要的假設，即進步是做得到的。

沒有這種對於更美好的時代的希望，任何要爲普遍的福祉做點有益事情的眞誠願望都不會炙暖人心的，而這種希望在任何時候都曾影響到思想良好的人們的行爲。而這位善良的孟德爾頌，當他如此之熱心致力於自己所屬的那個國家的啓蒙和福利時，也必定曾計及到這一點的。因爲若不是別人也跟著他後面在這條道路上繼續進步的話，他也就不可能希望以理性的方式親自去做這些事了。在不只是人類由於自然的原因所遭受的災難，而且更其是人類自身彼此之間所造成的災難這一可悲景象的面前，我們的心靈乃是通過人類未來有可能變得更好的這一展望而被激發起來的；而且還得要具備大公無私的好意，假如我們會是早就進了墳墓而收穫不到我們自己所曾部分地播過種的那些果實的話。這裡要以經驗的證據來反對這種得自希望的決心的成功，那是全然用不上的。因爲迄今爲止所沒有成功過的東西，因此之故便永遠也不會成功，這種說法甚至於就連說服人放棄一個實用的或技術的目標都辦不到，（例如用空氣靜力學的氣球進行航空的這一目標）；而對於道德的目標就更辦不到了，道德目標的履行當其在指證上並不是不可能的時候，就成爲義務。此外，還可以有許多證據表明：人類整個來說在我們的時代裡確實比起已往的一切時代來，在道德上做出了非常可觀的改善（短期的阻滯並不能證明任何相反的東西）；而且關於人類的腐化正不斷增長的這種叫喊，卻恰好是來自他們在站到更高一級的道德水準上時，他們就向前看得更遠；越是隨著我們在整個我們已知的世界歷程中上升到更高的道德水準，他們對我們實然的樣子的判斷，與我們所應當是的那種樣子相形之下，因而亦即我們的自責，也就越發嚴厲。

如果我們要問：用什麼辦法才能保持乃至加速這種朝著改善的永遠前進，那麼我們馬上就看到，這一通向無可估計之遠的成就倒並不那麼有賴於**我們**做出了什麼事情，（例如，有賴於我們給予青年一代的教育，）以及**我們**採取什麼辦法來推進它，反而有賴於**人性**在我們身上並通過我們將會做出什麼事情來把我們**強行**納入一種我們僅憑自己是不大容易適應的軌道。我們唯有從它那裡，或者不如說（因爲完成這一目的就需要更高的智慧）從**天意**那裡，才能期待這一成就，那首先是作用於全體，然後由此而作用於局部。反之，人類及其**規畫**卻僅僅是從局部出發，並且只不過是停留在局部上，全體這樣一種東西對於他們是太大了，那是儘管他們的觀念能夠，而他們的影響卻是不能夠到達的，尤其是因爲他們在他們的規畫上互相衝突，很難出於自己本身的意圖而在這上面聯合一致。

只要全面的暴力行動以及由此而產生的需要，終於必定使人民決定要服從理性本身作爲手段而向他們所規定的強制，即公共法律的強制，並進入一種**國家公民的**體制，那麼同樣地又由於各個國家力圖互相侵占和征服的經常不斷的戰爭而來的需要，也就最後要引他們甚至於是違反自己的意志，或者是進入一種世界公民的體制。或者是假若這樣一種普遍和平的狀態（正如國家過大所曾多次發生過的那樣）從另一方面對於自由變得更加危險，即可能由此導致最可怕的專制主義，那麼這種需要就必定迫使他們進入另一種狀態，那種狀態確實並不是什麼在一個領袖之下的世界公民共同體，而是一種根據共同協議的國際權利而來的合法聯盟狀態。

既然各個國家文化的增進，以及同時也在增長著的要用詭計或武力，以別的國家爲代價而進行擴張的那種傾向，會使戰爭成倍地增多，並且由於（以現行的軍餉而言）經常擴充的、保持著戒備和訓練的、戰爭器具供應量越來越多的軍隊，必定要造成費用越來越高；同時一切必需品的價格持續在增高，卻不能希望付給他們的現金也與之成比例地增加：既然沒有任何和平能那麼持久，可以使這一期間的積儲能償付下一次戰爭的耗費，而爲此所發明的國債制度雖然很巧妙，但最後卻成爲毀滅自己本身的工具，所以衰竭無力就必定要經於成就善意所應該做到卻並沒有做到的事情：即，每個國家在自己內部都將這樣組織起來，使得不是由戰爭嚴格來說對他並無負擔的國家領袖（因爲他是以別人，也就是以人民爲代價在進行戰爭的），而是由在擔負著戰爭的人民來掌握究竟應該進行戰爭與否的決定權。（這就當然必須假定已經實現了原始契約的觀念。）因爲人民是不會由於單純的擴張願望或者是爲著想像中的純屬語言文字上的冒犯的緣故，便輕易把自己置身於與領袖是毫不相關的個人貧困之中的。所以後世（他們身上不會有任何無辜壓迫著自己的負擔）也就能夠總是朝著道德意義上的改善前進，那原因倒不是對後代的愛而只是每個時代的自愛。於是每個共同體既不能夠以武力去傷害另一個，就必定只好自行維護權利，並且還可以有理由希望同樣形成的其他共同體在這上面會來幫助它。

但這卻只不過是一種意見，而且純屬假說，其無從肯定就正像想要給一種意想中的，並非完全是我們力所能及的作用指出一種唯一與之相稱的自然原因的一切判斷一樣。而且即使是作爲這樣一種東西，它在已建成的國家中也並不包括一條原則可以讓臣民們去強制實行它（正如上面已經表明的），而只是讓不受強制的國家領袖去這樣做。鑒於按照通常的秩序，人性之中確實是並不會有自願地減少使用武力，儘管那在緊迫的情況下卻不是不可能的，所以我們就可以（由於意識到自己的無能爲力）提出一種與人類的道德願望與希望並非不相稱的說法，即爲此所必須的情況就只好期待於**天意**了：這就爲**人類**整個這一物種的目的通過自由運用自己的力量而盡最大可能地達到自己的最終天職提供了一條出路，儘管**個人**的目的分別加以考察時，卻在其中恰好是互相對抗的。因爲恰好是成其爲罪惡之源的這種個人傾向的對抗性，才使得理性得以在其間自由活動並掃數征服它們，於是就不是使自己會毀滅自己的罪惡，而是使一旦存在之後就能一直自己維護自己的善良占有統治地位。

* * *

人性表現得最不值得受尊敬的地方，莫過於在整個民族彼此之間的關係這方面了。任何時刻都沒有一個國家在自己的獨立或自己的財產方面，是有安全保障的。彼此互相征服的意志或者說侵犯對方的意志，是任何時候都存在的；用於防務的軍備——那往往使得和平甚至於比戰爭還更加壓迫人、更能摧殘內部的福祉，——是永遠也不會放鬆的。對於這些並不可能有什麼別的辦法，除非是每個國家都要服從一種以配備有權力的公共法律爲基礎的國際權利（可以和個人之間的公民權利或國家權利相類比）。因爲通過所謂的**歐洲的勢力均衡**而來的持久的普遍和平，只是一場幻覺罷了。就好像**斯威夫特**（Jonathan Swift）的那所房子一樣[44]，它由一位建築師根據全部的平衡定律建造得那麼完美，以至於當只不過是一隻麻雀棲息在那上面的時候，它馬上就倒塌了。——但是人們會說，對這種強制性的法律是絕沒有哪個國家會屈服的，提議一種普遍的國際國家，每一個單獨的國家都自願地順從它的威力，聽從它的法律，這在**聖彼得方丈**的或者**盧梭**[45]的理論裡說起來可能是那麼動聽，但在實踐上卻是用不上的，因爲它們總是被大政治家們而更其是被國家領袖們譏笑爲是一種迂腐而幼稚的，來自學院的觀念。

與此相反，在我這方面，我卻要信賴從個人與國家之間的關係**應該是**怎樣這一權利原則出發的理論。這一理論向地上神明們[46]所推薦的準則是：他們的爭論永遠都要這樣來進行，以致由此可以導向這樣一個普遍的國際國家，而且承認因此（in praxi〔在實踐上〕）它既是可能的，還是**可以實現**的。同時（in subsidium〔作爲補充〕）我還要信賴事物的本性，它強迫我們到我們不願意去的地方去（fata volentem ducunt, nolentem trahunt〔命運引導著願者，驅遣著不願者〕[47]）。這後一點就仍然要把人性計算在內：既然人性之中對於權利和義務的尊敬總是活生生的，所以我就不能也不願把人性認爲是那麼地淪於罪惡，以至於道德-實踐理性在經過許多次失敗的嘗試之後，竟不會終究取得勝利並將表明她還是可愛的。因此，從世界主義的角度看來，下述的論斷也就始終是可愛的：凡是根據理性的理由對於理論是有效的，對於實踐也就是有效的。

【注釋】

① 本文寫於一七九三年（康德六十九歲），最初刊載於《柏林月刊》一七九三年第二十二卷，第二〇一至二八四頁。譯文據普魯士王家科學院編《康德全集》（柏林，格・雷麥版，一九一二年）第八卷，第二七四至三一四頁譯出。——譯注

② 「上述那種通常的說法」即「這在理論上可能是正確的，但在實踐上是行不通的。」——譯注

③ 按，此處「那位對於理論和體系是如此之斷然加以否定的可敬的先生」可能是指柏克（Edmund Burke, 1729-1797，英國作家）。柏克在《法國革命回想錄》（一七九〇；德譯本，柏林，一七九三）一書中抨擊了空談政治理論而不顧經驗的人，並用了一句話是康德在本文中所用的。——譯注

④ 語出維吉爾《伊奈德》I，一四〇。——譯注

⑤ 按，此處的「國家權利」（Staatsrecht）、「國際權利」（Völkerrecht）均爲作者由「權利」（Recht）一詞所鑄造的複合名詞。Recht一詞的含義包括「權利」、「法」和「正義」等。爲照顧原文推論線索前後一貫起見，譯文凡遇 Recht 一詞，將盡可能地譯作「權利」。——譯注

⑥ 加爾費（Christien Garve, 1742-1798）爲十八世紀德國啓蒙運動哲學家，此處所稱述的論點見加爾費《道德、文學與社會生活各種題材的研究》（布累斯勞，一七九二年）。又，可參看本書〈永久和平論——一部哲學的規畫〉一文。——譯注

⑦ 克・加爾費著《道德與文學各種題材的研究》，第一卷，第一一一至一一六頁。我把這位可敬的先生對我的

命題爭論稱爲不同意見，是由於他願意（像我所希望的那樣）在這方面和我意見一致；它不是作爲否定的論斷而會引起別人進行辯護的那類攻擊，對於那種東西則本文既不是地方，我本人也沒有那個意思。

⑧配得上幸福，是一個人有賴於其主體自身的固有意志的那種品質；都是依照它，普遍的（爲自然以及爲自由意志而）立法的理性才能和一個人的一切目的都符合一致。因此它是全然不同於獲得幸福的那種技巧性本身的。因爲如果他所具有的意志不能與那種唯一適合於理性的普遍立法的意志符合一致並且不能被包括於其中（也就是說，它與道德相衝突）的話，那麼他就配不上幸福本身，以及大自然所賦予他的那種獲得幸福的才能了。

⑨之所以需要假定通過我們的協作而有一個世界上最可能的至善作爲萬物的終極目的，卻並不是出於缺乏道德動機而是出於缺乏外在境況的需要，而唯有在那種外在境況中才能產生一個符合於這一動機的客體作爲是自在的目的本身（作爲道德的終極目的）。因爲沒有任何目的，也就不可能有任何意志；儘管當問題僅僅涉及對行爲的法律強制的時候，我們卻必須抽除這種目的而僅僅使法律成爲其決定的根據。並不是每一種目的都是道德的，（例如自身的幸福這一目的就不是的），但目的卻必須是不自私的。而有一種由於純粹理性所提出的，把一切目的全都置於一條原則之下的終極目的的這一需要（作爲由於我們的協作而成爲最可能的至善的那樣一個世界），則是無私的意志超出奉行形式的法律之外而擴大到產生出客體（至善）來的一種需要。——這是一種特殊的，亦即由於一切目的的全體這一觀念而來的意志規定，而其基礎就在於：如果我們對世上的事物處於某種道德關係之中，我們就必須處處都聽從道德的法律；並且在這之上還要補充一種義務，即盡我們全部的能力來促使這樣一種關係（即一個符合於道德的至高目的的世界）得以存在。在這方面，人類可以自認爲與神明相比擬；因爲神明儘管在主觀上並不需要任何外在的事物，卻不能被想像爲是把

自己封閉在自己本身之內的，而是由於其完全自足性的意識就被規定了自己要在其自身之外創造出至善來：最高存在者的這種必須性（它在人類就成爲義務），我們就只能把它表現爲道德的需要。於是在人類，存在於由於他們的協作而成爲世界上最可能的至善的那種觀念之中的動機，也就並不是自己心目之中的幸福，而僅只是作爲自在目的的本身這一觀念，因而也就是作爲對義務的遵循。因爲它絕對不包括幸福的前景在內，而僅只包括幸福與配得上幸福這二者之間的比例的前景，無論幸福可能是什麼。然而把它自己以及把它之隸屬於這樣一種整體的觀點都限定在這一條件之下的意志規定，卻不是自私的。

⑩ 「不朽」指靈魂不朽。——譯注

⑪ 這一點就正是我所堅持的。在爲人們預定一個鵠的（目的）之前，他們事先所能具有的推動力顯然不可能是什麼別的，只不過是通過它（不管一個人可以具有，並且由於遵守法則而達到什麼目的）而激起他們尊敬的那種法則本身而已。因爲就意願的形式方面而言，法則就是當我從事例中抽掉意願的內容（即加爾費先生所稱的鵠的）之後所剩下來的唯一東西。

⑫ 幸福包括（而且也不外乎是）大自然所提供給我們的一切；但是德行則包括除了本人之外再沒有別人所能給予或取走的東西。要是有人反駁說：由於偏離了德行，人至少會給自己招致責難和純粹的道德自譴，因而也就是不滿意，隨之就可以使得自己不幸福；那麼這一點總歸是可以承認的。然而這種純粹的道德不滿意（不是由於對他不利的行爲後果，而是由於違反了法則本身），卻是唯有有德者或者是正處在成爲有德者的道路上的人才有此可能的。所以那就不是他成爲有德者的原因，而是他成爲有德者的結果。而成爲有德者的動機，就不可能是從這種不幸福（如果我們這樣稱呼一樁罪行的痛苦的話）那裡得出來的。

⑬ 加爾費教授先生在他對西塞羅《義務論》（指西塞羅的"*De Officiis*"一書。——譯注）一書的詮釋中，一七八三年版，頁六十九）做出過一個值得注意的並且是無愧於他那機智的自白：「就我內心深處的信念而言，自由是始終無法解釋的，也是永遠無從闡明的。」關於它的現實性，無論是在直接的還是在間接的經驗裡都是絕對不可能找到證明的；而沒有任何證明我們卻又無法接受它。既然這樣一種證明不可能得自純理論的根據（因為那就一定得求之於經驗了），因之就不可能得自純實踐的理性命題，也不可能得自技術-實踐的命題（因為那也需要有經驗根據），於是就只能得自道德-實踐的命題；所以我們一定會奇怪為什麼加先生不躲到自由這一概念裡去，以便至少也可以挽救這種命令的可能性。

⑭ 霍布斯（Thomas Hobbes, 1588-1677），英國思想家，近代社會契約論的早期代表人之一；以下所駁霍布斯的政治理論，可參見霍布斯《公民論》（一六四二年）、《利維坦》（一六五一年）。——譯注

⑮ 「共同體」指政治共同體，即國家。——譯注

⑯ 此處「父權政治」原文為 väterliche Regierung，「祖國政治」原文為 vaterländische Regierung。——譯注

⑰ 如果我們想要把仁慈這個字樣與一種確切的（有別於善心、善行、庇護等等的）概念聯繫在一起，那麼它就只能被賦給這樣一個人，對於這個人任何強制權利都是沒有地位的。因此就只有國家機構的領袖——他促成並分配一切按公共法律來說可能是美好的東西（因為提供了美好的那位主權者彷彿是看不見的；他是人格化了的法律本身，而不是代理人）——才能夠被賦予仁慈的主這個頭銜，他是唯一任何強制權利對他都沒有地位的人。所以即使在一個貴族政體之下，例如在威尼斯，元老院也才是唯一仁慈的主；而構成元老院的 nobili（貴族）則都是臣民，就連大公也不例外（因為只有大會議才是主權者），並且就權利的運用而言大

家彼此都是平等的，亦即每個臣民對這裡面的另一個人都有強制權利。君主們（即享有當政的世襲權利的人們）則確實只是就這一點著眼，而且鑒於他們所聲稱的那種（合乎宮廷禮節的，par courtoise〔宮廷中的〕）權利，才被稱爲仁慈的主的；但是根據他們的財產地位則他們也是同胞公民，就連他們最卑微的僕人通過國家領袖也可以對他們享有一種強制權利。因此一個國家除了唯一的一個仁慈的主之外就不能再有更多的。但至於所謂仁慈的（確切地說，是高貴的）夫人，則這可以看作是她們的地位以及她們的性別（因之只是相對於男性）才使她們有權獲得這一頭銜的；而這一點又是由於道德風尚精緻化（所謂獻殷勤）的緣故，男性們認爲這樣做可以榮譽自己更有甚於它之承認女性對自己的優先權。

⑱ 關於「原始契約」，可參看霍布斯《利維坦》第十四章。——譯注

⑲ 此處「國家公民」原文爲Staatsbürger，「市民」原文爲Stadtbürger。——譯注

⑳ 一個人完成了一件opus〔作品〕，可以由於轉讓而把它交給另一個人，就好像它是自己的財產一樣。但是praestatio operae〔勞動的保證〕卻不是任何轉讓。家僕、店夥、雇工、甚至於理髮師都僅僅是operarii〔勞作者〕而非artifices〔藝匠〕（在這個字的廣泛意義上），也不是國家成員，因而便沒有資格成爲公民。雖說我把生火的木材交給他去劈的人和我把衣料拿給他去縫製一身衣服的裁縫，這兩個人對我的關係看來是十分相像的；但前者卻不同於後者，正如理髮師不同於假髮製造者（我也可以把頭髮交給他）一樣，所以也正如雇工不同於藝術家或工匠；藝術家或工匠製作的一件物品只要還沒有得到付款，就是屬於自己所有的。後一種人作爲企業從事者是在和別人交換自己的財產（opus），而前一種人則是允許別人使用自己的力量（operam）。——我也承認，要規定一個人可以提出自己成爲自己的主人這種要求的地位，那多少是有些困

難的。

㉑ 以上「占有」原文爲 Besitz，「所有（權）」原文爲 Eigenthum。——譯注

㉒ 「前一種人」指對它一致同意的人。——譯注

㉓ 可參看盧梭《社會契約論》第一卷，第六章。——譯注

㉔ 例如，當向所有的臣民按比例的徵收作戰稅時，他們就不能由於它是壓迫性的而說：因爲在他們的意見裡這場戰爭多少是不必要的，所以這種稅就是不正義的。因爲他們沒有權利判斷它；而且戰爭之不可避免和徵稅之不可或缺既然總是**可能的**，所以它在臣民的判斷裡就應該被視爲是合權利的。但是假如某些土地所有人在這樣一場戰爭中要負擔納稅，而同樣地位的另一些人卻免於被徵收；那麼我們就很容易看出全體人民是不會同意這樣一種法律的，並且既然這種不平等的負擔分配不能認爲是正義的，所以他們至少有權對此提出異議。

㉕ 這裡面包括禁止某些進口，從而可以促使生活資料最有利於臣民而不是有利於外國人和鼓勵外國的工業；因爲沒有人民的福利，國家就不會掌握足夠的力量以抗拒外敵，或者是作爲共同體而保存自己。

㉖ 除了在各種義務，亦即**無條件**的與（儘管或許是巨大的但仍然是）**有條件**的義務，互相衝突的情況下，是根本就沒有什麼 casus necessitatis〔必須情況〕的；例如當爲了防止國家的不幸，一個人要在諸如父子關係上背叛另一個人的時候。防止國家的災難乃是無條件的，而防止個人的不幸卻只是有條件的義務（也就是，要以他並未犯背叛國家的罪行爲限）。一個人可以向當局報告另一個人的企圖，雖說或許是極其不情願這樣做，而只是迫於（道德上的）需要。——但是一個人爲了保全自己的生命而搶走另一個溺舟人的木板，卻說

他是出於自己（物理上的）需要而有權利這樣做；那就是完全虛僞的了。因爲保全自己的生命僅只是有條件的義務（即當其並不犯罪的時候）；但是不得剝奪另一個並未侵犯我的人，根本並未使我有喪失生命的危險的人的生命，則是無條件的義務。普遍民法的教師們在承認他們乞援於這種需要所具有的合法權限上卻是始終一貫的。因爲當局並不能把任何懲罰和禁令結合在一起，原因是這種懲罰只能是死刑。但是當一個人在危險的境遇中並不願意委身於死亡而以死刑威脅他；那便會是一種荒謬的法律了。

㉗《自然法》第五版，下卷，第二〇三至二〇六節（Ius Naturae. Editio Vta. Pars posterior §§203-206）。（阿痕瓦爾〔Gottfried Achenwall, 1719-1772〕爲哥廷根大學教授，所著《自然法》一書康德於一七六七至一七八八年講授自然法時曾用作教本。——譯者）

㉘指瑞士自中世紀以來反抗神聖羅馬帝國哈布斯堡王朝並於一六四八年獲得獨立，荷蘭於一五六八至一六四八年反抗西班牙王國哈布斯堡王朝的起義，英國一六四二至一六六〇年推翻斯圖亞特王朝的革命。——譯注

㉙指一三五四年布拉邦（Brabant）公爵約翰第三同意頒布給布拉邦的憲章，憲章中規定公爵須維護公國的完整，不徵詢市議會時不得宣戰、媾和或徵稅。——譯注

㉚此處「契約」指政治社會的原始契約。——譯注

㉛即使是人民與統治者的眞實契約遭到了破壞，那麼人民這時候也不是作爲共同體而只是通過派別在進行對抗的。因爲之前所建立的體制已經被人民所摧毀，而新的共同體尚有待組成。於是就出現了無政府狀態及其至低限度也是由此而可能具有的全部恐怖；這時候所發生的不義就是人民的每一方所加之於另一方的東西了，正如下述事例可以表明的：即，每個國家造反的臣民最後都互相用暴力要把一種遠比被他們所拋棄的那種體

制更有壓迫性的體制強加於對方；也就是說，並不是他們在一個統治著全體的領袖下面可以期待著更加平等地分擔國家重負，反而是他們會被教士和貴族所吞噬的（這幾句話係針對當時法國大革命而發——譯者）。

㉜「丹東」指法國大革命時期的領袖之一喬治・雅各・丹東（Georges Jacques Danton, 1759-1794）。按，丹東現存著作中找不到下述的話，他本人也不像會有這樣的思想。這裡很可能是康德本人記錯了。——譯注

㉝「一六八八年的契約」指一六八八年英國「光榮革命」推翻國王詹姆士第二後，國會規定英國王位嗣後由奧蘭治家族的威廉第三與瑪麗和他們兩人的新教後裔所繼承。——譯注

㉞國家中的任何權利都不得好像是由於有一項秘密保留而狡猾地保持緘默，至少不能是人民自稱爲屬於憲法的那種權利；因爲它的一切法律都必須設想爲是出自一種公開的意志。因此，如果憲法允許反叛，它就必須公開闡明這樣做的那種權利以及應該以怎樣的方式加以運用。

㉟希波克拉底（Hippokrates，西元前四六〇至前三七七年）古希臘醫學家。——譯注

㊱〔判斷是靠不住的，實驗是危險的。〕——譯注

㊲此處「自由」指自然狀態的自由。——譯注

㊳語出維吉爾《伊奈德》I，第一五一至一五二頁。——譯注

㊴一種博愛的前提如何能引向世界公民的體制，並由此而引向國際權利的奠定，作爲一種使我們人類配得上可愛的種種人類稟賦得以在其中發展起來的唯一狀態呢；這是很不容易一眼看出來的。——本文的結論將表明這種聯繫。

㊵孟德爾頌，見前〈論「什麼是啓蒙運動」這一問題〉。——譯注

㊶《耶路撒冷，一名論宗教的力量與猶太教》（柏林，一七九三年）爲孟德爾頌的主要著作之一。——譯注

㊷戈特霍爾特・艾夫雷姆・萊辛（Gotthold Ephraim Lessing, 1729-1781），德國作家。以下引自萊辛所著《人類教育》（一七八〇年）一書。——譯注

㊸西賽福斯見本書〈重提這個問題：人類是在不斷朝著改善前進嗎？〉。——譯注

㊹斯威夫特（Jonathan Swift, 1667-1741）爲英國小說家；此處所引，出處未詳。——譯注

㊺「聖彼得方丈的或者盧梭的理論」，見〈世界公民觀點之下的普遍歷史觀念〉。——譯注

㊻「地上的神明們」指人類。——譯注

㊼按此處引文原文應作："Ducunt volentem fata, nolentem trahunt"。語出賽涅卡《書翰集》，一〇七，11。——譯注

康德年表

Immanuel Kant, 1724-1804

年代	生平紀事
一七二四	四月二十二日，出生在東普魯士的首府柯尼斯堡。
一七三〇	康德入教會學校。
一七三二	康德轉入虔誠派的腓特烈學院，著重接受拉丁文的教育。
一七三五	弟弟約翰．海因里希誕生（一八〇〇年歿）。
一七三七	康德的母親安娜．雷吉娜去世。
一七四〇	康德進入柯尼斯堡大學就讀，由於家境貧寒，沒進行碩士論文的答辯。
一七四六	• 康德的父親皮匠約翰．格奧爾格．康德因過度勞累而去世。 • 康德輟學，離開大學，寫作〈關於活的力的正確測算的思考〉，該文直到一七四九年才得以發表。
一七四八	二十四歲的康德終於大學畢業，因為他的父親已經去世兩年，他衣食無托，前途渺茫。由於大學沒有他的位置，他決定到柯尼斯堡附近的小城鎮去做家庭教師。
一七四九	處女作《論對活力的正確評價》。
一七五四	• 康德回到柯尼斯堡，從事學術政論工作。 • 發表兩篇文章：〈對一個問題的研究，地球是否由於自轉而發生過某種變化〉與〈關於從物理學觀點考察地球是否已經衰老的問題〉。

一七五五	• 擔任無俸講師（Privatdozent）在柯尼斯堡大學執教，發表《自然通史和天體理論》。 • 六月十二日，取得碩士學位，論文題目：《論火》。 • 九月二十七日，取得大學講師資格，資格論文題目：《對形而上學認識基本原理的新解釋》。
一七六三	發表〈關於上帝存在證明的唯一可能的根據〉和〈把負數概念引入哲學的嘗試〉。
一七六四	• 一月，《柯尼斯堡學者和政治報》第一期發行，康德、赫爾德和約翰·格奧爾格·舍弗奈爾為該報撰稿。 • 一月，康德於莫蒂滕森林的護林員沃布瑟爾的小屋裡撰寫〈關於美感和崇高感的考察〉。 • 二月，康德〈試論大腦的疾病〉在《柯尼斯堡學者和政治報》上發表。 • 八月，康德〈關於自然神學和道德的基本原則的明確性之研究〉在柏林科學院獲獎。
一七六五	十月，申請王室宮廷圖書館低級館員的職位。
一七六六	四月，成為王室宮廷圖書館低級館員（至一七七二年五月），遷居坎特爾家，匿名發表〈以形而上學的夢來闡釋一位視靈者的夢〉。

年代	生平紀事
一七六八	在《柯尼斯堡問答信息》二月號發表〈論空間的方位區分的第一因〉。
一七七〇	獲得了柯尼斯堡大學邏輯學與形而上學教授一職，當上教授以後，康德沉寂十年沒有發表一篇文章，而是潛心研究他的批判哲學。
一七七二	康德在給赫茨的信中闡述《純粹理性批判》的基本思想，並辭去宮廷圖書館低級館員職務。
一七七六	發表〈論博愛的兩篇文章〉，同年康德擔任哲學系主任。
一七八〇	成為大學評議會之永久會員（至一八〇四年）。
一七八一	發表《純粹理性批判》一書，僅憑這一部著作，康德就可以奠定他在哲學史上的不朽地位。
一七八三	《未來形而上學導論》一書出版。
一七八四	•十一月，完成〈世界公民觀點之下的普遍歷史觀念〉，發表在《柏林月刊》十一月號。 •十二月，發表〈答覆這個問題：「什麼是啓蒙運動？」〉。

一七八五	• 發表〈評赫爾德《人類歷史哲學的觀念》（第一、二部）〉、〈論月球上的火山〉、〈論書籍重印的不規律性〉、〈人種概念的確定〉、〈人類歷史起源臆測〉。 • 出版《道德形而上學探本》一書。
一七八六	• 出版《自然科學的形而上學基礎》一書。 • 於夏季學期，被任命為柯尼斯堡大學校長。 • 十二月，當選為柏林科學學院院士。
一七八七	《純粹理性批判》一書，第二版（及其序言）出版。
一七八八	• 發表〈論目的論原則在哲學中的運用〉。 • 夏季，康德連任柯尼斯堡大學校長。 • 出版《實踐理性批判》一書。
一七九〇	出版《判斷力批判》一書。
一七九三	• 發表〈論通常的說法：這在理論上可能是正確的，但在實踐上是行不通的〉。 • 出版《純理性範圍以內的宗教》一書。
一七九四	發表〈萬物的終結〉。
一七九五	發表〈永久和平論——一部哲學的規畫〉。

年代	生平紀事
一七九七	•出版《法的形而上學原理》一書。 •發表〈重提這個問題：人類是在不斷朝著改善前進嗎？〉。 •出版《道德形而上學》一書。 •〈論謂以博愛為理由而說謊的權利〉發表於《柏林月刊》。
一七九八	•胡弗蘭德在《實用藥物學和實踐創傷藥物學月刊》第五期上發表康德的報告〈論情感的力量〉。 •出版《系科之爭》一書。
一八〇〇	出版《邏輯學講義》一書。
一八〇三	出版《論教育學》一書。
一八〇四	二月十二日，在家鄉柯尼斯堡去世。

索引

一、人名索引

六畫

七畫

八畫

十四畫

十五畫

十六畫

十九畫

二、名詞索引

二畫

三畫

四畫

五畫

六畫

七畫

十二畫

十三畫

十四畫

十五畫

十六畫

十八畫

十九畫

二十一畫

【筆記頁】

思想的・睿智的・獨見的

經典名著文庫

【筆記頁】

經典名著文庫086

歷史理性批判文集

作　　者 — 伊曼努爾・康德（Immanuel Kant）
譯　　者 — 何兆武
發 行 人 — 楊榮川
總 經 理 — 楊士清
文庫策劃 — 楊榮川
副總編輯 — 黃文瓊
責任編輯 — 吳雨潔
特約編輯 — 廖敏華
封面設計 — 姚孝慈
著者繪像 — 莊河源
出 版 者 — 五南圖書出版股份有限公司
地　　址 — 台北市大安區 106 和平東路二段 339 號 4 樓
電　　話 — 02-27055066（代表號）
傳　　眞 — 02-27066100
劃撥帳號 — 01068953
戶　　名 — 五南圖書出版股份有限公司
網　　址 — http://www.wunan.com.tw
電子郵件 — wunan@wunan.com.tw
法律顧問 — 林勝安律師事務所　林勝安律師
出版日期 — 2019 年 7 月初版一刷
定　　價 — 450 元

國家圖書館出版品預行編目資料

歷史理性批判文集 / 伊曼努爾・康德（Immanuel Kant）著；
何兆武譯. -- 初版 -- 臺北市：五南，2019.07
　面；公分. --（經典名著文庫：086）
ISBN 978-957-763-449-8(平裝)

1. 康德（Kant, Immanuel, 1724-1804）　2. 康德哲學
3. 批判哲學　4. 文集

147.45　　108008345